Direito Civil – Lei de Introdução ao Código Civil, Parte Geral e Direitos Reais
Luís Paulo Cotrim Guimarães

Direito Civil – Obrigações
André Ricardo Cruz Fontes

Direito Civil – Responsabilidade Civil
André Ricardo Cruz Fontes

Direito Civil – Família
José Luiz Gavião de Almeida

Direito Civil – Sucessões
José Luiz Gavião de Almeida

Direito Imobiliário
Washington Carlos de Almeida

Direito Processual Civil – Processo de Conhecimento e Execução – Tomos I e II
Márcia Conceição Alves Dinamarco

Direito Processual Civil – Processo Cautelar
Nelton Agnaldo Moraes dos Santos

Direito Processual Civil
Procedimentos Especiais
Alexandre David Malfatti

Direito Empresarial
Armando Luiz Rovai

Direito do Consumidor
Maria Eugênia Reis Finkelstein
Paulo Sérgio Feuz

Direito Constitucional – Tomos I e II
Luis Carlos Hiroki Muta

Direito Administrativo
Márcia Walquiria Batista dos Santos
João Eduardo Lopes Queiroz

Direito da Seguridade Social
Direito Previdenciário, Infortunística, Assistência Social e Saúde
Jediael Galvão Miranda

Direito do Trabalho
Rodrigo Garcia Schwarz

Direito Processual do Trabalho – Processo de Conhecimento e Tutelas de Urgência (antecipada e cautelar) Tomo I
Thereza Nahas

Direito Processual do Trabalho – Execução e Procedimentos Especiais – Tomo II
Yone Frediani

Direito Penal – Parte Geral
Christiano Jorge Santos

Direito Penal – Parte Especial
José Américo Penteado de Carvalho

Legislação Penal Especial
Dagmar Nunes Gaio

Direito Processual Penal
Gustavo Henrique Righi Ivahy Badaró

Direito Econômico
Fabiano Del Masso

Direito Tributário
Guilherme de Carvalho Jr.

Direito Internacional
Friedmann Wendpap
Rosane Kolotelo

Ética Profissional
Ernesto Lopes Ramos

Direito Processual Civil

Processo
Cautelar

Preencha a **ficha de cadastro** no final deste livro
e receba gratuitamente informações
sobre os lançamentos e as promoções da
Editora Campus/Elsevier.

Consulte também nosso catálogo
completo e últimos lançamentos em
www.campus.com.br

Nelton Agnaldo Moraes dos Santos

Direito Processual Civil

Processo Cautelar

© 2007, Elsevier Editora Ltda.

Todos os direitos reservados e protegidos pela Lei 9.610 de 19/02/1998.
Nenhuma parte deste livro, sem autorização prévia por escrito da editora, poderá ser reproduzida ou transmitida sejam quais forem os meios empregados: eletrônicos, mecânicos, fotográficos, gravação ou quaisquer outros.

Copidesque: Vânia Coutinho Santiago
Projeto Gráfico: Interface Designers
Editoração Eletrônica: Estúdio Castellani
Revisão Gráfica: Roberto Mauro dos Santos Facce
Coordenação Acadêmica: Thereza Nahas e Márcia Conceição Alves Dinamarco

Elsevier Editora Ltda.
A Qualidade da Informação.
Rua Sete de Setembro, 111 – 16º andar
20050-006 Rio de Janeiro RJ Brasil
Telefone: (21) 3970-9300 FAX: (21) 2507-1991
E-mail: *info@elsevier.com.br*
Escritório São Paulo:
Rua Quintana, 753/8º andar
04569-011 Brooklin São Paulo SP
Tel.: (11) 5105-8555

ISBN 978-85-352-2392-7

Nota: Muito zelo e técnica foram empregados na edição desta obra. No entanto, podem ocorrer erros de digitação, impressão ou dúvida conceitual. Em qualquer das hipóteses, solicitamos a comunicação à nossa Central de Atendimento, para que possamos esclarecer ou encaminhar a questão.

Nem a editora nem o autor assumem qualquer responsabilidade por eventuais danos ou perdas a pessoas ou bens, originados do uso desta publicação.

Central de atendimento
Tel.: 0800-265340
Rua Sete de Setembro, 111, 16º andar – Centro – Rio de Janeiro
e-mail: info@elsevier.com.br
site: www.campus.com.br

CIP-Brasil. Catalogação-na-fonte.
Sindicato Nacional dos Editores de Livros, RJ

S236d

    Santos, Nelton dos
        Direito processual civil : processo cautelar / Nelton dos Santos. –
    Rio de Janeiro : Elsevier, 2007.
        (Ponto a ponto)

        Inclui bibliografia
        ISBN 978-85-352-2392-7

        1. Medidas cautelares – Brasil. 2. Processo civil – Brasil.
        3. Serviço público – Brasil – Concursos. I. Título. II. Série.

07-1587.   CDU: 347.919.6(81)

Dedicatória

À memória de João Coraldino dos Santos, pai, amigo, exemplo.

Agradecimentos

Aos meus pequenos, Dagmar e Gaio Augusto,
pelo precioso tempo que lhes roubei.

A Antonio Carlos Marcato,
pela confiança e incentivo.

A Maria Carolina Silveira Beraldo,
pela inestimável ajuda e valiosa pesquisa.

A Marisa Harms,
pela infindável paciência com que me brindou.

O Autor

NELTON AGNALDO MORAES DOS SANTOS
É Desembargador Federal do Tribunal Regional Federal da 3ª Região (São Paulo e Mato Grosso do Sul) e Mestre em Direito Processual pela Universidade de São Paulo. Foi Juiz de Direito em Mato Grosso do Sul, Promotor de Justiça no Paraná e Professor Universitário.

Série *Direito Ponto a Ponto*

A crescente competitividade no mercado profissional e a demanda de um público cada vez mais exigente motivaram a Editora Campus/Elsevier a conceber a série *Direito Ponto a Ponto*.

O Direito, em essência, desafia para uma trajetória profissional que se inicia em um complexo curso de graduação e segue pelo exame da OAB, a advocacia, a preparação para concursos públicos e, ainda, as constantes alterações legislativas, que mudam sistemas, conceitos e procedimentos.

Os personagens do Direito precisam, portanto, absorver diariamente cada vez mais informações em um curto período de tempo. O desafio é aprender e compreender, pensar e raciocinar, crescer e amadurecer intelectualmente.

A necessidade premente de livros que atinjam o ponto de equilíbrio necessário para obter conhecimento direto sem prejuízo do aprofundamento doutrinário, da interpretação jurisprudencial, da discussão atual de assuntos polêmicos é o fundamento da série *Direito Ponto a Ponto*.

Composta de 26 volumes, alguns divididos em tomos, a série é escrita por autores de intensa atuação profissional e acadêmica, imbuídos do espírito de renovação e do compromisso de manter excelência do conteúdo doutrinário e aprimoramento contínuo das novas edições. Os autores são advogados, juízes, promotores, especialistas, mestres, doutores e professores, todos comprometidos com o ensino jurídico.

Pontos polêmicos e de interesses profissionais, pontos de concursos e pontos de graduação são tratados em cada um dos volumes. É o Direito *ponto a ponto* que oferecemos a nossos leitores.

Editora Campus/Elsevier

Sumário

PARTE I – TEORIA GERAL DA TUTELA CAUTELAR E PROCEDIMENTO CAUTELAR COMUM 1

Capítulo 1 – Os conflitos de interesses e a prestação jurisdicional 3
    1.1. Os litígios e a paz social 3
    1.2. Formas de resolução dos litígios 3
    1.3. A jurisdição 5

Capítulo 2 – Espécies de prestação jurisdicional 7
    2.1. Prestação jurisdicional de conhecimento 7
    2.2. Prestação jurisdicional de execução 10
    2.3. Prestação jurisdicional cautelar 12

Capítulo 3 – O processo 14
    3.1. Processo como instrumento da jurisdição 14
    3.2. Processo e relação processual 15
    3.3. Processo e procedimento 18

Capítulo 4 – O processo e o tempo 23
    4.1. A razoável duração do processo 23
    4.2. A duração do processo e os riscos a sua efetividade 24
    4.3. A tutela de urgência 25

Capítulo 5 – A tutela de urgência e os provimentos jurisdicionais 27
    5.1. Instrumentos ágeis de atuação jurisdicional 27
    5.2. Medidas cautelares 28
    5.3. Medidas satisfativas antecipadas 29

Capítulo 6 – Função asseguratória da prestação jurisdicional cautelar 34
    6.1. Atuação garantidora 34
    6.2. Atuação preventiva 34
    6.3. Atuação conservativa 37

Capítulo 7 – Características da prestação jurisdicional cautelar   38
    7.1. Instrumentalidade e acessoriedade   38
    7.2. Autonomia   39
    7.3. Urgência   40
    7.4. Provisoriedade   40
    7.5. Sumariedade da cognição   41
    7.6. Fungibilidade   41
    7.7. Revogabilidade e modificabilidade   43

Capítulo 8 – Classificação das medidas cautelares   45
    8.1. Segundo o momento   45
    8.2. Segundo o objeto   46
    8.3. Segundo a existência ou não de previsão legal específica   47

Capítulo 9 – O poder geral de cautela   48
    9.1. Situações de risco não previstas pelo legislador   48
    9.2. Importância para a efetividade da jurisdição   49
    9.3. Medidas cautelares inominadas   50

Capítulo 10 – Tutela jurisdicional cautelar *ex officio*   53
    10.1. Os princípios da inércia e do impulso oficial   53
    10.2. A iniciativa do juiz   54
    10.3. A excepcionalidade do caso e a necessidade de autorização legal expressa   55

Capítulo 11 – Competência para prestar a jurisdição cautelar   56
    11.1. Regra geral de competência, prevenção e distribuição por dependência   56
    11.2. Competência originária dos tribunais   57
    11.3. Incompetência do juízo e extrema urgência do caso   59

Capítulo 12 – Condições da ação cautelar　60
　　12.1. Possibilidade jurídica do pedido　60
　　12.2. Interesse de agir　61
　　12.3. Legitimidade *ad causam*　62

Capítulo 13 – Litisconsórcio e intervenção de terceiros　64
　　13.1. Litisconsórcio　64
　　13.2. Intervenção de terceiros　65

Capítulo 14 – O mérito cautelar　68
　　14.1. Mérito da causa e questões de mérito　68
　　14.2. O conteúdo do mérito no processo principal　71
　　14.3. O conteúdo do mérito cautelar　72

Capítulo 15 – O *fumus boni juris* 　74
　　15.1. Plausibilidade e probabilidade　74
　　15.2. A plausibilidade do direito invocado e seu conteúdo　75

Capítulo 16 – O *periculum in mora* 　77
　　16.1. Conceito e espécies de perigo da demora　77
　　16.2. Fundado receio de ocorrência de lesão grave e de difícil reparação　9

Capítulo 17 – O procedimento cautelar　83
　　17.1. Procedimento cautelar comum e procedimentos cautelares específicos　83
　　17.2. Estrutura do procedimento cautelar comum　84
　　17.3. O procedimento cautelar nos tribunais　85

Capítulo 18 – A petição inicial　88
　　18.1. Requisitos de elaboração　88
　　18.2. Documentos indispensáveis à propositura da demanda　93
　　18.3. Regularização, deferimento e indeferimento　94

Capítulo 19 – A liminar cautelar   96
    19.1. Conteúdo e cognição   96
    19.2. O deferimento *inaudita altera parte*   97
    19.3. A contracautela   100

Capítulo 20 – Citação   102
    20.1. Imprescindibilidade   102
    20.2. Oportunidade de sua realização   103
    20.3. Modalidades de efetivação   104

Capítulo 21 – Resposta do requerido   105
    21.1. Contestação   105
    21.2. Exceções de incompetência, de impedimento e de suspeição   107
    21.3. Descabimento de reconvenção   108
    21.4. Outras modalidades de resposta   109

Capítulo 22 – Revelia   111
    22.1. Contumácia do requerido   111
    22.2. Efeitos da revelia   112
    22.3. Citação ficta e curador especial   113

Capítulo 23 – Providências preliminares e julgamento conforme o estado do processo   115
    23.1. O ordenamento e o saneamento do processo   115
    23.2. "Extinção" do processo   117
    23.3. Julgamento antecipado do pedido   119
    23.4. Audiência preliminar   120

Capítulo 24 – Aspectos gerais da prova no processo cautelar   123
    24.1. O objeto da prova   123
    24.2. Os meios de prova   125
    24.3. O ônus da prova   127

Capítulo 25 – A sentença no processo cautelar 129
    25.1. Natureza 129
    25.2. Limites 130
    25.3. Estrutura 131

Capítulo 26 – Recursos contra decisões do juízo singular 134
    26.1. Agravo 134
    26.2. Apelação 135
    26.3. Embargos de declaração 137

Capítulo 27 – Recursos contra decisões dos tribunais 139
    27.1. Agravos 139
    27.2. Embargos infringentes 140
    27.3. Recursos aos tribunais superiores 141
    27.4. Embargos de declaração 142

Capítulo 28 – O reexame necessário da sentença cautelar 144
    28.1. O duplo grau de jurisdição obrigatório 144
    28.2. Exceções à regra 145
    28.3. Cumprimento provisório da sentença cautelar 146

Capítulo 29 – Coisa julgada cautelar 148
    29.1. Preclusão e coisa julgada 148
    29.2. A (i)mutabilidade da sentença cautelar 150
    29.3. Prescrição e decadência 154

Capítulo 30 – Cumprimento da sentença cautelar 156
    30.1. Executividade *lato sensu* 156
    30.2. Mandamentalidade 157
    30.3. Instrumentos de efetivação 158

Capítulo 31 – Eficácia temporal das medidas cautelares   159
    31.1. A propositura da demanda principal   159
    31.2. A conservação da medida na pendência do processo principal   161
    31.3. A cessação da eficácia   162

Capítulo 32 – A responsabilidade civil do requerente   165
    32.1. O dever de proceder com lealdade e boa-fé   165
    32.2. Responsabilidade objetiva do requerente   165
    32.3. Liquidação dos danos   166

PARTE II – PROCEDIMENTOS CAUTELARES ESPECÍFICOS   169

Capítulo 33 – Procedimentos cautelares específicos   171
    33.1. Medidas cautelares nominadas   171
    33.2. Medidas cautelares típicas com procedimento específico   172
    33.3. Medidas cautelares típicas sem procedimento específico   172

Capítulo 34 – Arresto   174
    34.1. Natureza jurídica e finalidade   174
    34.2. Cabimento e requisitos   175
    34.3. Procedimento e disposições específicas   179

Capítulo 35 – Seqüestro   182
    35.1. Natureza jurídica e finalidade   182
    35.2. Cabimento e requisitos   183
    35.3. Procedimento e disposições específicas   185

Capítulo 36 – Caução   186
    36.1. Conceito e espécies   186
    36.2. Natureza jurídica   187
    36.3. Procedimentos e disposições específicas   187

Capítulo 37 – Busca e apreensão   192
    37.1. Conceito e previsões legais   192
    37.2. Natureza jurídica e requisitos   193
    37.3. Procedimento e disposições específicas   195

Capítulo 38 – Exibição   197
    38.1. Espécies e natureza jurídica   197
    38.2. Cabimento   199
    38.3. Procedimento   200

Capítulo 39 – Produção antecipada de provas   203
    39.1. Espécies e natureza jurídica   203
    39.2. Objeto e requisitos   204
    39.3. Procedimento e disposições específicas   205

Capítulo 40 – Alimentos provisionais   210
    40.1. Objeto e natureza jurídica   210
    40.2. Cabimento e requisitos   211
    40.3. Competência e procedimento   213

Capítulo 41 – Arrolamento de bens   216
    41.1. Objeto e natureza jurídica   216
    41.2. Cabimento e requisitos   217
    41.3. Procedimento   218

Capítulo 42 – Justificação   220
    42.1. Objeto e natureza jurídica   220
    42.2. Requisitos   221
    42.3. Competência   221
    42.4. Procedimento   223

Capítulo 43 – Protestos, notificações e interpelações   226
    43.1. Objeto e natureza jurídica   226
    43.2. Requisitos   227
    43.3. Competência e procedimento   228

Capítulo 44 – Homologação do penhor legal   230
    44.1. Penhor legal   230
    44.2. Objeto e natureza jurídica   230
    44.3. Competência e procedimento   231

Capítulo 45 – Posse em nome do nascituro   234
    45.1. Objeto   234
    45.2. Natureza jurídica   235
    45.3. Competência e procedimento   235

Capítulo 46 – Atentado   237
    46.1. Objeto e natureza jurídica   237
    46.2. Requisitos   238
    46.3. Competência e procedimento   239

Capítulo 47 – Protesto e apreensão de títulos   241
    47.1. Protesto de títulos   241
    47.2. Apreensão de títulos   242

Capítulo 48 – Outras medidas provisionais   244
    48.1. Rol exemplificativo   244
    48.2. Natureza jurídica   244
    48.3. Competência e procedimento   245

Bibliografia   246

Parte I

Teoria Geral da Tutela Cautelar e
Procedimento Cautelar Comum

Capítulo 1
Os conflitos de interesses e a prestação jurisdicional

1.1. OS LITÍGIOS E A PAZ SOCIAL

Faz parte da natureza do homem a busca de sua satisfação, de seu bem-estar, de sua felicidade, fins que procura alcançar por meio do que a doutrina jurídica convencionou denominar de **bens da vida**. Essa expressão serve para designar tudo aquilo que, independentemente de sua natureza, proporciona satisfação ao homem. São bens da vida, portanto, não apenas os materiais ou corpóreos, como os móveis e imóveis; também o são os imateriais ou incorpóreos, como, por exemplo, a honra e a intimidade.

Sempre que alguém dirige sua vontade à consecução de determinado bem da vida, nasce o **interesse**, ora maior, ora menor. No convívio social, pode ocorrer – e isso se dá com muita freqüência – que determinado bem da vida seja objeto de disputa entre duas ou mais pessoas, caso em que se terá um **conflito de interesses**, um **litígio**.

Os litígios comprometem a paz social e, por conseguinte, colocam em risco o próprio Estado, como sociedade organizada que é. De fato, na medida em que se multiplicarem e se perpetuarem os conflitos de interesses no seio da coletividade, os objetivos desta também periclitarão.

Pode-se afirmar, destarte, que o progresso e mesmo a sobrevivência do Estado dependem da paz social, sendo imprescindível que se concebam sistemas ou mecanismos de eliminação dos litígios.

1.2. FORMAS DE RESOLUÇÃO DOS LITÍGIOS

Nas sociedades primitivas não havia um Estado forte o suficiente para impor regras e resolver conflitos. Imperava a "lei" do mais forte, evidentemente sem qualquer compromisso com o ideal de justiça. Cada indivíduo, com sua própria força e na medida dela, tratava de conseguir, por si mesmo, a satisfação de sua pretensão. A esse regime dá-se o nome de **autotutela** (ou **autodefesa**).

Uma segunda forma de resolução de litígios consiste na **autocomposição**, sistema caracterizado pela substituição da força pela vontade, seja de um, seja de todos os contendores. São três as formas de autocomposição: a) **desistência** (renúncia à pretensão); b) **submissão** (renúncia à resistência oferecida à pretensão); c) **transação** (concessões recíprocas).

Como o próprio nome sugere, na autocomposição o litígio é eliminado independentemente de atuação de terceira pessoa; um ou todos os interessados valem-se da vontade para a resolução do problema, objetivo que, independentemente da plena satisfação pessoal de um ou de ambos, acaba sendo alcançado.

Outra maneira de solucionar conflitos de interesses consiste na eleição de um terceiro que atue como árbitro e dirima a controvérsia. A **arbitragem**, no Brasil, é regulada pela Lei nº 9.307/1996, cujo art. 1º limita a utilização do instituto às pessoas capazes de contratar e aos litígios relativos a direitos patrimoniais disponíveis.

Por fim, tem-se a **jurisdição**, poder exercido pelo Estado, que, quase sempre sob provocação do interessado, aplica uma regra jurídica a um caso concreto submetido à sua apreciação e, assim, emite um comando vinculativo, a ser observado tanto por quem demandou tal emissão como por aquele em face de quem a pretensão foi formulada.

Parte da doutrina (por todos, Carmona, 1993, p. 29 e segs.) sustenta que o **árbitro** também exerce função **jurisdicional**, uma vez que, nos termos do art. 31 da lei de regência, a sentença arbitral produz, entre as partes e seus sucessores, os mesmos efeitos da sentença proferida pelos órgãos do Poder Judiciário e, sendo condenatória, constitui título executivo; e, mais, segundo o art. 18 da mesma lei, o árbitro é juiz de fato e de direito e a sentença que proferir não fica sujeita a recurso ou a homologação pelo Poder Judiciário. Ter-se-ia, então, a chamada **jurisdição convencional**.

A questão é, porém, controvertida. Com efeito, se entender-se que a jurisdição é expressão de **poder**; e se não se abstrair da noção de poder a capacidade de fazer valer (= efetivar, dar cumprimento) as decisões dele emanadas, não se poderá considerar jurisdicional a função do árbitro, pois ele não dispõe de atribuições legais para executar suas sentenças e nem mesmo para adotar medidas coercitivas de qualquer espécie (Lei nº 9.307/1996, art. 22, §§ 2º e 4º).

Alguns doutrinadores defendem ser inerente à jurisdição o poder de **coerção**, sem o qual não haveria, propriamente, jurisdição (por todos, Amaral Santos, 2005, p. 71 e 75). Não obstante tal entendimento tenha sido construído antes mesmo da edição da Lei nº 9.307/1996, é inegável sua atualidade, até porque a lei, como anotado, não conferiu tal poder ao árbitro.

Dentre as duas posições, a segunda conta com o apoio da doutrina tradicional, que sempre viu na jurisdição mais do que a função pura e simples de **dizer o**

direito, nela compreendendo, também, as de **realizá-lo** e de **assegurar-lhe a eficácia**, imprescindíveis a sua conformação como expressão de poder.

Cumpre observar, todavia, que os atualizadores da obra do mestre Moacyr Amaral Santos anotam que, após o advento da Lei de Arbitragem, "ficou difícil negar o cunho jurisdicional da denominada jurisdição convencional" (obra citada, p. 75).

1.3. A JURISDIÇÃO

Ainda na linha de pensamento segundo a qual a sobrevivência e o progresso do Estado dependem da paz social, é importante lembrar que o Estado possui objetivos a alcançar e, para tanto, estabelece princípios fundamentais.

Já em seu preâmbulo a Constituição brasileira institui um Estado Democrático, destinado a assegurar o exercício dos direitos sociais e individuais, a liberdade, a segurança, o bem-estar, o desenvolvimento, a igualdade e a justiça como valores supremos de uma sociedade fraterna, pluralista e sem preconceitos, fundada na harmonia social e comprometida, na ordem interna e internacional, com a **solução pacífica das controvérsias**.

No art. 1º, nossa Carta Magna adota, como fundamentos, a soberania, a cidadania, a dignidade da pessoa humana, os valores sociais do trabalho e da livre iniciativa e o pluralismo político; e, mais adiante, no art. 3º, enumera os objetivos fundamentais da República Federativa do Brasil: a) construir uma sociedade livre, justa e solidária; b) garantir o desenvolvimento nacional; c) erradicar a pobreza e a marginalização e reduzir as desigualdades sociais e regionais; e d) promover o bem de todos, sem preconceitos de origem, raça, sexo, cor, idade e quaisquer outras formas de discriminação.

Como se vê, o Estado brasileiro defende que as controvérsias sejam solucionadas de forma **pacífica** e sob o norte da construção de uma sociedade livre, justa e solidária. Nesse plano de idéias, não há lugar para a autotutela e revelam-se insuficientes os sistemas da autocomposição e da arbitragem, pois estes pressupõem manifestações de vontade que evidentemente nem sempre se dão.

Assim, o Estado, como ente capaz de impor-se aos indivíduos, proíbe a autotutela (o exercício arbitrário das próprias razões constitui crime, nos termos do art. 345 do Código Penal) e oferece a **jurisdição**, função que exerce com o intuito de **pacificar mediante a aplicação do Direito**.

Certo é que, na medida em que proíbe a autotutela, o Estado assume tal função não apenas como poder, mas também como **dever**, ao qual corresponde o poder (ou, para alguns, o direito ou a faculdade), do jurisdicionado, de invocar e de receber a jurisdição.

Daí decorrem o princípio da **inafastabilidade do controle jurisdicional** e a garantia da **ação**. A Constituição Federal assegura, no inciso XXXV do art. 5º, que a lei não excluirá da apreciação do Poder Judiciário lesão ou ameaça a direito. Desse dispositivo resulta, de um lado, que o jurisdicionado tem o poder de **acionar** a máquina do Estado e, de outro, que este tem o dever de prestar a jurisdição. De dito encargo o Estado não se desonera nem mesmo ao argumento de faltar lei a regular a controvérsia submetida a sua apreciação, caso em que haverá de lançar mão de outras formas de expressão do direito, como a analogia, os costumes, os princípios gerais de direito e a eqüidade. É o que se denomina de **indeclinabilidade da jurisdição**, assegurada pelo mesmo inciso XXXV do art. 5º da *Lex Magna* e realçada pelos arts. 126 e 127 do Código de Processo Civil.

Importa destacar, outrossim, que, cuidando-se de autêntica manifestação de poder, a jurisdição caracteriza-se também pela **inevitabilidade**, vale dizer, os destinatários da jurisdição estão a ela sujeitos, não podendo furtar-se a seu alcance. Ninguém, nem o próprio Estado, está a salvo da jurisdição.

Salvo excepcionalmente (Constituição Federal, art. 52, incisos I e II), a jurisdição é prestada pelos juízes e tribunais integrantes do Poder Judiciário, nos termos da Constituição Federal, das Constituições dos Estados e das leis processuais e de organização judiciária.

Capítulo 2
Espécies de prestação jurisdicional

2.1. PRESTAÇÃO JURISDICIONAL DE CONHECIMENTO

A jurisdição pode ser classificada consoante vários critérios, mas sem dúvida o mais importante é o da **natureza**. Fala-se, então, em: a) **prestação jurisdicional de conhecimento**; b) **prestação jurisdicional de execução**; e c) **prestação jurisdicional cautelar**.

Assim, se alguém postula a emissão de uma **sentença** que, aplicando uma regra de direito a um caso concreto, resolva definitivamente a situação lamentada e submetida à apreciação do Poder Judiciário, diz-se que foi demandada uma **prestação jurisdicional de conhecimento**.

Na demanda de conhecimento, o autor afirma possuir um **direito** e pede o respectivo reconhecimento, pelo Estado-juiz. Esse direito há de resultar de um fato descrito e de um fundamento jurídico invocado (Código de Processo Civil, art. 282, inciso III); em outras palavras, o autor narra fatos e sustenta que deles decorrem conseqüências jurídicas que quer ver reconhecidas na sentença. Daí afirmar consagrada doutrina que o conhecimento do juiz tem necessariamente dois objetos diferentes: a verificação dos fatos e a aplicação do direito (Liebman, 1985, p. 165).

Isso não significa, de modo algum, que se confundam fundamento **jurídico** e fundamento **legal**. Não é sequer necessário que lei preveja o direito afirmado e, mesmo quando exista norma expressa a dispor sobre o assunto, a indicação do **fundamento legal** é dispensada. De rigor, ainda quando o autor o indique, pode o juiz corrigi-lo, caso repute-o incorreto. **Fundamento jurídico**, por sua vez, é, essencialmente, a conseqüência que o autor sustenta derivar do fato narrado, vale dizer, a repercussão produzida pelo fato na esfera de direitos dos envolvidos; ele, sim, deve constar na petição inicial e não pode ser modificado pelo juiz (Código de Processo Civil, art. 128).

Preenchidos os requisitos de admissibilidade estabelecidos na lei processual, debatida a causa e colhidas as provas – estas, quando necessárias –, o juiz profere a sentença, ocasião em que: a) reconstrói os fatos, conforme resultarem dos autos; b) individualiza a regra de direito a ser aplicada; e c) julga o pedido, acolhendo-o ou não e emitindo ou não, conforme o caso, o comando jurisdicional pretendido. Ao sentenciar, o juiz proclama qual é o **direito subordinante** e qual é o **direito subordinado**, isto é, revela qual dos litigantes é amparado pelo direito (vencedor) e qual deles há de sujeitar-se ao direito do outro (vencido).

Classicamente, afirma-se que a prestação jurisdicional de conhecimento pode dar-se mediante: a) mera declaração; b) condenação a uma prestação; ou c) constituição de uma nova situação jurídica.

Nas demandas **meramente declaratórias**, busca-se uma sentença que produza o **acertamento** de uma situação de direito controvertida, podendo limitar-se à declaração da existência ou da inexistência de relação jurídica ou da autenticidade ou falsidade de documento (Código de Processo Civil, art. 4º). O que se pretende é eliminar um quadro de incerteza ou de insegurança jurídica. São exemplos de demandas que se enquadram nessa categoria: a) declaração (positiva ou negativa) de paternidade ou de maternidade (Código Civil, art. 1.596 e segs.); b) declaração de inexistência de relação jurídica tributária em razão de inconstitucionalidade da norma instituidora do imposto; c) declaração de usucapião (Código Civil, arts. 1.238 e segs.).

A pretensão e, por conseguinte, a correspondente prestação jurisdicional pode, porém, não se cingir a uma declaração. Com efeito, é possível que o demandante postule, além do reconhecimento do direito que afirma possuir, a imposição de uma prestação a ser cumprida pelo demandado. Em tal hipótese, tem-se uma demanda **condenatória**, que, evidentemente, pressupõe a declaração do direito, mas, indo além, impõe uma **sanção** ao vencido. Exemplo: condenação a pagar quantia em dinheiro.

Situação diversa ocorre quando se pede que, por sentença, o juiz promova a **criação**, a **modificação** ou a **extinção** de um estado ou de uma relação jurídica. Também nesse caso há a declaração do direito, mas, avançando, a sentença produz uma **transformação**, uma **nova realidade** jurídica. A essas demandas dá-se o nome de **constitutivas**, que podem ser **positivas** ou **negativas** (também chamadas, estas últimas, de **desconstitutivas**. Exemplos: a) demanda de divórcio (Código Civil, art. 1.571, inciso IV); b) ação rescisória (Código de Processo Civil, art. 485); c) pedido de interdição (Código Civil, arts. 1.767 e segs.).

A essas três figuras – demandas meramente declaratórias, condenatórias e constitutivas – prestigiada doutrina acresceu outras duas espécies de demandas: as **mandamentais** e as **executivas** (Pontes de Miranda, 1995, p. 135). Em vez de uma classificação **trinária**, ter-se-ia uma **quinária**, composta não de três, mas de cinco categorias.

As **mandamentais** caracterizam-se pelo fato de que o comando estatal exarado pelo juiz, mais do que impor o cumprimento de uma prestação, consiste numa **ordem**, numa **determinação**, ou seja, elas são expressão da **autoridade** do Estado-juiz. Diversamente do que ocorre quando o juiz simplesmente **condena**, ao emitir um provimento **mandamental** ele não se limita a impor uma prestação sob determinada sanção; indo além, edita uma **ordem**, cujo descumprimento pode acarretar ainda outras conseqüências, como a responsabilização criminal. Exemplo de provimento mandamental é encontrado no art. 362 do Código de Processo Civil, que trata da exibição de documento ou coisa em poder de terceiro:

> Art. 362. Se o terceiro, sem justo motivo, se recusar a efetuar a exibição, o juiz lhe **ordenará** que proceda ao respectivo depósito em cartório ou noutro lugar designado, no prazo de 5 (cinco) dias, impondo ao requerente que o embolse das despesas que tiver; se o terceiro descumprir a **ordem**, o juiz expedirá mandado de apreensão, requisitando, se necessário, força policial, tudo sem prejuízo da responsabilidade por **crime de desobediência**.

Apesar de contar, desde sua origem, com pelo menos esse exemplo típico de provimento mandamental, o Código de Processo Civil não aludia, expressamente, a essa espécie. A Lei nº 10.358/2001, todavia, dando nova redação ao inciso V do art. 14 do Código, estabeleceu, com todas as letras, ser dever das partes e de todos aqueles que de qualquer forma participam do processo cumprir com exatidão os **provimentos mandamentais** e não criar embaraços à efetivação de provimentos judiciais, de natureza antecipatória ou final.

As demandas **executivas**, por sua vez, caracterizar-se-iam pelo fato de que as respectivas sentenças poderiam ser cumpridas ou efetivadas **no mesmo processo** em que prolatada, sem a necessidade da instauração de um novo e autônomo processo, destinado à execução. Exemplos clássicos de demandas **executivas** são as possessórias (Código de Processo Civil, arts. 920 e segs.) e as de despejo (Lei nº 8.245/1991).

É interessante observar que, construída sem compromisso com a adoção de critério uniforme, a classificação quinária nunca impediu que determinada demanda, concretamente ajuizada, se enquadrasse em mais de uma de suas cinco categorias. É o que desde sempre se constatou, por exemplo, em muitas ações de mandado de segurança (Constituição Federal, art. 5º, incisos LXIX e LXX; e Lei nº 1.533/1951), nas quais o juiz emite uma ordem a ser cumprida pelo impetrado (provimento mandamental) independentemente da instauração de um processo autônomo de execução (provimento executivo *lato sensu*).

Dessa crítica jamais se salvaram os preconizadores da classificação quinária, porquanto certo que, em última análise, as chamadas tutelas executivas e mandamentais levam em conta apenas o **modo** pelo qual o provimento jurisdicional é efetivado em termos práticos, não deixando, a tempo algum, de conterem, essencialmente, a imposição de uma prestação (Yarshell, 2006, p. 177-178).

Cumpre mencionar, ademais, que a distinção entre as demandas condenatórias e as executivas *lato sensu* perdeu sentido prático com a edição de leis reformadoras do Código de Processo Civil (Leis nos 10.444/2002 e 11.232/2005).

Com efeito, atualmente nosso sistema processual civil não mais contempla o **processo (autônomo) de execução** senão excepcionalmente, quando fundado em: a) título extrajudicial; b) sentença condenatória de prestação alimentícia; c) sentença condenatória da Fazenda Pública; d) sentença penal, estrangeira ou arbitral. Afora essas hipóteses, as sentenças proferidas por juízes e tribunais no âmbito da jurisdição civil brasileira são todas executivas *lato sensu*, porquanto passíveis de **cumprimento** no mesmo processo em que foram prolatadas, independentemente de execução *ex intervallo*. Hoje, fala-se em **fase** de conhecimento, **fase** de liquidação e **fase** de execução (ou de cumprimento), todas elas integrantes de um só e único processo.

2.2. PRESTAÇÃO JURISDICIONAL DE EXECUÇÃO

Não há dúvida de que a prestação jurisdicional típica é a de **conhecimento** – pois é a que contém, propriamente, a atividade de **dizer o direito** –, mas não é menos certo que a ela não poderia limitar-se a atuação estatal.

Deveras, seria ineficiente e desprovido de efetividade um sistema que se cingisse a individualizar a regra jurídica aplicável a determinado caso concreto, sem contar com mecanismos de **realização** do comando jurisdicional exarado. Precisamente por isso é que se diz ser inerente à jurisdição o poder de **coerção**, consistente na capacidade de **fazer valer** suas decisões sempre que não houver o espontâneo cumprimento, pelo vencido.

Assim, além de possuir o poder de acertar relações jurídicas e estabelecer o cumprimento de prestações, o sistema de prestação jurisdicional precisa ser dotado de instrumentos capazes de dar **efetividade** e **concretude** a seus atos decisórios, deve ser munido de aparato suficiente para fazer **cumprir, realizar, executar** suas sentenças e comandos.

Nesse contexto, exsurge a **prestação jurisdicional de execução**, atividade exercida pelos órgãos do Poder Judiciário ainda quando o comando cognitivo provenha de arbitragem.

A essa altura, percebe-se haver grande semelhança entre a atuação jurisdicional e a conduta geral do homem. Tanto em uma quanto em outra observa-se a seqüência "SABER – QUERER – AGIR".

Em cada passo de seu cotidiano, o indivíduo, valendo-se dos sentidos, primeiro capta a realidade das coisas, recolhe impressões, toma conhecimento do que o cerca. Munido de tais informações, o homem formula juízos e produz vontades. Por fim, ele atua no sentido de obter o que se tornou alvo de seu interesse.

O procedimento não é outro na atuação da jurisdição; na prestação jurisdicional de conhecimento, o Estado primeiro toma **ciência** de uma pretensão e, após reunir os elementos necessários ao julgamento, profere uma **sentença**. Na seqüência, não havendo o cumprimento espontâneo do comando exarado, o Estado presta a jurisdição de **execução**, por meio da qual age no sentido de **realizar** o direito consagrado na sentença (Couture, 1987, p. 439).

Precisamente porque **se impõe** ao detentor do **direito subordinado** o cumprimento da prestação imposta, diz-se que a execução é **forçada**. É forçada porque não é voluntária.

Convém destacar que, como decorrência do princípio da **inevitabilidade** da jurisdição e, mesmo, da autoridade que lhe é inerente, aquele que estiver sujeito ao cumprimento da prestação imposta na sentença nada pode fazer para impedir a legítima atuação do poder estatal. Autorizado pela lei, o Estado-juiz tem o poder de modificar a realidade das coisas, a fim de que se atinja o escopo último da jurisdição, que é o de **entregar** a cada um o que o direito lhe reconhece.

Por conseguinte, ainda que mediante o uso de **força**, a jurisdição executiva atua para proporcionar a **satisfação** do direito do exeqüente, conferindo-lhe, no plano prático, tudo aquilo e precisamente aquilo com que contaria se seu adversário não houvesse ofendido a ordem jurídica. Sim, sempre que for possível e do interesse do exeqüente, o Estado-juiz há de propiciar-lhe **especificamente** a fruição do bem da vida a que tem direito.

Dessa assertiva podem ser extraídas três características fundamentais da prestação jurisdicional executiva: a **coercibilidade**, a **satisfatividade** e a **especificidade**. Ao prestá-la, o Estado, valendo-se de sua autoridade e de sua força, atua com o fito de entregar ao jurisdicionado especificamente o bem da vida a que ele faz jus.

É claro que, não sendo materialmente possível ou do interesse do exeqüente, a prestação jurisdicional específica pode ser substituída por outra, **subsidiária** e de cunho **indenizatório**, a fim de que o jurisdicionado obtenha um **valor equivalente** ao desfalque patrimonial decorrente do descumprimento da obrigação originária (Theodoro Júnior, v. II, 2003, p. 7).

Por último, é fundamental ressaltar que a lei processual confere força executiva não apenas aos títulos judiciais que relaciona (Código de Processo Civil, art. 475-N), mas também a títulos extrajudiciais que expressamente arrola (Código de Processo Civil, art. 585). Estes últimos, conquanto não concebidos no seio do Poder Judiciário, autorizam a propositura da demanda executiva.

2.3. PRESTAÇÃO JURISDICIONAL CAUTELAR

Num primeiro pensamento, poder-se-ia reputar suficiente um sistema de prestação jurisdicional composto de uma atividade **cognitiva** somada a uma atividade **executiva**. De fato, parece bastante que o Estado-juiz **diga o direito** e, na seqüência, **realize** esse mesmo direito, entregando o bem da vida a quem de direito.

O binômio **"conhecimento – execução"**, todavia, revela-se incapaz de proporcionar sempre a plena consecução dos objetivos da jurisdição.

Com efeito, a atuação jurisdicional desenvolve-se, naturalmente, dentro de um intervalo de tempo. A jurisdição instantânea, a par de impossível, é mesmo indesejável, uma vez que a atividade de julgar pressupõe debate, instrução, reflexão e ponderação, sem o que seria grande o risco de incorrer-se em verdadeiros desatinos. Assim como ninguém ignora os efeitos nocivos da morosidade do Poder Judiciário, tampouco se deseja que a jurisdição seja prestada afobada, precipitada ou açodadamente, como que "às vassouradas".

Pois bem. Se a atuação jurisdicional de conhecimento e a atuação jurisdicional de execução demandam naturalmente certo tempo – e, comumente, um largo tempo – e se, durante esse interregno, o mundo e as pessoas não param, é possível que daí decorram **efeitos nocivos à efetividade do processo**.

Deveras, enquanto o processo tramita, fora dele ou mesmo em seu bojo podem ser praticados inumeráveis atos e ocorrer incontáveis fatos que coloquem em risco a utilidade do provimento jurisdicional final, de modo que ao titular do direito subordinante, apesar de reconhecido como tal, quiçá não seja possível proporcionar a fruição definitiva do bem da vida a que faz jus.

Esse perigo de ineficácia – ou de ineficiência – da jurisdição, decorrente do tempo gasto pelo Estado para prestá-la, precisa ser combatido e neutralizado. Do contrário, muitas vezes restará descumprido o dever decorrente do inciso XXXV do art. 5º da Constituição Federal.

Com os olhos voltados para esse problema, o legislador processual concebeu uma terceira espécie de prestação jurisdicional: a **cautelar**. Por meio dela, não se visa a acertar, definitivamente, relações jurídicas; não se busca a imposição de sanções pela ofensa a direito alheio; não se colima criar, extinguir ou modificar relações jurídicas; tampouco se persegue a satisfação do direito subordinante. Tudo isso tem lugar nas jurisdições de conhecimento e de execução. Na tutela cautelar, o objetivo perseguido é o de **assegurar o resultado útil do provimento jurisdicional definitivo**.

A prestação da tutela cautelar tem, pois, por escopo a **proteção ao processo**, porque mais do que proteger o litigante, dirige a atuação do Estado-juiz à garantia da efetividade dos instrumentos de viabilização da jurisdição.

Focada para uma atuação **preventiva** e **provisória** e com nítida missão **instrumental** (v. Capítulos 6 e 7), a tutela cautelar envolve a adoção de providências ou medidas tendentes a evitar a frustração da atuação jurisdicional.

Assim, completa-se o aparato da jurisdição, composto de três espécies de prestação: a de **conhecimento**, a de **execução** e a **cautelar**.

Capítulo 3
O processo

3.1. PROCESSO COMO INSTRUMENTO DA JURISDIÇÃO

O Estado, já se disse, tem o dever indeclinável de prestar a jurisdição, sempre que demandado (= acionado) por quem se afirme vítima de uma violação ou ameaça a direito.

Do mesmo dispositivo constitucional que consagra o princípio da indeclinabilidade da jurisdição (inciso XXXV do art. 5º da *Lex Magna*) resulta, também, o direito de **ação**.

Com efeito, na medida em que a autotutela é proibida e em que a jurisdição é oferecida como forma de resolução pacífica dos conflitos de interesses, surge, em favor do interessado em obtê-la, o poder de **acionar** a máquina estatal.

É importante destacar que a ação **não** consiste no direito à obtenção do **bem da vida** pretendido, mas no direito à **prestação jurisdicional**, vale dizer, à obtenção de uma resposta judicial, favorável ou não. Se o direito afirmado pelo demandante for reconhecido como **subordinante**, o Estado-juiz julgará procedente (= acolherá) o pedido e emitirá um provimento **positivo** por meio do qual o jurisdicionado poderá alcançar, aí sim, o bem da vida perseguido. Se, contudo, o direito do demandante for proclamado **subordinado**, o pedido será julgado improcedente (= será rejeitado) e o provimento será **negativo**, mas mesmo assim é inegável que o Estado terá cumprido o dever de prestar a jurisdição. Em outras palavras, o provimento jurisdicional poderá ser favorável ou desfavorável ao demandante, conforme lhe assista ou não o direito invocado; mas em qualquer caso o Estado terá prestado a jurisdição.

Pois bem. Uma vez acionado, o Estado-juiz faz instaurar um **processo**, instrumento do qual se valerá para prestar a jurisdição.

O processo pode ser conceituado como uma relação jurídica instrumental desenvolvida sobre uma base procedimental (v. itens seguintes deste capítulo), tendente à emissão de um ou mais provimentos jurisdicionais.

Esses provimentos, emitidos pelo Estado-juiz, podem ser de **conhecimento**, de **execução** ou **cautelares**, conforme a espécie de prestação jurisdicional demandada.

Será de **conhecimento** o provimento quando se pedir que se resolva definitivamente um litígio mediante a aplicação de uma regra de direito a um caso concreto; nessa hipótese, a atuação judicial culminará na prolação de uma **sentença**. Ex.: "A" pede a condenação de "B" ao pagamento de determinada quantia em dinheiro, por conta de danos materiais e morais.

Será de **execução** o provimento quando se postular a adoção de medidas ou providências destinadas à **satisfação** (= realização, efetivação) de um direito consagrado em título ao qual a lei confira força executiva (v. arts. 475-N e 585 do Código de Processo Civil). Ex.: "A" pede a constrição e a expropriação de bens de "B" para a solução de dívida em dinheiro constante de contrato particular assinado pelo devedor e por duas testemunhas (Código de Processo Civil, art. 585, inciso II).

Será **cautelar**, por sua vez, o provimento judicial que, nem compondo definitivamente o litígio e tampouco satisfazendo o direito do credor, se destinar a **assegurar o resultado útil dos provimentos de conhecimento ou de execução**. As medidas cautelares são adotadas em caráter provisório e com função asseguratória, a fim de garantir que não reste frustrada, nos planos jurídico e prático, a atuação jurisdicional definitiva. Ex.: "A" pede o arresto de bens de "B", a fim de garantir a efetividade de execução por quantia certa (Código de Processo Civil, arts. 813 e segs.).

Note-se que, independentemente da espécie de jurisdição que se pretenda obter, sua prestação ocorrerá sempre em um **processo**, instaurado precisamente com as finalidades de aferir a juridicidade da pretensão e de, conforme o caso, resultar no provimento demandado.

Em síntese, a **ação** provoca o Estado-juiz, que instaura um **processo** por meio do qual será prestada a **jurisdição**.

3.2. PROCESSO E RELAÇÃO PROCESSUAL

No item anterior deste capítulo, assinalou-se que o processo pode ser visto como uma "relação jurídica instrumental desenvolvida sobre uma base procedimental"; mas que relação jurídica é essa?

A expressão **relação jurídica** designa o vínculo entre dois ou mais sujeitos, decorrente da incidência de uma norma ou regime jurídico sobre determinado suporte fático; pode ser analisada sob o aspecto **objetivo** e sob o aspecto **subjetivo**.

No plano do direito material, são relações jurídicas as estabelecidas entre pai e filho (vínculo de paternidade e filiação), entre marido e mulher (vínculo conjugal), entre credor e devedor (relação de crédito), entre locador e locatário (relação de locação), entre sócios (relação de sociedade), entre vendedor e comprador (relação de compra e venda) etc.

No plano do direito processual, também se estabelece um liame jurídico, que não se confunde com aquele levado à apreciação do Poder Judiciário e descrito na petição inicial. Trata-se da **relação jurídica processual**, que também pode ser examinada pelos aspectos subjetivo e objetivo.

Sob o aspecto **subjetivo**, a relação jurídica processual é, pois, o vínculo instrumental que une o demandante, o Estado-juiz e o demandado e, em muitos casos, também o Ministério Público e o terceiro interveniente.

Sob o aspecto **objetivo**, a relação jurídica instrumental é o conjunto de poderes, faculdades, deveres e ônus conferidos ou impostos na pendência do processo. Exemplos: o poder de desistir de determinada prova; as faculdades de alegar, de produzir provas e de recorrer; o dever de lealdade processual, o ônus de observar os prazos etc.

Por ser composta de uma **série** de poderes, faculdades, deveres e ônus, a relação processual é qualificada como **complexa**; e porque se desenvolve ao longo de um tempo, como que numa caminhada – entre a propositura da demanda e a extinção do feito –, diz-se que a relação processual é **dinâmica**.

Todos esses poderes, faculdades, deveres e ônus são assegurados ou impostos como expressões da cláusula constitucional do respeito ao **devido processo legal** (Constituição Federal, art. 5º, inciso LIV), verdadeira pilastra do sistema de prestação jurisdicional.

Também é fundamental destacar que a relação jurídica processual é **autônoma**, na medida em que sua existência não depende da do direito substancial invocado. Tanto é assim que, se o juiz, na sentença, proclamar até mesmo a inexistência da relação jurídica substancial descrita na petição inicial, nem por isso terá deixado de haver relação jurídica processual.

Ao exercer o direito de **ação** e provocar a jurisdição, o demandante pratica o primeiro e necessário ato à formação da relação jurídica processual. Precisamente por ocasião da propositura da demanda (Código de Processo Civil, art. 263), tem origem esse vínculo de direito processual, estabelecido, a essa altura, somente entre o demandante e o Estado-juiz.

Admitindo a demanda por reputar satisfeitos os requisitos legais para tanto, o juiz chama o demandado a integrar a (= fazer parte da) relação processual. Por meio desse chamamento – ao qual se dá o nome de **citação** (Código de Processo Civil, arts. 213 e segs.) – a relação processual completa-se e "triangulariza-se".

O demandante e o demandado são qualificados como **partes** e postam-se frente a frente, no mesmo plano, em condição de igualdade. O demandante ocupa o **pólo ativo**; e o demandado, o **pólo passivo** da relação processual.

O Estado-juiz, por sua vez, coloca-se *supra et inter partes* (acima e entre as partes), posição que traduz sua **imparcialidade** e, também, sua **autoridade**.

O Estado-juiz, o demandante e o demandado são os **sujeitos principais** da relação processual.

Casos há em que o Ministério Público figura como parte, hipótese em que será, evidentemente, um dos sujeitos principais (Código de Processo Civil, art. 81); sua atuação pode, porém, dar-se sob outra qualidade, a de **fiscal da lei** (*custos legis*) (Código de Processo Civil, art. 82), mas mesmo nessa condição o *parquet* é considerado um sujeito da relação processual, uma vez que também conta com poderes e faculdades e subordina-se a ônus e deveres processuais (Código de Processo Civil, art. 83).

Também o terceiro interveniente figura como sujeito da relação processual, mesmo quando é mero assistente (Código de Processo Civil, arts. 50 e segs.) ou recorrente (Código de Processo Civil, art. 499). Isso porque, conquanto não possua a condição de parte, propriamente dita, o terceiro também é sujeito de poderes, faculdades, deveres e ônus processuais.

Pois bem. Afirmou-se, há pouco, que a relação processual tem origem no exercício do direito de **ação**. Tal assertiva é deveras importante, dentre outras razões, para que se distinga o que é **processo** do que é mero **incidente processual**.

Sim, porque sem relação processual própria não há processo; e o incidente, ainda que seja sempre abrangido pela relação processual, não dá ensejo à formação de uma relação processual própria. Melhor explicando, o incidente, porque não resulta diretamente do exercício do direito de ação, não dá origem a uma relação jurídica própria; os incidentes não gozam de autonomia e, ainda que materialmente possam em alguns casos tramitar em separado, sempre integram um processo já instaurado.

Exemplificando: o demandado, ao impugnar o valor da causa (Código de Processo Civil, art. 261) não exerce o direito de ação e, por conseguinte, não dá origem a um novo e autônomo **processo**. Ao fazê-lo, o demandado suscita um mero **incidente**, que, apesar de tramitar em autos próprios, não goza de autonomia e apenas integra a relação processual já instaurada desde que o demandante exerceu, ele sim, o direito de ação.

Cumpre observar, de outra parte, que em alguns casos, mesmo não havendo sequer a formação de autos próprios, tem-se a formação de relação jurídica processual autônoma. É o que ocorre na **reconvenção**, que, conquanto tramite nos próprios autos da demanda principal, contém uma relação jurídica própria. A explicação para a distinção é simples: a reconvenção tem natureza de **ação**, exercida por quem fora originariamente demandado e que, formulando, também ele, uma pretensão ao Estado-juiz, volta-se contra o demandante originário.

Assim, quando o réu reconvém, forma-se, **no mesmo processo**, uma segunda relação processual, a somar-se àquela concebida por ocasião do ajuizamento da ação dita principal (Código de Processo Civil, art. 315). Reciprocamente demandantes e demandados, os litigantes são qualificadas como **autor-reconvindo** e **réu-reconvinte**. Exemplo: "A" ajuíza demanda em face de "B", pedindo a condenação deste ao pagamento de certa quantia em dinheiro, relativa a empréstimo não solvido no vencimento. Citado como demandado, "B" não só se defende (= contesta) como, exercendo também ele o direito de ação, ajuíza reconvenção, pedindo a declaração de nulidade do contrato. Nesse quadro, "A" será o autor-reconvindo e "B", o réu-reconvinte; e o juiz, em sentença única (Código de Processo Civil, art. 318), haverá de examinar as duas pretensões.

A afirmação de que a relação processual tem origem no exercício do direito de ação é fundamental, também, para evidenciar a **autonomia** da **relação processual cautelar**. Ao demandar a tutela cautelar nos termos preconizados pelo Livro III do Código de Processo Civil, o interessado exerce o direito de ação e, por conseguinte, dá origem a uma relação processual autônoma, que não se confunde com aquela formada no processo principal.

Concluindo, pode-se afirmar que: a) a relação processual origina-se do exercício do direito de ação; b) não há processo sem relação processual; c) os incidentes processuais não possuem relação processual própria, apenas integram aquela já existente; d) um único e só processo pode conter mais de uma relação processual; e) requerida a proteção cautelar nos termos estabelecidos pelo Livro III do Código de Processo Civil, forma-se uma relação processual cautelar autônoma, distinta da que existe no feito principal.

3.3. PROCESSO E PROCEDIMENTO

A par da relação processual, o processo é integrado ainda pelo **procedimento**, também denominado de **rito**. A bem da verdade, o processo é o resultado da somatória entre esses dois elementos: relação processual e procedimento.

Já se disse que a relação processual é composta de uma série ou de um conjunto de poderes, faculdades, ônus e deveres assegurados e impostos aos seus sujeitos. Também se afirmou que a relação processual é dinâmica e desenvolve-se ao longo de um tempo, desde a propositura da demanda e até a extinção do feito.

Para que possa desenvolver-se dessa maneira, a relação processual precisa de uma **base procedimental**. O procedimento é, assim, o caminho pelo qual o processo se movimenta.

É evidente que esse caminho é previamente delineado pela lei; trata-se de uma seqüência, ordenada e lógica, dos atos processuais, tendente a uma finalidade.

No sentido comum, o vocábulo **proceder** pode significar "ter seguimento", "ir por diante", "prosseguir", "continuar". Todas esses termos e expressões dão a idéia de "caminho", de "via", de "trilho". Um médico, por exemplo, com o propósito de alcançar a cura do paciente, pode dispor de vários "procedimentos", alguns mais invasivos, outros com mais graves efeitos colaterais, outros ainda com riscos maiores. Todos eles, no entanto, são formas ou meios para atingir-se o objetivo perseguido.

No direito processual, é o legislador que, no âmbito de cada espécie de prestação jurisdicional pretendida, estabelece os procedimentos, isto é, os ritos adequados à consecução dos objetivos almejados. Ao juiz, por sua vez, cabe observar o procedimento traçado pelo legislador.

Alguns procedimentos são mais concentrados, outros menos; alguns contemplam mais oportunidades de atuação processual, outros menos; mas todos eles tendem a uma finalidade: a prestação da jurisdição.

No âmbito da prestação jurisdicional de **conhecimento**, o legislador classificou os procedimentos em **comum** e **especiais**. Aplica-se a todas as causas o procedimento comum, salvo disposição em contrário do Código de Processo Civil ou de lei especial (Código de Processo Civil, art. 271).

O procedimento **comum** pode ser **ordinário** ou **sumário** (Código de Processo Civil, art. 272, *caput*). Os **procedimentos especiais** – regulados no Livro IV do Código de Processo Civil e na legislação extravagante – e o **procedimento sumário** – disciplinado entre os arts. 275 e 281 do Código de Processo Civil – regem-se pelas disposições que lhes são próprias, aplicando-se-lhes, subsidiariamente, as disposições gerais do procedimento ordinário (Código de Processo Civil, art. 272, parágrafo único). Exatamente porque aplicável sempre que não for caso de observar-se algum procedimento especial ou o rito sumário, o procedimento comum ordinário é conhecido também como procedimento **residual**.

Para identificar o rito aplicável e assim elaborar e instruir corretamente sua petição inicial, o demandante precisa verificar, de início, se existe, na legislação especial ou no Livro IV do Código de Processo Civil, algum **procedimento espe-**

cial adequado ao caso; não havendo, será aplicável o **procedimento comum**. Considerando-se, todavia, que o procedimento comum admite duas espécies, é mister verificar, primeiramente, se o caso amolda-se a alguma das previsões do art. 275 do Código de Processo Civil. Em caso afirmativo, observar-se-á o procedimento **sumário**; em caso negativo, ou seja, não havendo procedimento especial e tampouco sendo cabível o rito sumário, outra alternativa não restará senão a de seguir-se o procedimento comum **ordinário**.

Desse modo, se o demandante pretender impetrar, por exemplo, um mandado de segurança, na legislação especial encontrará rito próprio a ser seguido (Lei nº 1.533/1951). Se, em outro exemplo, ele intentar proteção possessória, haverá de observar o procedimento especial previsto no Livro IV do Código de Processo Civil (arts. 920 e segs.). Uma terceira hipótese: se o interessado pretender aforar uma demanda de cobrança de valor não superior a 60 salários mínimos: não encontrará um procedimento especial, mas no âmbito do procedimento comum verificará ser caso de adotar-se o procedimento sumário (Código de Processo Civil, art. 275, I). Por último: se a cobrança for de valor superior a 60 salários mínimos, sem que se cogite de qualquer das situações relacionadas no inciso II do art. 275 do Código de Processo Civil, não haverá previsão de rito especial e tampouco caberá o procedimento sumário; logo, dever-se-á observar, inexoravelmente, o procedimento comum ordinário.

A prestação jurisdicional de **execução**, por sua vez, comporta uma série de procedimentos, estabelecidos pela lei conforme a natureza da obrigação, a qualidade da parte ou, mesmo, a espécie do título: a) execução por quantia certa fundada em título judicial (Código de Processo Civil, art. 475-I e segs.); b) execução por quantia certa fundada em título extrajudicial (Código de Processo Civil, art. 646 e segs.); c) execução por quantia certa contra devedor insolvente (Código de Processo Civil, arts. 748 e segs.); d) execução das obrigações de fazer ou de não fazer, fundada em título judicial (Código de Processo Civil, art. 461); e) execução das obrigações de fazer ou de não fazer, fundada em título extrajudicial (Código de Processo Civil, arts. 632 e segs.); f) execução para a entrega de coisa, fundada em título judicial (Código de Processo Civil, art. 461-A); g) execução para a entrega de coisa, fundada em título extrajudicial (Código de Processo Civil, arts. 621 e segs.); h) execução de prestação alimentícia (Código de Processo Civil, arts. 732 e segs.); i) execução contra a Fazenda Pública (Código de Processo Civil, art. 730 e seg.); j) execução hipotecária (Lei nº 5.741/1971); l) execução fiscal (Lei nº 6.830/1980).

Todos esses procedimentos contêm particularidades e distinguem-se entre si, mas também todos eles se destinam à obtenção da **satisfação** do direito do credor. O objetivo, em todos eles, é sempre este, mas cada rito possui uma seqüência própria de atos a serem praticados no processo; o que muda é a forma, o caminho, a trilha, o rito.

Por fim, a prestação jurisdicional **cautelar**, a exemplo das demais espécies, também admite uma pluralidade de procedimentos.

Com efeito, o Código de Processo Civil estabelece, no âmbito dessa espécie de tutela jurisdicional, um procedimento **comum** (arts. 802 e segs.) e diversos procedimentos **específicos** (arts. 813 e segs.). São procedimentos cautelares específicos previstos no Código de Processo Civil: a) o arresto (arts. 813 e segs.); b) o seqüestro (arts. 822 e segs.); c) a caução (arts. 826 e segs.); d) a busca e apreensão (arts. 839 e segs.); e) a exibição (arts. 844 e seg.); f) a produção antecipada de provas (arts. 846 e segs.); g) os alimentos provisionais (arts. 852 e segs.); h) o arrolamento de bens (arts. 855 e segs.); i) a justificação (arts. 861 e segs.); j) os protestos, notificações e interpelações (arts. 867 e segs.); l) a homologação de penhor legal (arts. 874 e segs.); m) a posse em nome do nascituro (arts. 877 e seg.); n) o atentado (arts. 879 e segs.); o) o protesto e apreensão de títulos (arts. 882 e segs.).

O sistema adotado pelo legislador para a identificação do procedimento cautelar também segue o critério da especialidade: havendo procedimento específico, este é adotado; não havendo, segue-se o procedimento cautelar comum, cujas disposições, ademais, são aplicáveis subsidiariamente aos procedimentos específicos.

Na doutrina, objeta-se que alguns desses procedimentos específicos não teriam sequer natureza cautelar. Trata-se de questão que neste trabalho será tratada mais adiante, no âmbito de cada procedimento.

É fundamental ressaltar, ainda, que os procedimentos em geral são traçados a partir de critérios de **ordem pública** e, por isso, são **indisponíveis**, ou seja, salvo excepcionalmente eles são impostos ao juiz e às partes, que não podem dispor em sentido contrário. Assim, se houver previsão de um rito especial, não pode o juiz e tampouco os litigantes – ainda que haja consenso entre todos – seguir o rito comum. Certo é, todavia, que, se o feito houver tramitado por rito inadequado, a nulidade só será declarada se houver demonstração de prejuízo. Exemplo: se o caso era de seguir-se o rito sumário, mas seguiu-se o ordinário – que contempla maiores oportunidades de defesa –, não se proclama a nulidade, por ausência de prejuízo a quem quer que seja.

Não se pode deixar de assinalar, também, a imprescindibilidade de que o procedimento seja regido pelo **princípio do contraditório** (Constituição Federal, art. 5º, inciso LV), segundo o qual os destinatários da jurisdição têm direito à **efe-**

tiva participação processual. O contraditório alcança, destarte, o direito à **ciência** e à **insurgência**. A ambos os litigantes deve-se assegurar informação acerca dos atos do processo, bem como a possibilidade de voltar-se contra eles. Na legislação processual, exemplo clássico de observância do princípio do contraditório é encontrado no art. 398 do Código de Processo Civil, segundo o qual sempre que uma das partes requerer a juntada de documento aos autos, o juiz ouvirá, a seu respeito, a outra, no prazo de cinco dias.

Sintetizando e reafirmando, o processo resulta da junção de uma relação processual com um procedimento. O processo é, pois, uma entidade complexa, podendo ser analisado sob o aspecto dos atos que lhe dão corpo e da relação entre eles (procedimento) e também sob o das relações entre seus sujeitos (relação processual) (Cintra, Grinover e Dinamarco, 2006, p. 301-302).

Capítulo 4
O processo e o tempo

4.1. A RAZOÁVEL DURAÇÃO DO PROCESSO

No sentido comum, o termo **processo** significa "ato de proceder", "de ir por diante", "curso", "sucessão de estados ou de mudanças". Qualquer dessas expressões transmite a idéia de "movimento".

Com o **processo judicial** não é diferente. Também ele contém a noção de "marcha", de algo que se desenvolve ao longo de um tempo. É, por sinal, imprescindível que o processo tenha uma certa duração, sem a qual seria impossível ao Estado-juiz assegurar aos sujeitos da relação jurídica processual e destinatários da prestação jurisdicional a observância do **devido processo legal**, cláusula constitucional que abrange também, dentre outras garantias, as da ampla defesa e do contraditório (Constituição Federal, art. 5º, incisos LIV e LV).

Não se pretende, portanto, que o processo tramite aos atropelos, desordenadamente e sem a observância das garantias constitucionais e legais necessárias à produção de uma jurisdição **segura** e **eficiente**. Dizer e realizar o direito não são tarefas singelas; demandam debate, instrução, reflexão, análise, ponderação. A jurisdição imediata ou instantânea é, portanto, caminho curto para a má aplicação do direito.

Por outro lado, a excessiva demora em prestar-se a jurisdição também é de todo indesejável. Com efeito, nada justifica a interminável espera causada pela tormentosa duração do processo a que os cidadãos se vêem submetidos e da qual, ao final, resta sempre a sensação de injustiça (Hoffman, 2006, p. 17).

Atento a isso tudo, o legislador constituinte aprega que a todos, no âmbito judicial e administrativo, são assegurados a **razoável duração do processo** e os meios que garantam a **celeridade** de sua tramitação (Constituição Federal, art. 5º, inciso LVIII, acrescentado pela Emenda Constitucional nº 45/2004).

Antes mesmo da expressa dicção constitucional a doutrina já defendia que o direito ao processo sem dilações indevidas é corolário do devido processo legal (Cruz e Tucci, 1997, p. 87-88). De qualquer modo, é importante que o legislador constituinte haja assumido o compromisso de o Estado velar pela razoável duração do processo.

A noção de **razoável duração** não é de fácil determinação, dada a infinidade de fatores que podem ser incluídos em uma análise desse tipo; mas, em termos amplos, pode-se afirmar que terá razoável duração o processo que propiciar a prestação jurisdicional no tempo **necessário**, sem dilações inúteis e sem sacrifícios à cláusula do devido processo legal. O tempo razoável não é, portanto, o menor possível, tampouco o excessivo; é o que resulta do equilíbrio entre a **pressa** e a **morosidade**.

4.2. A DURAÇÃO DO PROCESSO E OS RISCOS A SUA EFETIVIDADE

Ainda que o processo tenha duração razoável, não é dado deixar de considerar que, nesse entremeio, fatos e atos podem colocar em risco a efetividade da atuação jurisdicional pretendida.

Quando, porém, a duração do feito desborda da razoabilidade, a situação de perigo agrava-se, pois cresce a probabilidade de que a jurisdição reste infrutífera.

Deveras, é inegável a frustração daquele que, após longa espera de tramitação processual, recebe provimento judicial favorável, mas não vê seu direito materializado, concretizado, efetivado, exatamente porque, com o tempo gasto para prestar a jurisdição, desapareceram as condições necessárias à realização do direito consagrado.

Suponha-se um caso em que duas testemunhas sejam de fundamental importância para a demonstração dos fatos alegados pela parte; uma delas, porém, possui idade avançada e acha-se acometida de grave doença; a outra intenta transferir residência para país distante, sem previsão de retorno.

Num quadro como esse, em que é evidente o risco de perecimento da prova, também periclita o próprio direito cuja demonstração dela depende. Note-se que mesmo sem dilações desnecessárias, esse perigo pode existir; e à medida que o processo se delonga, dito perigo aumenta.

Um outro exemplo: imagine-se que bens de propriedade de alguém sejam apreendidos pelo fisco, a conta de terem sido irregularmente internados no território nacional. Eventual processo em que se discuta a legalidade da apreensão, ainda que não sofra dilações indevidas, pode não ser encerrado a tempo de evitar o leilão administrativo, possibilidade que se incrementa na proporção da demora em prestar-se a jurisdição.

Esses dois exemplos bem revelam o perigo da infrutuosidade da jurisdição, como conseqüência do decurso do tempo.

Sob outro giro, pode-se também afirmar que o mero retardamento da prestação jurisdicional também compromete a plena efetividade do processo, vale dizer, ainda que chegue em tempo útil, a jurisdição prestada em tempo além do necessário já não é a melhor.

Conceba-se, por exemplo, a situação daquele que, conquanto possua direito flagrante, evidente, não consegue rapidamente usufruir do bem da vida a que faz jus, em razão de atuação processual procrastinatória de seu adversário, que, violando o dever de lealdade, abusa do direito de defesa e adota expedientes protelatórios. Mesmo que, um dia, o detentor desse direito subordinante consiga fazê-lo valer em face de seu *ex adverso*, ainda assim restará a sensação de impotência, de frustração e de injustiça, fruto da extrema demora em obter a prestação jurisdicional.

Em síntese, processo efetivo não é apenas aquele apto a produzir resultados úteis; é aquele que propicia tal efeito **no tempo devido**, vale dizer, em **tempo razoável**.

4.3. A TUTELA DE URGÊNCIA

Sendo compromisso do Estado a prestação de jurisdição efetiva e sabendo-se dos riscos decorrentes da duração – razoável ou não – do processo, revela-se necessária a existência de mecanismos de atuação processual tendentes a minorar, neutralizar ou eliminar ditos riscos.

Alguns desses mecanismos destinam-se a **acelerar** a tramitação do processo ou a **abreviar** sua duração, para que se chegue a bom termo em menor espaço de tempo. Ex.: a) o rito sumário (Código de Processo Civil, arts. 275 e segs.); b) o julgamento antecipado do pedido (Código de Processo Civil, art. 330); c) a ação monitória (Código de Processo Civil, arts. 1.102-A e segs.); d) os procedimentos dos Juizados Especiais (Leis nos 9.099/1995 e 10.259/2001); e) a possibilidade de, nos tribunais, o relator, monocraticamente, negar seguimento ou dar provimento a recursos (Código de Processo Civil, art. 557); f) a conversão, em recurso especial ou extraordinário, dos agravos de instrumento interpostos contra as decisões de inadmissão, proferidas pelo presidente ou vice-presidente do tribunal *a quo* (Código de Processo Civil, art. 544, §§ 3º e 4º); g) a possibilidade de o tribunal, afastando a carência de ação proclamada em primeira instância, prosseguir no julgamento do mérito da causa (Código de Processo Civil, art. 515, § 3º); h) a possibilidade de a execução prosseguir quanto à parte não embargada ainda quando os embargos forem recebidos com efeito suspensivo (Código de Processo Civil, art. 739, § 3º).

Além desses instrumentos processuais, outros foram concebidos pelo legislador, ora com a finalidade de assegurar o resultado útil do provimento jurisdicional definitivo, ora com o objetivo de antecipar a fruição (= satisfação) de um direito que se revele como de mais provável confirmação.

Caracterizados pela agilidade e pela pronta efetividade, tais provimentos são provisórios e proferidos com base em cognição sumária. Ao conjunto dessas medidas, bem como ao das respectivas normas e preceitos, dá-se o nome de **tutela de urgência**.

A análise dos instrumentos dos quais se pode valer o juiz para prestar a tutela de urgência será feita no capítulo seguinte deste trabalho.

Capítulo 5
A tutela de urgência e os provimentos jurisdicionais

5.1. INSTRUMENTOS ÁGEIS DE ATUAÇÃO JURISDICIONAL

Originariamente, concebeu-se a **sentença** como provimento jurisdicional destinado a **dizer o direito** e sua posterior **execução** como a sede e o momento adequados à **realização** desse mesmo direito.

A sentença, como sabido, é o ato culminante da fase cognitiva do processo; sua prolação dá-se após debate e instrução da causa, atividades que, não raras vezes, demandam longo tempo. Uma perícia, por exemplo, pode, por si só, demorar anos; assim também a colheita da prova oral, ora sujeita à longa pauta dos juízos, ora dependente do cumprimento de inúmeras cartas; a própria prolação da sentença exige, freqüentemente, larga espera, quando grande o número de feitos prontos para julgamento.

A execução da sentença, por sua vez, quase nunca é de fácil realização e costuma enfrentar inúmeros entraves; não apenas os opostos pelo devedor, como também os decorrentes de dificuldades estruturais do juízo ou, ainda, das excessivamente complexas fórmulas legais. Nesse último particular, aliás, é preciso admitir que o legislador vem tentando simplificar e agilizar a execução por meio de leis reformadoras do Código de Processo Civil (v. Leis nos 11.232/2005 e 11.382/2006), mas ainda se está longe de um modelo ágil e eficiente.

A morosidade do sistema de prestação jurisdicional tradicional, estruturado sobre o binômio **conhecimento – execução**, decorre, em grande parte, do fato de que ele foi concebido para produzir resultados em caráter **definitivo**. A cláusula do devido processo legal, nesse contexto, parece servir quase que exclusivamente ao demandado, que, postado na cômoda posição de ocupante do pólo passivo da relação processual, conta com todas as oportunidades de resistência à pretensão e, mesmo vencido na fase cognitiva, dispõe de várias possibilidades de oposição à execução, tudo a militar contra o demandante.

Modernamente, porém, o legislador vem procurando construir um modelo que, sem sacrificar as garantias do contraditório e da ampla defesa, veja o processo também sob a óptica do demandante, de suas necessidades, de suas angústias e de suas aspirações.

Esse novo sistema, ainda em edificação, põe em relevo a previsão de mecanismos de atuação jurisdicional mais ágil e eficiente, colocados à disposição do interessado sempre que houver uma situação de **urgência**.

Sem a preocupação da definitividade de seus efeitos e, por conseguinte, podendo ser adotados com base em cognição sumária, os instrumentos que compõem a chamada **tutela de urgência** alcançam tanto os casos em que se procure combater o risco de **infrutuosidade** do provimento jurisdicional final quanto aqueles outros em que se intente evitar o **retardamento** do exercício de um direito evidente ou, pelo menos, com maior probabilidade de confirmação.

Diz-se, assim, que a **tutela de urgência** compreende tanto medidas de natureza **conservativa** quanto providências de cunho **satisfativo**, ou seja, é prestada mediante a utilização de instrumentos que, desprovidos de vocação para a definitividade, ora **garantem a utilidade** da atuação jurisdicional definitiva, ora **proporcionam a pronta entrega** do bem da vida ao provável titular do direito subordinante.

A agilidade de tais mecanismos é tamanha que, em algumas situações, a atuação jurisdicional de urgência dá-se muito antes do momento próprio e natural. Casos há em que podem ser adotadas medidas concretas ainda durante a fase de conhecimento do processo e até mesmo antes de sua instauração, como as cautelares antecedentes (v. Capítulo 8, item 8.1, deste trabalho).

5.2. MEDIDAS CAUTELARES

Por ocasião da edição do Código de Processo Civil, em 1973, o legislador brasileiro reconheceu a grande importância da tutela cautelar. Tanto é verdade que, a exemplo do que fez em relação às tutelas de conhecimento e de execução, à cautelar dedicou um livro próprio (o Livro III), fato que por si só revela a grandeza do *status* conferido.

Evidenciou-se, com isso, a forte preocupação do legislador com a **efetividade** da jurisdição, vale dizer, com a necessidade de evitar a frustração da atuação jurisdicional definitiva.

Deveras, poucas coisas podem ser mais frustrantes para o aplicador do direito do que a constatação da impossibilidade de entregar o bem da vida a quem a ele faz jus, por conta do tempo que se gastou para prestar a jurisdição.

Assim, não com o propósito de acertar definitivamente as relações jurídicas entre as partes e tampouco com o fito de realizar o direito, mas com o objetivo de assegurar o resultado útil dos provimentos jurisdicionais definitivos – de conhecimento e de execução –, o Código de Processo Civil construiu, no Livro III, um sistema bastante eficiente. Dotado de instrumentos **ágeis**, o sistema de prestação jurisdicional **cautelar** mostra-se capaz, em grande parte dos casos, de eliminar ou pelo menos de minorar significativamente os riscos de perecimento do direito discutido ou do objeto disputado.

Tais instrumentos são as chamadas **medidas cautelares**, providências tomadas rapidamente e que, justamente por isso, possuem a aptidão de combater os riscos de infrutuosidade da jurisdição definitiva, a ser futuramente prestada.

Atuando **preventivamente**, a jurisdição cautelar antecipa-se à ocorrência do dano e, com o uso de medidas **conservativas**, preserva as condições para que no futuro o provimento definitivo não reste inócuo.

Certo é que, para que se produzam efeitos práticos rapidamente, o deferimento das medidas cautelares não pode pressupor cognição plena e exauriente, o que demandaria um tempo do qual no mais das vezes não se dispõe. A adoção das medidas cautelares dá-se, sim, por meio de uma **cognição parcial e sumária**, apenas suficiente para revelar a **plausibilidade** do direito afirmado e o **risco de lesão**.

Em contrapartida, diversamente do que se dá com as prestações jurisdicionais de conhecimento e de execução, a tutela cautelar **não é definitiva**, mas **provisória**, sendo fadada a ser absorvida ou revogada pelo provimento definitivo, conforme a conclusão final a que se chegue a respeito do direito das partes.

A disciplina da **tutela cautelar** constitui o objeto principal deste trabalho e será tratada ao longo dele, bastando, por ora, o delineamento que se fez anteriormente, apenas para confronto com a tutela satisfativa antecipada, sobre a qual se versará na seqüência imediata deste item.

5.3. MEDIDAS SATISFATIVAS ANTECIPADAS

No Capítulo 2 deste trabalho afirmou-se que uma das características fundamentais da tutela jurisdicional **executiva** é a **satisfatividade**.

A **satisfação (= realização)** do direito resultante do título executivo – judicial ou extrajudicial – dá-se mediante a **entrega** do bem da vida a quem a ele faz jus.

Originariamente, o Código de Processo Civil – editado em 1973 – estabeleceu que a satisfação do direito do credor dar-se-ia no processo de execução, necessariamente fundado em um título executivo, judicial ou extrajudicial.

Assim, dispôs-se, à época, que a execução seria **definitiva** quando fundada em título executivo extrajudicial ou em sentença transitada em julgado; e **provi-**

sória quando baseada em sentença impugnada por recurso recebido somente no efeito devolutivo (Código de Processo Civil, art. 587, na redação original).

Ainda que admitida a execução provisória, a satisfação do direito do credor não se consumava antes do trânsito em julgado da sentença condenatória, porquanto vedada, àquele tempo, a prática de atos que importassem a alienação do domínio (Código de Processo Civil, art. 588, na redação original).

É certo que já havia algumas situações em que, ainda no curso do processo de conhecimento, se possibilitava a entrega – provisória – do bem da vida pretendido pelo demandante; mas tais hipóteses vinham expressamente autorizadas por lei. São exemplos disso os embargos de terceiro (Código de Processo Civil, arts. 1.046 e segs.), as demandas possessórias (Código de Processo Civil, arts. 920 e segs.) e a nunciação de obra nova (Código de Processo Civil, arts. 934 e segs.); ou, no âmbito da legislação especial, o mandado de segurança (Lei nº 1.533/1951), a ação de alimentos (Lei nº 5.478/1968) e a busca e apreensão fundada em contrato de alienação fiduciária (Decreto-lei nº 911/1969).

Desse modo, em todas essas demandas – e em outras expressamente previstas em lei – já era possível, à época, a entrega **provisória** do bem da vida antes mesmo da sentença.

Cumpre observar que tais medidas, conquanto expeditas e provisórias, não se destinam a garantir a eficácia do provimento final, mas traduzem verdadeira **antecipação** dos efeitos do futuro acolhimento do pedido formulado na petição inicial. Tome-se o exemplo das demandas possessórias: o que se pede em caráter provisório – liminarmente ou após justificação prévia (Código de Processo Civil, art. 928) –, é a própria proteção possessória, exatamente o mesmo bem da vida que constitui o pedido formulado na petição inicial e a ser apreciado na sentença.

A natureza **satisfativa** de tais providências é evidente, na medida em que se percebe que seus efeitos coincidem, no todo ou em parte, com aqueles que normalmente só adviriam quando do **cumprimento (= execução)** da sentença. A diferença está em que elas são adotadas **antecipadamente** e em caráter **provisório**, ao passo que a sentença é prolatada **a final** e destinada a produzir efeitos **definitivos**.

Apesar da existência de medidas desse jaez, faltava no sistema legal uma regra aberta e ampla, aplicável à generalidade das demandas – não apenas a determinadas situações expressamente previstas – e que permitisse a entrega do bem da vida, em caráter provisório, antes da efetivação do comando inserto na sentença.

Sim, porque além daquelas hipóteses expressamente previstas em lei, inúmeras outras situações de **urgência** demandam a rápida adoção de providências não meramente conservativas, mas verdadeiramente **satisfativas**. Para elas não bastava a previsão de outorga da tutela cautelar, cuja missão, repita-se, é apenas a de assegurar o resultado útil do provimento jurisdicional definitivo.

Exemplo clássico é o dos pais que pedem a busca e apreensão do filho que se encontra em poder de terceiros. Deferida e efetivada, a medida será suficiente à **satisfação** do direito dos genitores e não dependerá de qualquer outra, posterior, que a confirme.

Nessa hipótese, ainda que se tenha valido de um procedimento previsto na lei como **cautelar**, é evidente a natureza **satisfativa** da medida, pois ela não visa a assegurar o resultado útil de um provimento definitivo futuro, mas a fruição do próprio bem da vida pelos pais da criança.

Importa observar que, à falta de um instrumento específico para atender a essas situações, o operador do direito viu-se, muitas vezes, na contingência de valer-se do que lhe parecia mais próximo e adequado a sua necessidade: a tutela cautelar. É que no âmbito da tutela cautelar o legislador concebeu o **poder geral de cautela**, ampla possibilidade de o juiz adotar "as medidas provisórias que julgar adequadas, quando houver fundado receio de que uma parte, antes do julgamento da lide, cause ao direito da outra lesão grave e de difícil reparação" (Código de Processo Civil, art. 798).

Assim, sempre que se vivenciava um quadro de urgência, a exigir a adoção de uma medida expedita, de índole satisfativa e não meramente assecuratória, e não havendo uma expressa e adequada previsão na lei, capaz de propiciar ao jurisdicionado a necessária tutela, recorria-se ao manejo de **"medidas cautelares inominadas"**, albergadas no poder geral de cautela.

Essa utilização imprópria da tutela cautelar deu origem a uma figura verdadeiramente esdrúxula e até contraditória, qual seja a da **cautelar satisfativa**.

Ora, se a satisfatividade é característica da atividade executiva e se a prestação jurisdicional cautelar não visa a satisfazer o direito da parte, mas apenas assegurar condições para futura e eventual satisfação, chega-se à conclusão de que as assim denominadas **medidas cautelares satisfativas** representam verdadeira contradição terminológica, uma vez que, se são satisfativas, não podem ser cautelares (Nery Junior e Andrade Nery, 2006, 453).

A distorção restou corrigida cerca de vinte anos após a entrada em vigor do Código de Processo Civil, quando, por meio da Lei nº 8.952/1994, o legislador, em meio a grande reforma, instituiu a figura da **tutela antecipada**.

Na ocasião, duas normas foram inseridas no Código com esse propósito. Os textos que originariamente compunham os arts. 273 e 461 passaram a figurar como "parágrafos únicos" dos arts. 272 e 460, respectivamente; e, nos espaços ali abertos, o legislador incluiu regras novas.

Assim, o atual art. 273 do Código de Processo Civil estabelece a possibilidade de o juiz "**antecipar**, total ou parcialmente, os efeitos da **tutela pretendida no pedido inicial**, desde que, existindo prova inequívoca, se convença da verossimilhança da alegação e: I – haja fundado receio de dano irreparável ou de difícil reparação; ou II – fique caracterizado o abuso de direito de defesa ou o manifesto propósito protelatório do réu"; e o art. 461, § 3º, por sua vez, dispõe que, nas ações que tenham por objeto o cumprimento de obrigação de fazer ou não fazer, "sendo relevante o fundamento da demanda e havendo justificado receio de ineficácia do provimento final, é lícito ao juiz conceder a tutela liminarmente ou mediante justificação prévia, citado o réu".

Mais tarde, em outra reforma – promovida pela Lei nº 10.444/2002 –, o legislador inseriu no Código o art. 461-A, estendendo a disciplina do art. 461 também às ações que tenham por objeto a entrega de coisa.

Como se vê, esses dispositivos legais contêm medidas de natureza **satisfativa**, pois seus efeitos coincidem, no todo ou em parte, com aqueles que se buscam em caráter principal no processo; e, ademais, não limitam – principalmente o art. 273 – a possibilidade de antecipação dos efeitos da tutela pretendida a determinada espécie de demanda; no âmbito de suas fórmulas abertas, cabe um sem-número de situações, podendo-se dizer que, atualmente, a antecipação de medidas satisfativas é viável na generalidade das causas.

Dúvida não há de que, em determinados aspectos, há grande similitude entre as medidas cautelares e as satisfativas antecipadas. Umas e outras são adotadas em caráter **provisório** e, por conseguinte, são **passíveis de revogação e de modificação**. Além disso, ambas são deliberadas com base em cognição **não-exauriente**; e, pelo menos em certos casos (Código de Processo Civil, art. 273, inciso I), as medidas satisfativas antecipadas também dependem da demonstração de que a **pronta** atuação jurisdicional é **necessária** e não apenas conveniente.

Não se pode negar, todavia, que são diversas as **finalidades** buscadas com a adoção de uma ou de outra dessas medidas: as cautelares visam – nunca é demais repetir – a assegurar a utilidade do provimento jurisdicional definitivo, enquanto as satisfativas antecipadas dirigem-se à imediata fruição do direito cujo reconhecimento se pede em caráter principal.

Além disso, os requisitos à obtenção de uma medida cautelar não são os mesmos exigidos para o deferimento de uma medida satisfativa antecipada. Não constitui preocupação nossa, no âmbito deste trabalho, minudenciar as diferenças entre tais requisitos, mas parece haver certo concerto na doutrina e na jurisprudência no sentido de que a expressão "prova inequívoca de verossimilhança da alegação" – de que trata o art. 273 do Código de Processo Civil – constitui exigência mais rigorosa do que a "plausibilidade do direito afirmado", de que se cogita quando se cuida de medidas cautelares.

É interessante observar que, ao confrontarem as medidas urgentes previstas nos arts. 273, 461 e 461-A com aquelas tratadas no Livro III do Código de Processo Civil, a doutrina e a jurisprudência costumam valer-se das expressões "**tutela cautelar**" e "**tutela antecipada**".

Ditas expressões, todavia, não servem para boa comparação, porquanto cunhadas a partir de critérios diferentes.

Deveras, ao aludir-se a "**tutela cautelar**", está-se levando em consideração a **natureza** das medidas nela compreendidas; já a fórmula verbal "**tutela antecipada**" evidencia a idéia de **tempo**.

Melhor seria, portanto, que se cotejassem as medidas no âmbito de cada um desses critérios de classificação.

Assim, pelo critério da **natureza**, as medidas judiciais classificam-se em **cautelares** e **satisfativas**. As medidas cautelares são aquelas que se destinam a assegurar o resultado útil do provimento jurisdicional final, ao passo que as medidas satisfativas são as que proporcionam a entrega do próprio bem da vida demandado.

De outra parte, pelo critério **temporal**, as medidas judiciais classificam-se em **antecipadas** e **finais**, conforme sejam adotadas antes do momento próprio e provisoriamente ou, já em caráter definitivo, por ocasião da sentença.

Nessa ordem de idéias, ter-se-iam: a) medidas cautelares antecipadas (providências conservativas deferidas liminarmente); b) medidas cautelares finais (providências conservativas deferidas na sentença do processo cautelar); c) medidas satisfativas antecipadas (por exemplo, as compreendidas pelos arts. 273 e 461, § 3º, do Código de Processo Civil); e d) medidas satisfativas finais (a entrega, ao exeqüente, do produto da arrematação, nos limites de seu crédito).

Não se pode negar que a comparação entre a **tutela cautelar** e a **tutela antecipada** é feita pela grande maioria de nossos doutrinadores e, também, pela quase unanimidade dos tribunais pátrios. Há que se entender, todavia, que, ao aludir-se à "tutela antecipada", o que se quer designar, na verdade, é a "tutela **satisfativa** antecipada". Feita essa ressalva, não há problema maior em seguir a forte torrente.

Capítulo 6
Função assecuratória da prestação jurisdicional cautelar

6.1. ATUAÇÃO GARANTIDORA

Em outras passagens deste trabalho, afirmou-se que a tutela cautelar visa a **assegurar o resultado útil do provimento jurisdicional definitivo**, seja ele de conhecimento, seja ele de execução. É o que se pode chamar de **função assecuratória da prestação jurisdicional cautelar**.

O vocábulo **assegurar** é sinônimo de **garantir** e, mesmo, de **acautelar**. Precisamente nesse sentido fala-se na **atuação garantidora** da prestação jurisdicional cautelar.

Assim, as medidas cautelares devem ser aptas a **garantir** que o provimento jurisdicional definitivo que venha a ser exarado possa ser eficazmente cumprido e implementado.

A atuação garantidora abrange duas outras formas de atuação: a **preventiva** e a **conservativa**. O fato de determinada medida ser preventiva não basta para acautelar; também não basta ter caráter estritamente conservativo. As medidas cautelares precisam reunir essas duas formas de atuação – a preventiva e a conservativa – para, aí sim, alcançar-se o resultado garantidor do objetivo que perseguem.

6.2. ATUAÇÃO PREVENTIVA

A Constituição Federal dispõe, no inciso XXXV do art. 5º, que a lei não excluirá da apreciação do Poder Judiciário lesão ou **ameaça** a direito. Isso significa que o Estado-juiz não se limita a prestar jurisdição com intuito reparatório, podendo fazê-lo também **preventivamente**.

Ninguém duvida da importância de a jurisdição cautelar ser prestada com agilidade, atributo sem o qual não se conseguiria combater eficazmente o conjunto de efeitos nocivos do tempo sobre o processo. A agilidade da jurisdição cautelar constitui verdadeira necessidade, haja vista que, ao prestá-la, o Estado-juiz atua **preventivamente**.

Dentre as várias acepções que possui, o verbo **prevenir** também significa "chegar antes", "adiantar-se", "antecipar-se". É exatamente nesse sentido que se alude à atuação preventiva da jurisdição cautelar.

Com efeito, a tutela cautelar é prestada agilmente – isto é, medidas cautelares são adotadas com presteza – a fim de que se **evite um dano**, que tanto pode recair sobre uma pessoa, uma coisa ou uma prova, mas sempre com repercussões negativas sobre a utilidade do provimento jurisdicional definitivo.

A atuação cautelar preventiva pressupõe que, não havendo a pronta intervenção do Estado-juiz, o dano temido provavelmente se consumará; daí a necessidade de que a jurisdição se antecipe e aja no sentido de impedir que isso aconteça.

É importante destacar, outrossim, que não só a tutela cautelar enseja atuação preventiva. Também a chamada **tutela inibitória** possui essa característica, o que de modo algum possam ser confundidas as duas figuras.

Para que se compreenda bem em que consiste a **tutela inibitória**, é mister, antes, discorrer, ainda que brevemente, sobre a chamada **tutela específica**, de que tratam principalmente o art. 461, *caput* e § 1º, e o art. 461-A, *caput*, do Código de Processo Civil (v. também os arts. 466-A e 466-B).

De acordo com tais dispositivos legais, nas ações que tenham por objeto o cumprimento de obrigação de fazer ou de não fazer e nas que tenham por objeto a entrega de coisa, o juiz concederá a **tutela específica** da obrigação ou determinará providências que assegurem o resultado prático equivalente ao do adimplemento.

Isso significa que, sendo possível e do interesse do credor, o Estado-juiz deverá empreender seu esforço máximo para proporcionar ao jurisdicionado tudo aquilo e precisamente aquilo que ele obteria se seu *ex adverso* cumprisse a obrigação. Assim, se o objeto contratado foi a entrega de determinada coisa, a jurisdição tem o compromisso de fazer todo o possível para entregar, a quem de direito, precisamente a dita coisa; se a obrigação assumida consiste em um fazer, o Estado-juiz tem o dever de tentar, ao máximo, conferir ao jurisdicionado – ainda que com o uso de instrumentos de coerção, utilizados contra o obrigado – o próprio bem da vida contratado ou o resultado prático equivalente.

Essa exata correspondência entre o direito reconhecido e o bem da vida proporcionado ao jurisdicionado traduz com perfeição a **tutela específica**, que só não será prestada se for impossível fazê-lo ao menos pelo resultado prático equivalente, ou se o próprio interessado optar pela **tutela ressarcitória** (= conversão em perdas e danos), nos termos do art. 461, § 1º, do Código de Processo Civil.

Do compromisso de prestar-se a tutela específica deriva o de conferir-se a **tutela inibitória**, por meio da qual o Estado-juiz, antecipando-se à ocorrência do próprio **ilícito**, atua para evitar que este se consuma.

Assim, sempre que houver justo receio de que venha a ser violado direito de alguém, a jurisdição, sob provocação do interessado, atua **preventivamente**, com o objetivo de que tal violação nem chegue a ocorrer. Em outras palavras, não é preciso aguardar-se a violação do direito para somente então se pedir proteção judicial; basta a **ameaça**, suficiente para justificar a intervenção jurisdicional.

Imagine-se a seguinte situação: uma emissora de televisão anuncia, durante determinada semana, que em seu programa dominical mais importante exibirá matéria jornalística "bombástica" a respeito de certa personalidade do mundo artístico. Tal celebridade, reputando-se vítima de uma ameaça a seus direitos de intimidade e de privacidade e entendendo estar na iminência de sofrer violação a sua imagem e a sua honra, poderá pedir em juízo a emissão de uma ordem de abstenção, dirigida à emissora, tendente a que não se exiba a dita matéria.

Note-se que a medida urgente pretendida pelo demandante não terá cunho acautelatório, mas **satisfativo**; nem por isso a pronta atuação do Poder Judiciário deixará de ser **preventiva**, porquanto antecipatória da ocorrência de um fato que se procura evitar.

O pedido principal será exatamente a emissão do comando proibitivo à emissora; a medida urgente terá o mesmo conteúdo. Essa coincidência qualitativa revela que a liminar é **satisfativa**, circunstância que por si só afasta qualquer cogitação de que se trataria de uma medida acautelatória.

Como se percebe, a atuação preventiva pode dar-se tanto no âmbito da tutela cautelar quanto no da tutela inibitória. A diferença está em que, na **tutela cautelar**, busca-se evitar a ocorrência de um **dano** capaz de comprometer a eficácia do provimento jurisdicional final, ao passo que na **tutela inibitória** o que se intenta evitar é a ocorrência de um **ilícito**, ou seja, a própria violação do direito substancial invocado e que se quer ver reconhecido a final.

Além disso, a tutela cautelar será sempre provisória, mesmo quando deferida na sentença; já a tutela inibitória só será provisória quando antecipada, pois a que for prestada na sentença, em acolhimento do pedido principal, terá caráter definitivo.

É importante destacar que a tutela inibitória não é, nem de longe, novidade em nosso direito. Há muito contamos com instrumentos processuais como o *habeas corpus* e o mandado de segurança, ações que podem ser manejadas preventivamente e que, por sinal, não guardam natureza cautelar.

6.3. ATUAÇÃO CONSERVATIVA

A par da atuação preventiva, tratada no item anterior deste capítulo, a prestação jurisdicional cautelar atua para **preservar** as condições necessárias à eficácia do provimento jurisdicional definitivo. Cuida-se da **atuação conservativa**.

De fato, não basta que as medidas cautelares sejam ágeis e que "cheguem antes" da ocorrência do dano; é preciso que elas tenham a aptidão de **manter**, ao longo do tempo, os efeitos protetores da tutela cautelar deferida.

As medidas cautelares devem, destarte, propiciar a **conservação** do objeto acautelado (pessoa, coisa ou prova) até o momento em que houverem cumprido integralmente seu papel assecuratório.

Assim, por exemplo, a medida cautelar de **arresto** deve, em princípio e não sendo revogada, produzir efeitos até o momento em que se resolver em penhora (Código de Processo Civil, art. 818). Do mesmo modo a medida cautelar de **produção antecipada de provas**, que não só evita (= atuação preventiva) o perecimento da prova como **preserva** (= atuação conservativa) seu resultado até final utilização no processo principal (Código de Processo Civil, art. 851).

A atuação conservativa da jurisdição cautelar pode ser nitidamente sentida, também, na medida de arrolamento de bens (Código de Processo Civil, arts. 855 e segs.), adotada sempre que houver fundado receio de extravio ou de dissipação e que, uma vez deferida, resulta na nomeação de um depositário, incumbido de guardar, zelar e **conservar** a coisa.

Capítulo 7
Características da prestação jurisdicional cautelar

7.1. INSTRUMENTALIDADE E ACESSORIEDADE

O Estado vale-se do processo para prestar a jurisdição. Daí decorre a corrente afirmação segundo a qual o processo é um **instrumento**.

Todo processo judicial é instrumento, independentemente da espécie de tutela jurisdicional nele prestada. Não se pode negar, todavia, que, das três espécies de prestação jurisdicional (de conhecimento, de execução e cautelar), duas delas exercem primazia em relação à terceira.

De fato, as tutelas de conhecimento e de execução, vocacionadas para a definitividade, em princípio seriam suficientes para o integral cumprimento do desiderato jurisdicional.

Considerando-se, todavia, o tempo que se gasta para prestar a jurisdição de conhecimento e de execução, bem assim os efeitos nocivos que ele produz sobre o processo, foi concebida a **tutela cautelar**, destinada a assegurar a utilidade prática dos provimentos judiciais definitivos.

Por aí se vê que a tutela cautelar serve de **instrumento** às demais espécies de tutela jurisdicional. Essa característica levou o célebre jurista italiano Piero Calamandrei a afirmar que as medidas cautelares têm instrumentalidade **qualificada**, isto é, **ao quadrado**, pois são **instrumento do instrumento** (Calamandrei, 1983, p. 176).

A observação tem toda procedência, uma vez que, enquanto as jurisdições de conhecimento e de execução buscam tutelar o **direito**, no mais amplo sentido, à jurisdição cautelar cabe a tutela do **processo**, de modo a garantir que seu resultado seja eficaz, útil e operante (Theodoro Júnior, v. II, 2003, p. 346).

Desse liame de instrumentalidade deriva outra característica da tutela cautelar: a **acessoriedade**. Nesse sentido, a lei dispõe que o procedimento cautelar é "**sempre dependente**" do processo principal (Código de Processo Civil, art. 796, *in fine*).

Deveras, ainda que, sob certo aspecto, se diga que a tutela jurisdicional cautelar é **autônoma** (v. item seguinte deste capítulo), é inegável que ela só ganha sentido quando ligada por essa relação de instrumentalidade que bem revela a primazia das tutelas de conhecimento e de execução.

Ademais, mesmo que possa preexistir ao processo principal (Código de Processo Civil, art. 796, primeira parte), o feito cautelar desde sua instauração já se deve anunciar como dependente de um outro, cujo resultado útil vise a assegurar (Código de Processo Civil, art. 801, inciso III).

7.2. AUTONOMIA

A tutela cautelar não tem por escopo o acertamento definitivo das relações jurídicas, tampouco o objetivo de efetivar direitos consagrados em título executivo. Visando a garantir a utilidade prática e a evitar a inocuidade dos provimentos jurisdicionais de conhecimento e de execução, a tutela cautelar possui **fins próprios**, circunstância que, segundo a doutrina, lhe confere **autonomia** (Theodoro Júnior, v. II, 2003, p. 348).

A par disso, a proteção cautelar depende, de regra, do exercício do direito de **ação** pelo interessado em obtê-la. Provocada, a jurisdição tem sua inércia quebrada (Código de Processo Civil, art. 2º) e faz instaurar um autêntico **processo**, continente de um **procedimento** próprio e de uma **relação processual** também própria. É o que resulta do sistema construído no Livro III do Código de Processo Civil.

O objeto do processo cautelar não se confunde com o do processo principal, devendo-se dizer o mesmo em relação ao **conteúdo da cognição**, que no processo cautelar é um e no principal é outro (v. item 7.4, a seguir).

A autonomia é feita sentir, também, no que concerne à independência de resultados (Código de Processo Civil, art. 810). Como o objeto e o conteúdo da cognição são diversos, é possível – e não raro – que o pedido de proteção cautelar seja acolhido e não o seja a pretensão principal, ou vice-versa.

É certo que, com o advento da Lei nº 10.444/2002, foi mitigada essa autonomia, pelo menos no tocante ao aspecto formal. Referida lei, ao inserir o § 7º no art. 273 do Código de Processo Civil (dispositivo que cuida da antecipação da tutela satisfativa), admitiu, em certas circunstâncias, a adoção de medidas cautelares em geral no seio do feito principal e, portanto, independentemente de demanda autônoma e da instauração de um processo em separado.

Cumpre destacar, porém, que a inovação legislativa não autoriza a conclusão de que se haja negado à tutela cautelar o *status* de espécie própria e autônoma de prestação jurisdicional e mesmo sob o aspecto formal a lei não aboliu o sistema concebido no Livro III do Código de Processo Civil.

7.3. URGÊNCIA

A tutela cautelar é espécie do gênero tutela urgente (v. Capítulo 5). Nem toda tutela urgente possui natureza cautelar, mas inexistindo **urgência**, não há razão que justifique o acautelamento (Marinoni, 1994, p. 59).

De fato, a prestação da tutela cautelar pressupõe a **necessidade** de uma ágil e pronta intervenção do Estado-juiz, com o fim de evitar os efeitos nocivos do tempo sobre a efetividade e a utilidade da prestação jurisdicional definitiva.

É possível conceber medidas satisfativas antecipadas que prescindam da demonstração dessa necessidade. As liminares possessórias, por exemplo, são deferidas sem qualquer perquirição a respeito da premência da atuação estatal. É, contudo, impensável dissociar a tutela cautelar dessa idéia de típica e própria urgência.

7.4. PROVISORIEDADE

Da instrumentalidade da tutela cautelar decorre, inafastavelmente, sua **provisoriedade**.

Com efeito, se a tutela cautelar serve como instrumento de garantia de eficácia dos provimentos jurisdicionais definitivos, não há razão para que também ela perdure para sempre. O lógico é que, cumprida sua finalidade, esgote-se a tutela cautelar e cessem os seus efeitos (Código de Processo Civil, art. 807, primeira parte). Assim, por exemplo, se vier a ser rejeitado o pedido principal, não há motivo para que subsistam os efeitos da medida cautelar adotada com o fito de assegurar a utilidade de eventual sentença de procedência. Outro exemplo: com a imissão na posse do bem imóvel cuja entrega se postulava em execução (Código de Processo Civil, art. 621 e segs.), deve cessar o seqüestro da coisa, cuja razão de ser era justamente a de propiciar a oportuna entrega.

Ainda que não se possa precisar, de antemão, por quantos dias, meses ou anos se manterá a medida cautelar adotada, pode-se dizer que seus efeitos não se destinam à definitividade. Eis o viés característico da provisoriedade.

Nessa ordem de idéias, distingue-se a **provisoriedade** da **temporariedade**. A provisoriedade é a qualidade do que, conquanto não se destine a durar para sempre, subsiste por um interregno não previamente quantificado; já a temporariedade é o atributo do que é concebido para existir por tempo adredemente delimitado. Em princípio, as medidas cautelares são **provisórias**, até porque geralmente não se sabe, antecipadamente, por quanto tempo elas serão necessárias à consecução dos objetivos que as justificam; se, porém, a medida for adotada para produzir efeitos durante intervalo temporal previamente estabelecido (em minutos, horas, dias, meses ou anos), ela será **temporária**.

7.5. SUMARIEDADE DA COGNIÇÃO

Em lição doutrinária que já se tornou clássica em nosso direito processual, Kazuo Watanabe ensina que a cognição do juiz desenvolve-se em dois planos: o **horizontal** e o **vertical**. No plano horizontal, a cognição pode ser **plena** ou **limitada (parcial)**; e no plano vertical, pode ser **sumária (incompleta)** ou **exauriente (completa)** (Watanabe, 1987, p. 83 e segs.).

No plano horizontal, a cognição tem por limite o trinômio composto pelas **questões processuais**, pelas **condições da ação** e pelo **mérito**; e no plano **vertical**, ela é classificada segundo o **grau de sua profundidade**.

Ainda de acordo com o ilustre processualista, em linha de princípio pode-se afirmar que a solução **definitiva** do conflito de interesses é buscada por meio de provimento que se assente em cognição **plena** e exauriente (Watanabe, 1987, p. 85).

Cuidando-se, porém, da **tutela cautelar**, a cognição, no plano **horizontal**, é **plena**, já que o processo cautelar abrange todos os elementos do aludido trinômio, máxime quando se sabe que ele possui mérito próprio (v. Capítulo 14 deste trabalho).

No plano **vertical**, todavia, a cognição é **sumária**, na medida em que, dado o caráter provisório e instrumental da tutela cautelar, seu deferimento nem sequer precisa de aprofundada cognição, por sinal difícil de realizar com a rapidez que se exige para a prestação desse tipo de jurisdição.

Desse modo, o acolhimento da pretensão cautelar não exige a demonstração cabal do direito afirmado, bastando revelar sua **plausibilidade**, somada, é claro, à **situação de urgência** a demandar a pronta atuação do Estado-juiz (v. Capítulos 14, 15 e 16).

7.6. FUNGIBILIDADE

Conquanto ainda seja mais formal do que poderia ser, o direito processual civil brasileiro confere considerável espaço para a utilização da técnica da **fungibilidade**.

A fungibilidade dos recursos – que, apesar de não expressamente prevista no Código de Processo Civil, é pacificamente admitida na doutrina e na jurisprudência – permite que, observados determinados requisitos, seja conhecido um recurso em lugar de outro, equivocadamente interposto.

No âmbito das demandas possessórias, a lei dispõe que a propositura de uma demanda em vez de outra não obstará a que o juiz conheça do pedido e outorgue a proteção legal correspondente àquela, cujos requisitos estejam provados (Código de Processo Civil, art. 920).

Também no que tange às cautelares, a lei processual reza que a medida poderá ser substituída, de ofício ou a requerimento de qualquer das partes, pela prestação de caução ou outra garantia menos gravosa para o requerido, sempre que adequada e suficiente para evitar a lesão ou repará-la integralmente (Código de Processo Civil, art. 805). Eis aqui a consagração da fungibilidade das medidas cautelares.

Assim, não sendo o caso de se conceder uma espécie determinada de medida cautelar, pode o juiz aplicar o princípio da fungibilidade e adaptar o pedido do autor, concedendo-lhe a medida que julgar adequada para o caso (Nery Junior e Andrade Nery, 2006, p. 938).

Justifica-se essa possibilidade porque, mais do que à proteção do sujeito, a jurisdição cautelar visa a tutelar o processo, incumbindo-se o juiz de zelar pela utilidade dos provimentos que emite e de verificar de que forma tal objetivo pode ser alcançado mais eficazmente e com menor gravame para o requerido.

Deveras, assim como na execução vige o princípio da menor onerosidade (Código de Processo Civil, art. 620), também na tutela cautelar o legislador externa a preocupação de que o processo não seja utilizado como instrumento de castigo ou de vingança, e sim para a consecução de seus legítimos objetivos.

Ora, se determinada medida cautelar é adotada com a finalidade de assegurar a utilidade do provimento judicial definitivo; e se o juiz, de ofício ou a requerimento, constata que outra medida, menos gravosa para o demandado, cumpre igualmente referida missão, não é sequer razoável impedir a substituição da primeira pela segunda.

É importante destacar, outrossim, que, levando-se em conta que a efetivação da medida cautelar corre por conta e risco do requerente, é imprescindível que da substituição seja cientificado e sobre ela ouvido, ainda que posteriormente, afastando-se qualquer ilação no que diz respeito a sua irresponsabilidade (Garrido de Paula, 2005, p. 2.312).

Ainda a propósito da fungibilidade – se bem que não das medidas cautelares entre si –, o legislador instituiu uma outra modalidade, incidente sobre as vias processuais utilizadas para a obtenção de medidas satisfativas antecipadas e medidas cautelares.

De fato, por meio da Lei nº 10.444/2002, inseriu-se o § 7º no art. 273 do Código de Processo Civil, a dispor que se o autor, a título de antecipação de tutela, requerer providência de natureza cautelar, poderá o juiz, quando presentes os respectivos pressupostos, deferir a medida cautelar em caráter incidental do processo ajuizado.

Não obstante a redação do dispositivo, sugestiva da possibilidade de aproveitamento apenas na hipótese de requerer-se uma providência cautelar a título de antecipação da tutela, adverte a doutrina que também o contrário está autorizado, isto é: também quando feito um pedido a título de medida cautelar, o juiz poderá antecipar a tutela, se esse for seu entendimento e os pressupostos estiverem satisfeitos (Dinamarco, 2002, p. 92).

Note-se que não se trata de fungibilidade entre as medidas cautelares e satisfativas antecipadas, mas apenas entre as vias processuais adequadas. O juiz não está, destarte, autorizado a adotar uma providência no lugar da outra; o que o juiz pode fazer é aproveitar a **sede processual** eleita pela parte para deferir, quando presentes os respectivos pressupostos, a medida que tiver sido postulada, independentemente de sua natureza.

7.7. REVOGABILIDADE E MODIFICABILIDADE

A lei processual civil estabelece que as medidas cautelares podem, a qualquer tempo, ser revogadas ou modificadas (Código de Processo Civil, art. 807, *in fine*).

A **revogabilidade** e a **modificabilidade** são características diretamente decorrentes da **provisoriedade**. Com efeito, se as medidas cautelares não pudessem ser revogadas ou modificadas, seriam verdadeiramente definitivas e não provisórias.

Convém ressaltar, porém, que a lei permite a revogação e a modificação das medidas cautelares **a qualquer tempo** e não apenas a final. Essa possibilidade ampla é plenamente justificável, dada a modificabilidade, também a qualquer tempo, do estado de coisas que conduziu à adoção da medida.

Sim, nada impede que, depois de tomada alguma providência cautelar, surja nos autos fato novo, a revelar, por exemplo, o desaparecimento do perigo da demora. Não subsistindo a urgência, é de revogar-se a medida, isto é, torná-la sem efeito (Destefenni, 2006, p. 18).

Vale destacar que, segundo autorizada doutrina, a revogação opera-se *ex nunc*, ou seja, não retroage, porquanto durante seu período de vigência produziu efeitos que são resolvidos em perdas e danos, considerando-se a responsabilidade definida no art. 811 do Código de Processo Civil (Garrido de Paula, 2005, p. 2.317).

Do mesmo modo, as alterações no estado de coisas podem recomendar não a revogação, mas a modificação da medida, a fim de adequá-la ao novo quadro.

Questão interessante consiste em saber se o juiz pode, independentemente de fato novo, revogar ou modificar a medida; ou se, afora as oportunidades próprias ao juízo de retratação, haveria preclusão *pro judicato*.

Ainda que não haja disposição legal expressa a esse respeito, não se pode olvidar que nosso sistema consagra o princípio da segurança jurídica. Ademais, o processo, por essência, é feito para tramitar "para a frente".

Assim, recomenda-se que durante o processo o juiz não fique a rever decisões já tomadas, salvo na oportunidade própria ou se sobrevier quadro processual novo, a exigir nova decisão. De fato, se o magistrado ficar, a cada passo, a qualquer tempo e sem qualquer freio, revogando e modificando as medidas cautelares anteriormente adotadas, grande será o desserviço que prestará ao propósito pacificador da jurisdição e ao princípio da segurança jurídica.

Capítulo 8
Classificação das medidas cautelares

8.1. SEGUNDO O MOMENTO

As medidas cautelares podem ser requeridas **antes** ou **no curso** do processo principal (Código de Processo Civil, art. 796).

Assim, classificadas sob o critério do **momento**, são **antecedentes** (ou **precedentes**, ou, ainda, **preparatórias**) as medidas requeridas **antes** da instauração do processo principal; e são **incidentes** as medidas cautelares postuladas **no curso** do feito principal. Parte da doutrina endereça crítica à denominação **cautelares preparatórias**, afirmando que medida "preparatória" constitui condição de exercício da ação principal, como a notificação nas ações de despejo, de sorte que as cautelares, propriamente ditas, "jamais serão preparatórias no sentido técnico. 'Preventivas', sim, é o adjetivo que lhes calha" (Lacerda, 1999, p. 185). Certo é, todavia, que o legislador, em mais de uma ocasião, usa a expressão "procedimento preparatório" (Código de Processo Civil, arts. 801, parágrafo único, e 806).

A possibilidade de requerer-se a proteção cautelar mesmo antes do ajuizamento da demanda principal justifica-se plenamente, pois a situação de urgência pode surgir a qualquer momento, independentemente até da violação do direito.

Exemplo claro disso é o arresto, que pode ser requerido mesmo **antes** do vencimento da obrigação. Com efeito, para pedir o arresto, o credor deve apresentar "prova literal de dívida **líquida e certa**" (Código de Processo Civil, art. 814); não é preciso que ela seja também **exigível**. Note-se que, dentre outras hipóteses, cabe arresto quando o devedor, que tem domicílio, se ausenta ou tenta ausentar-se furtivamente (Código de Processo Civil, art. 813, inciso II, alínea *a*), fato que pode ocorrer antes do vencimento da obrigação e apto a colocar em risco a utilidade de futura execução por quantia certa.

É interessante observar, de outro giro, que o quadro de urgência pode surgir quando já sentenciado o processo principal ou mesmo estando ele em grau de recurso. Nem por isso restará inviabilizada a postulação da medida cautelar, embora, conforme o caso, o estágio de tramitação do feito produza repercussão sobre a competência originária para a apreciação do pedido (v. Capítulo 11 deste trabalho).

Ressalte-se, ainda, que também a tutela satisfativa antecipada, como medida que compõe a chamada tutela de urgência, pode ser requerida antes da instauração do processo principal. Tal assertiva pode causar estranheza num primeiro momento, mas efetivamente não há qualquer óbice a que se peça a antecipação da tutela em caráter preparatório, caso em que deverão ser aplicadas, por analogia, as normas que regem o processo cautelar, inclusive a exigência de ajuizamento do pedido principal no prazo de 30 dias, contados da data da efetivação da medida (Código de Processo Civil, art. 806).

De rigor, aliás, sempre se fez isso, como, por exemplo, nos pedidos de sustação de protesto de título, que na essência não são cautelares, mas sempre puderam ser formulados em caráter antecedente.

A falta de uma previsão legal expressa que admita a antecipação da tutela em caráter preparatório não deve impedir o manejo do instituto, até porque mais importante do que a adequação do caso a um modelo procedimental preconcebido é atender a uma situação de urgência e prestar a tutela jurisdicional reclamada.

Muitos juízes adotam tal entendimento, embora divirjam no tocante à seqüência do procedimento a ser seguido. Alguns, uma vez deferida a tutela antecipada em caráter antecedente, concedem o prazo de trinta dias para o ajuizamento da demanda principal, em separado; outros, todavia, concedem referido prazo para que o interessado "adite" a inicial e formule, então, o pedido principal. A questão é estritamente formal e não causa qualquer embaraço maior; e tende a ser resolvida no instante em que o legislador traçar o rito a ser seguido para a hipótese.

8.2. SEGUNDO O OBJETO

As medidas cautelares podem ser também classificadas segundo o **objeto** tutelado: a) medidas para assegurar **bens**; b) medidas para assegurar **pessoas**; e c) medidas para assegurar **provas** (Theodoro Júnior, v. II, 2003, p. 349-50).

São medidas para assegurar bens, *v. g.*, o arresto e o seqüestro (Código de Processo Civil, arts. 813 e 822), que se destinam a garantir futura execução. Por meio delas, não se visa a antecipar a entrega do bem da vida, mas, mediante atuação preventiva e conservativa, preservar as condições para que, no tempo próprio, a execução seja bem-sucedida.

Serve como exemplo da segunda espécie a atribuição, a pessoa de confiança do juízo, da guarda provisória de criança (Código de Processo Civil, art. 799), até que se decida, em definitivo, acerca de seu destino.

Por fim, a produção antecipada de provas (Código de Processo Civil, arts. 846 e segs.) amolda-se com perfeição à terceira espécie, uma vez que a medida visa a evitar o perecimento da prova e a preservá-la para futura utilização em processo de cunho definitivo.

8.3. SEGUNDO A EXISTÊNCIA OU NÃO DE PREVISÃO LEGAL ESPECÍFICA

Além das medidas cautelares **específicas**, que o Código de Processo Civil regula a partir do art. 813, o juiz pode determinar "as medidas provisórias que julgar adequadas, quando houver fundado receio de que uma parte, antes do julgamento da lide, cause ao direito da outra lesão grave e de difícil reparação" (Código de Processo Civil, art. 798).

A par de consagrar o **poder geral de cautela** (tema tratado no capítulo seguinte deste trabalho), o art. 798 do Código de Processo Civil acaba por classificar as medidas cautelares em duas espécies: a) as **típicas**, também chamadas de **nominadas**; e b) as **atípicas** ou **inominadas**.

Autorizada doutrina divide as medidas típicas ou nominadas em: a) **medidas cautelares com procedimento específico** (aquelas reguladas e descritas nos arts. 813 a 887); e b) **medidas cautelares sem procedimento específico** (aquelas que constam dos oito incisos do art. 888) (Marques, 1997, p. 399).

Importa observar que, mesmo cuidando-se de medidas cautelares nominadas com procedimento específico, aplicam-se **subsidiariamente** as normas do procedimento comum cautelar (v. Capítulo 17).

Capítulo 9
O poder geral de cautela

9.1. SITUAÇÕES DE RISCO NÃO PREVISTAS PELO LEGISLADOR

Para situações corriqueiras ou para outras que pôde prever, o legislador estabeleceu **procedimentos cautelares específicos**, disciplinados no Capítulo II do Livro III do Código de Processo Civil, a saber: arresto; seqüestro; caução; busca e apreensão; exibição; produção antecipada de provas; alimentos provisionais; arrolamento de bens; justificação; protestos, notificações e interpelações; homologação do penhor legal; posse em nome do nascituro; atentado; e protesto e apreensão de títulos (Código de Processo Civil, arts. 813 e segs.).

Na última seção do mesmo capítulo, o Código relaciona ainda "outras medidas provisionais", por meio das quais o juiz pode ordenar ou autorizar, na pendência da demanda principal ou antes de sua propositura: obras de conservação em coisa litigiosa ou judicialmente apreendida; a entrega de bens de uso pessoal do cônjuge e dos filhos; a posse provisória dos filhos, nos casos de separação judicial ou anulação de casamento; o afastamento do menor autorizado a contrair casamento contra a vontade dos pais; o depósito de menores ou incapazes castigados imoderadamente por seus pais, tutores ou curadores, ou por eles induzidos à prática de atos contrários à lei ou à moral; o afastamento temporário de um dos cônjuges da morada do casal; a guarda e a educação dos filhos, regulado o direito de visita; e a interdição ou demolição de prédio para resguardar a saúde, a segurança ou outro interesse público (Código de Processo Civil, art. 888).

Todas essas medidas são **típicas** ou **nominadas**, porquanto previstas expressamente na lei processual. As do primeiro grupo estão sujeitas a procedimentos específicos, traçados no âmbito de cada uma delas e complementados pelas normas constantes no Capítulo I do Livro III (Código de Processo Civil, arts. 796 a 812); as do segundo grupo seguem o rito comum estabelecido nos arts. 801 a 803 (Código de Processo Civil, art. 889).

Nem todas elas possuem natureza cautelar. No atual estágio da doutrina processual, é dado fazer tal afirmação sem temor de erro. O legislador inseriu-as no Livro III do Código levando em conta o caráter provisório das medidas e, algumas vezes, apenas o fato de serem antecedentes ou preparatórias, como se demonstrará mais adiante, neste mesmo trabalho.

A par disso, o legislador, diante da impossibilidade de prever todas as situações de risco ao processo passíveis de ocorrer no dia-a-dia e desejando conferir proteção cautelar a todas elas, instituiu o **poder geral de cautela**, dispondo que, além dos procedimentos cautelares específicos, regulados no Capítulo II do Livro III do Código de Processo Civil, "poderá o juiz determinar as medidas provisórias que julgar adequadas, quando houver fundado receio de que uma parte, antes do julgamento da lide, cause ao direito da outra lesão grave e de difícil reparação" (Código de Processo Civil, art. 798).

Em outras palavras, a prestação jurisdicional cautelar não ficou restrita às hipóteses expressamente previstas na lei, alcançando também uma infinidade de outras que o cotidiano revelar. Assim, desde que concorram certos requisitos (o *periculum in mora* e o *fumus boni juris*, tratados nos Capítulos 15 e 16 deste trabalho), o juiz conferirá a tutela cautelar, ainda que sem específica previsão legal para a medida.

9.2. IMPORTÂNCIA PARA A EFETIVIDADE DA JURISDIÇÃO

Na medida em que o Estado proíbe a autotutela, prevendo até mesmo como crime o exercício arbitrário das próprias razões (Código Penal, art. 345), atrai para si o dever de prestar a jurisdição.

Para que esse compromisso do Estado seja fielmente cumprido, a jurisdição há de ser capaz de proporcionar o mesmo resultado prático e jurídico que decorreria da "não-violação" da ordem jurídica.

De fato, se "A" vai a juízo pedir que "B" seja compelido a cumprir determinada prestação; e se o Estado-juiz, prestando a jurisdição, reconhecer que o direito agasalha a pretensão formulada, haverá de emitir comando que tenha a aptidão de conferir a "A" o perseguido bem da vida. Se essa missão do Estado for bem-sucedida, a jurisdição terá sido **efetiva**; e é assim que ela deve ser.

Com o intuito de alcançar tal objetivo e cônscio de que, durante a tramitação do processo e até que a jurisdição definitiva seja prestada, podem sobrevir atos e fatos capazes de colocar em risco o resultado útil da atuação estatal, o legislador concebeu a jurisdição cautelar, dotada de instrumentos ágeis e eficientes, tendentes a neutralizar os efeitos nocivos do tempo sobre o processo.

Nessa ordem de idéias e diante da infinidade de situações de perigo que o cotidiano forense revela, tornou-se necessário confiar ao juiz um **poder geral de cautela**, assim como delineado no item anterior deste capítulo.

Sem ele, ficaria a descoberto da proteção cautelar todo aquele sem-número de situações não previstas expressamente pelo legislador, circunstância que evidenciaria uma jurisdição desprovida de efetividade. O poder geral de cautela atua, pois, como poder integrativo da eficácia global da atividade jurisdicional (Greco Filho, v. 3, 2003, p. 156).

Conclui-se, destarte, que o poder geral de cautela constitui poderoso e fundamental instrumento, à disposição do juiz e das partes, para que se tenha uma jurisdição efetiva e que mereça a confiança de todos.

9.3. MEDIDAS CAUTELARES INOMINADAS

No exercício do poder geral de cautela, poderá o juiz, para evitar o dano, autorizar ou vedar a prática de determinados atos, ordenar a guarda judicial de pessoas e depósito de bens e impor a prestação de caução (Código de Processo Civil, art. 799).

O rol de providências constante da lei é meramente exemplificativo e, portanto, pode ser ampliado conforme a necessidade que o quadro fático e jurídico delineado nos autos revelar. Seria, mesmo, um contra-senso instituir-se um poder geral de cautela e, na seqüência, estabelecer um rol fechado (exaustivo) de medidas que o juiz pode tomar.

Boa parte dos exemplos que a doutrina dava como sendo atinentes ao poder geral de cautela comportam, hoje, no âmbito da antecipação da tutela satisfativa. É o caso da "sustação de protesto", medida que não se afigura necessária para garantir a eficácia da futura sentença anulatória do título, mas que traduz um efeito que naturalmente decorrerá do acolhimento do pedido principal. Diga-se o mesmo em relação à "proibição de usar nome comercial", medida que também representa a imediata entrega do pretendido bem da vida a um dos litigantes, ainda que em caráter provisório.

Isso se explica porque em nosso direito processual civil a antecipação da tutela satisfativa só foi instituída, ampla e genericamente, com o advento da Lei nº 8.952/1994, que deu novas redações aos arts. 273 e 461 do Código de Processo Civil. Até então, toda medida urgente e provisória não prevista expressamente na lei, independentemente de sua natureza, era tomada sob a invocação do poder geral de cautela.

Ao relacionar medidas que o juiz pode adotar no âmbito do poder geral de cautela, o art. 799 menciona a autorização ou vedação à prática de determinados atos, a guarda judicial de pessoas, o depósito de bens e a imposição de prestação de caução.

Como exemplo da primeira figura, colhe-se, da jurisprudência, a proibição da alienação do bem litigioso a terceiro[1], medida tendente a assegurar a plena eficácia da futura sentença definitiva.

Quanto à guarda judicial de pessoas, é interessante observar que o próprio legislador mencionou uma espécie dessa medida no inciso VII do art. 888, prevendo outras, similares, nos incisos III e V. De qualquer modo, sendo necessária, fora das hipóteses ali referidas, a guarda provisória e acautelatória de pessoa, a providência poderá ser tomada com base no poder geral de cautela.

Também com fundamento no poder geral de cautela, o Superior Tribunal de Justiça entendeu viável medida inominada "com os mesmos efeitos do arresto", "para fins de assegurar a eficácia de futura decisão em ação de indenização", em caso de a "dívida não ser considerada líquida e certa (art. 814 do CPC)".[2] No mesmo sentido é a lição de Galeno Lacerda:

> Se o autor pede "arresto" para garantia de crédito não enquadrável formalmente nos arts. 813 e 814, p. ex., não deve o juiz escorraçá-lo *a priori* com veto de carência. Se presentes os demais requisitos da ação cautelar, cabe-lhe admiti-la, até, como medida inominada. O essencial é que não se perca em nominalismo estéril, incompatível com a finalidade do processo, de tutela dos interesses legítimos (Lacerda, 1999, p. 212).

A imposição de prestação de caução, por sua vez, além de ser prevista como medida cautelar nominada (Código de Processo Civil, art. 826 e segs.), tem lugar, muitas vezes, no bojo do processo principal, inclusive em caráter substitutivo de outra medida cautelar (Código de Processo Civil, art. 805).

A propósito, cumpre anotar que o poder cautelar geral do juiz atua sob duas formas: a) quando a parte, presentes os pressupostos, requer a instauração, preventiva ou incidente, de processo cautelar, pleiteando medida não prevista no rol legal e, portanto, chamada de inominada; b) nos próprios autos do processo de conhecimento ou de execução, quando uma situação de emergência exige a atuação imediata do juiz independentemente de processo cautelar e mesmo de iniciativa da parte (Greco Filho, v. 3, 2003, p. 158).

Ressalte-se, ainda, a deficiência da redação do art. 798 do Código, parte final: "(....) quando houver fundado receio de que **uma parte, antes do julgamento da lide,** cause ao direito da outra lesão grave ou de difícil reparação".

---

[1] STJ, 3ª Turma, Resp. nº 584622/CE, rel. Min. Carlos Alberto Menezes Direito, j. 14/12/2004, DJU 25.4.2005, p. 336.

[2] STJ, 5ª Turma, Resp. nº 753.788/AL, rel. Min. Felix Fischer, j. 4/10/2005, DJU 14/11/2005, p. 400.

Ora, nem sempre o perigo de dano há de advir de ato de uma das partes, podendo decorrer de ato de terceiro ou mesmo de causas naturais. O que não se admite é que o risco haja sido produzido pelo próprio interessado em obter a medida cautelar.

Ademais, não é pressuposto que o risco de dano surja "antes do julgamento da lide". A doutrina e a jurisprudência sempre reconheceram o cabimento da tutela cautelar para garantir faculdades processuais na **execução** e mesmo antes de ela ter início (*v.g.*, arresto de bens fundado em nota promissória ainda não vencida) (Cunha, 2001, p. 546).

Por fim, registre-se que, no exercício do poder geral de cautela, pode o magistrado adotar providência não requerida e que lhe pareça idônea para a conservação da eficácia do provimento jurisdicional final, ou seja, também aqui há espaço para a aplicação da fungibilidade entre as medidas cautelares, inclusive sob iniciativa do juiz (v. CAPÍTULO 7, item 7.5, deste trabalho, *supra*).[3]

---

3 Nesse sentido: STJ, 2ª Turma, Resp. nº 507.167/SC, rel. Min. Francisco Peçanha Martins, j. 8/11/2005, DJU 5/12/2005, p. 275.

Capítulo 10
Tutela jurisdicional cautelar *ex officio*

10.1. OS PRINCÍPIOS DA INÉRCIA E DO IMPULSO OFICIAL

Ao dispor que "a lei não excluirá da apreciação do Poder Judiciário lesão ou ameaça a direito", o inciso XXXV do art. 5º da Constituição Federal consagra o princípio da **inafastabilidade do controle jurisdicional**.

Daí não resulta, todavia, que o Estado-juiz deva – ou mesmo possa – ter a **iniciativa** de resolver todos os conflitos de interesses sujeitos a sua jurisdição. Com efeito, a jurisdição é, em princípio, **inerte**, ou seja, age somente **quando provocada** (*ne procedat iudex ex officio*).

No direito positivo pátrio, o **princípio da inércia da jurisdição** é encontrado no art. 2º do Código de Processo Civil, segundo o qual "nenhum juiz prestará a tutela jurisdicional **senão quando a parte ou interessado a requerer**, nos casos e forma legais". Visto sob a óptica do jurisdicionado, o mesmo fenômeno é denominado **princípio da demanda**.

Justifica-se o princípio da inércia na constatação de que se aquele que se sentiu ameaçado ou violado em direito seu não teve a iniciativa de acionar a jurisdição é porque dele desistiu ou porque se submeteu ao direito alheio. Em qualquer dessas hipóteses, tem-se que o conflito de interesses já não subsiste (v. Capítulo 1 deste trabalho) e, por conseguinte, não se exige qualquer intervenção estatal.

O princípio da inércia não é absoluto, podendo a lei estabelecer exceções. O art. 989 do Código de Processo Civil bem ilustra isso ao permitir que o juiz determine, de ofício, a instauração do processo de inventário e partilha, se nenhuma das pessoas mencionadas nos arts. 987 e 988 o requerer no prazo legal. A regra, no entanto, é a de que a jurisdição só é prestada quando **acionada** pelo interessado em havê-la. O verbo **acionar**, aqui, é de todo adequado, pois a jurisdição é movimentada por força do direito de **ação**, também haurido do inciso XXXV do art. 5º da Constituição Federal.

Do princípio da inércia não resulta, porém, que, uma vez instaurado o processo, o interessado deva, a cada passo, renovar seu propósito de obter a jurisdição. Deveras, o art. 262 do Código de Processo Civil estabelece que "o processo civil começa por iniciativa da parte, **mas se desenvolve por impulso oficial**".

Na primeira parte desse dispositivo, reforça-se a idéia da inércia da jurisdição; mas na segunda parte fica bem claro que o processo tramita independentemente de novas manifestações de vontade nesse sentido, cabendo ao Estado-juiz dar-lhe o andamento previsto em lei.

Certo é que, não raras vezes, a tramitação do processo depende, necessariamente, de providência a cargo do autor, cuja omissão pode configurar **abandono** e redundar, após o cumprimento da formalidade constante do § 1º do art. 267 do Código de Processo Civil, na extinção do processo sem resolução do mérito.

Apesar disso, pode-se dizer que, sempre que possível, cumpre ao juiz imprimir o andamento do feito, já que, segundo a lei, o impulso é oficial.

10.2. A INICIATIVA DO JUIZ

Em tema de jurisdição cautelar, a lei reza que "só em casos excepcionais, expressamente autorizados por lei, determinará o juiz medidas cautelares sem a audiência das partes" (Código de Processo Civil, art. 797).

O dispositivo não trata da possibilidade de o juiz deferir medida cautelar a pedido de uma das partes e antes de ouvir a outra (*inaudita altera parte*), hipótese de que cuida o art. 804 do Código de Processo Civil. Aqui se versa sobre a viabilidade de o magistrado ter a iniciativa de adotar providências cautelares **de ofício**, vale dizer, independentemente de pedido de **qualquer das partes**.

Talvez se visse, no art. 797 do Código, mais uma exceção aos princípios da inércia e da demanda, de sorte a possibilitar a instauração de processo cautelar *ex officio*.

Não é essa, porém, a interpretação dada pela doutrina, firme no sentido de que o poder conferido pelo mencionado dispositivo legal nunca compreende o de abrir um verdadeiro processo cautelar, mas apenas o de tomar medidas cautelares dentro de processo já existente (por todos, Theodoro Júnior, v. II, 2003, p. 357). De fato, a instauração do processo cautelar pressupõe o exercício do direito de ação, fonte geradora da relação processual.

Assim, no âmbito do art. 797, as medidas cautelares adotadas pelo juiz não ensejam autuação apartada ou em apenso, sendo tomadas, sim, nos autos do processo principal.

Destaque-se, outrossim, que, ao contrário do que se poderia supor, as medidas cautelares adotadas *ex officio* não representam ofensa ao princípio do contraditório, uma vez que delas são cientificadas as partes, que podem impugnar a respectiva decisão judicial por meio dos recursos próprios.

10.3. A EXCEPCIONALIDADE DO CASO E A NECESSIDADE DE AUTORIZAÇÃO LEGAL EXPRESSA

Segundo o art. 797 do Código de Processo Civil, o juiz pode adotar medidas cautelares *ex officio* "só em casos excepcionais, expressamente autorizados por lei".

Numa primeira leitura e conferindo-se interpretação gramatical ao texto legal, poder-se-ia pensar que seria necessário o concurso de dois requisitos: a excepcionalidade do caso e, concomitantemente, a existência de expressa autorização legal.

Parte da doutrina objeta, contudo, que se o legislador expressamente autoriza, descabe indagar da excepcionalidade do caso (subentendida por força de prescrição legal); e se houver excepcionalidade, sem existir a expressa autorização legal, de nada valerá a excepcionalidade. Bastaria, destarte, a referência à expressa previsão legal (Calmon de Passos, 1984, p. 82).

Dando um enfoque um pouco diferente, outros autores sustentam que os requisitos são **disjuntivos**: "Não se trata de casos excepcionais *e* expressamente autorizados por lei, e, sim, de casos excepcionais *ou* expressamente autorizados por lei" (Moniz de Aragão, 1988, p. 41-42).

Desse modo, a lei poderá indicar situações em que cabível uma medida cautelar *ex officio*, que tanto poderá ser típica como atípica; sem prejuízo, porém, de poder o juiz adotar medidas cautelares *ex officio* e atípicas com base na excepcionalidade de uma situação cautelanda (Cunha, 2001, p. 526).

São exemplos de medidas cautelares adotadas *ex officio*, expressamente autorizadas por lei, o arresto previsto no art. 653; e a caução exigida do arrematante pelo art. 690, ambos do Código de Processo Civil. De outra parte, serve como ilustração de medida cautelar em caso excepcional a hipótese do juiz que, sabendo da ameaça que pode estar sofrendo uma testemunha, determina medidas para sua proteção.

Capítulo 11
Competência para prestar a jurisdição cautelar

11.1. REGRA GERAL DE COMPETÊNCIA, PREVENÇÃO E DISTRIBUIÇÃO POR DEPENDÊNCIA

A competência para processar e julgar as demandas de **conhecimento** vem regulada a partir do art. 86 do Código de Processo Civil, que abre capítulo continente de várias normas.

Os arts. 575 a 579, por sua vez, estabelecem as regras de competência aplicáveis à **execução**. Também ali há uma pluralidade de hipóteses previstas, cada qual com a respectiva previsão de competência.

Ao cuidar da competência em tema de **cautelares**, porém, o legislador dedicou um único artigo do Livro III, dispositivo segundo o qual "as medidas cautelares serão requeridas ao juiz da causa; e, quando preparatórias, ao juiz competente para conhecer da ação principal" (Código de Processo Civil, art. 800, *caput*).

O mesmo artigo dispõe ainda que, "interposto o recurso, a medida cautelar será requerida diretamente ao tribunal" (Código de Processo Civil, art. 800, parágrafo único). A competência originária dos tribunais será tratada logo a seguir (item 11.2, *infra*), interessando-nos agora cuidar da regra prevista no *caput* do art. 800 do Código.

Note-se que, em vez de traçar regras específicas de competência, o Livro III vinculou a competência para prestar a jurisdição cautelar à competência para o processo principal. Assim, cuidando-se de medida cautelar **incidente**, será competente para apreciar o pedido de proteção cautelar o juízo por onde tramitar o processo principal; e, tratando-se de cautelar **antecedente**, a competência recairá sobre o juízo que for competente para a futura demanda principal.

Na primeira hipótese (cautelar incidente), o juízo da causa já estará determinado e, portanto, caberá ao interessado dirigir seu pedido de proteção cautelar ao mesmo juízo. A demanda cautelar será, assim, distribuída **por dependência** ao feito principal, em face da **prevenção** do juízo, procedendo-se ao apensamento dos autos (Código de Processo Civil, art. 809).

Na segunda hipótese (cautelar antecedente, preparatória), o requerente haverá de aferir, com base nas disposições constantes dos Livros I e II do Código, a competência para processar e julgar a causa principal e, feito isso, dirigirá sua demanda cautelar ao juízo identificado. Posteriormente, quando for aforada a causa principal, esta é que será distribuída por dependência ao feito cautelar, também em razão da prevenção do juízo e igualmente se apensando os autos.

De uma forma ou de outra, tanto o feito cautelar quanto o principal haverão de tramitar perante o mesmo juízo, o que, além de decorrer de imperativo legal, é de todo conveniente, dada a relação de instrumentalidade existente entre as demandas, a recomendar que ambas sejam processadas e julgadas por um mesmo órgão jurisdicional.

Importa destacar que, mesmo que seja relativa a competência para processar e julgar o processo principal, a regra que o vincula ao feito cautelar é **absoluta**. É que o art. 800, *caput*, do Código de Processo Civil estabelece uma regra de competência **funcional** (Código de Processo Civil, art. 93), que não admite prorrogação ou convenção entre as partes. Assim, o juízo ao qual incumbir o processamento e o julgamento do processo principal será funcionalmente competente para fazer o mesmo em relação ao feito cautelar.

Sendo assim, se, por acaso, não for observada a regra de distribuição por dependência, a incompetência poderá ser reconhecida até mesmo de ofício pelo juiz.

11.2. COMPETÊNCIA ORIGINÁRIA DOS TRIBUNAIS

A principal competência dos tribunais é, sabidamente, a **recursal**, cabendo-lhes de ordinário a revisão das decisões tomadas pelos órgãos de instância inferior. Essa é, sem dúvida, a missão precípua dos tribunais.

Ninguém ignora, contudo, que os tribunais também possuem **competência originária** para processar e julgar algumas demandas. São exemplos dessa segunda figura a **ação rescisória** e o **mandado de segurança** contra ato de juiz de primeiro grau. Em tais casos, a petição inicial não é distribuída a um juízo monocrático de primeira instância, mas dirigida diretamente ao tribunal indicado por lei.

A competência originária dos tribunais para processar e julgar demandas cautelares precisa ser estudada à vista dessas duas formas de atuação.

Não há maiores problemas quando for **originária** a competência do tribunal para processar e julgar a demanda **principal**. O mesmo tribunal será competente, originariamente, para processar e julgar o pedido de proteção **cautelar**.

Assim, uma demanda cautelar – preparatória ou incidente – instrumentalmente ligada a uma ação rescisória deverá ser ajuizada, originariamente, no tribunal competente para a dita rescisória. Nesse caso, aplica-se a regra do *caput* do art. 800 do Código de Processo Civil.

Se, todavia, o feito for de competência originária de juiz de primeiro grau, este terá competência para apreciar o pedido de tutela cautelar somente até a **interposição do recurso de apelação**, se houver. A partir de então e, portanto, mesmo que os autos ainda estejam na instância inferior, competente originariamente para processar e julgar a demanda cautelar será o tribunal ao qual for dirigido o recurso. É o que resulta do art. 800, **parágrafo único**, do Código.

No âmbito de cada tribunal, a competência para decidir o pedido de proteção cautelar – inclusive o liminar, se formulado – é determinada pelo respectivo regimento interno.

Ressalve-se, na esteira de respeitada doutrina, que quando se tratar de recurso que contemple o **juízo de retratação**, como, por exemplo, a apelação contra sentença proferida em causa regida pelo Estatuto da Criança e do Adolescente (Lei nº 8.069/1990), a competência permanece ainda no juízo originário ante a possibilidade de modificação do julgado (Garrido de Paula, 2005, p. 2.298).

A regra do parágrafo único do art. 800 do Código tem sido aplicada também em relação aos pedidos de antecipação dos efeitos da tutela recursal. Freqüentemente formulados sob a roupagem de "medida cautelar inominada", tais pedidos tendem, quase sempre, à obtenção do efeito prático equivalente ao do provimento do recurso. À míngua de uma norma legal expressa e diante da similaridade das situações, segue-se o disposto na mencionada disposição legal.

Destaque-se que a interposição de agravo de instrumento contra decisão interlocutória proferida por juiz de primeira instância não transfere ao tribunal toda a competência cautelar da causa, mas apenas aquela atinente ao próprio agravo.

Cuidando-se de medida cautelar para dar efeito suspensivo a recurso extraordinário, aplicam-se as seguintes súmulas do Supremo Tribunal Federal: a) **Súmula nº 634**: "Não compete ao Supremo Tribunal Federal conceder medida cautelar para dar efeito suspensivo a recurso extraordinário que ainda não foi objeto de juízo de admissibilidade na origem." b) **Súmula nº 635**. Cabe ao Presidente do Tribunal de origem decidir o pedido de medida cautelar em recurso extraordinário ainda pendente do seu juízo de admissibilidade." Igual solução deve aplicar-se em relação ao recurso especial, de competência do Superior Tribunal de Justiça.

Nesse particular, entende-se que, até o juízo de admissibilidade, a cargo do presidente ou vice-presidente do tribunal *a quo*, o efeito pretendido ainda pode ser obtido independentemente da atuação do tribunal superior, não se justificando a intervenção deste senão quando esgotadas as possibilidades junto à instância inferior.

11.3. INCOMPETÊNCIA DO JUÍZO E EXTREMA URGÊNCIA DO CASO

As demandas cautelares em geral pressupõem urgência, de sorte que o simples fato de sua existência em determinado caso concreto não justifica a inobservância das regras postas pelo art. 800 do Código de Processo Civil.

Casos há, todavia, em que a urgência é tamanha que a observância rigorosa das regras de competência pode conduzir à frustração das finalidades próprias da atividade cautelar.

Assim, a doutrina sustenta – com inteira procedência – que em casos de excepcional urgência, mesmo o juiz incompetente pode determinar medidas cautelares, no caso de as regras de competência gerarem situação que possa levar ao perecimento do direito (Lacerda, 1999, p. 198 e segs. e 252-53; Greco Filho, v. 3, 2003, p. 163-64). Tem lugar, aqui, o princípio *quando est periculum in mora incompetentia non attenditur*.

Suponha-se, por exemplo, que correntista da Caixa Econômica Federal – CEF precise, com urgência, de determinada medida cautelar, cujos efeitos haverão de ser suportados pela referida empresa pública. Dúvida não há de que tanto a demanda principal quanto a cautelar são de competência da Justiça Federal (Constituição Federal, art. 109, inciso I). Imagine-se, contudo, que o aludido correntista resida em localidade sede de comarca da justiça estadual, mas desprovida de vara federal; e que ali também hajam ocorrido os fatos descritos na inicial. De rigor, o interessado não pode aforar seu pedido senão na Justiça Federal; mas se a urgência lamentada for tão intensa que o simples fato de precisar dirigir-se ao juízo competente já bastar para produzir o perecimento do objeto ou do direito cuja proteção se busca, pode o juiz **estadual** adotar, em caráter emergencial e extraordinário, as medidas necessárias a assegurar o resultado útil da decisão a ser tomada pelo juízo federal competente.

Em tal situação, o juízo estadual deve deferir a medida cautelar e, de pronto, declinar da competência em favor do juízo federal, que, oportunamente, proferirá nova decisão, mantendo ou não aquela tomada pelo primeiro.

Justifica-se tal solução em razão do compromisso constitucional do Estado em prestar tutela jurisdicional **efetiva**. Normas de ordem pública e que tutelam o interesse da jurisdição autorizam que qualquer órgão jurisdicional adote, provisoriamente e até que o pleito seja apreciado pelo juízo competente, as medidas cautelares necessárias a assegurar o resultado útil do provimento definitivo.

Capítulo 12
Condições da ação cautelar

12.1. POSSIBILIDADE JURÍDICA DO PEDIDO

A lei processual civil estabelece que o processo será extinto, sem resolução do mérito, "quando não concorrer qualquer das **condições da ação**, como a possibilidade jurídica, a legitimidade das partes e o interesse processual" (Código de Processo Civil, art. 267, inciso VI).

A redação legal não é das melhores, dando a impressão de que o rol ali constante não é exaustivo, mas exemplificativo. As condições da ação são somente as três indicadas no Código e o concurso de todas, em cada caso concreto, é necessário para que se profira uma sentença definitiva (ou, na terminologia legal, uma sentença que produza a "resolução do mérito") (Código de Processo Civil, art. 269); à falta de qualquer delas, decreta-se a **carência de ação**, expressão também constante da lei (Código de Processo Civil, art. 301, inciso X).

A ação cautelar também está sujeita às três aludidas condições. A primeira delas, a **possibilidade jurídica do pedido**, será tratada no presente item; as demais, nos itens subseqüentes deste capítulo.

Enrico Tullio Liebman, artífice da teoria das condições da ação, afirma que a possibilidade jurídica consiste na admissibilidade em abstrato do provimento pedido, isto é, no fato de incluir-se este entre aqueles que a autoridade judiciária pode emitir, não sendo expressamente proibido (Liebman, 1985, p. 161, nota 106 do tradutor).

É importante anotar que, a partir da terceira edição de seu *Manual de direito processual civil*, o processualista italiano resumiu a duas as condições da ação, deixando de incluir entre elas precisamente a possibilidade jurídica. Nosso direito positivo, porém, consagrou as três condições originariamente concebidas por Liebman, não sem resistência de parte de nossa doutrina (assim Calmon De Passos, 1964, p. 57-66; também Baptista da Silva, 1998, p. 103 e segs.).

Sem o propósito de discutir a questão e diante da lei posta, observamos que, à vista da amplitude do poder geral de cautela, não é largo o espaço encontrado para situar a impossibilidade jurídica do pedido cautelar. Mesmo assim, autorizada doutrina sustenta que sempre que a lei proibir determinada cautela, ou a vedação resultar da situação jurídica do bem (impenhorabilidade, inalienabilidade, p. ex.), o interessado carecerá da ação cautelar respectiva, por impossibilidade jurídica do pedido (Lacerda, 1999, p. 212). É o que ocorre, *v.g.*, no art. 57 do Decreto-lei nº 227/1967, que proíbe o embargo ou seqüestro que resulte em interrupção dos trabalhos de lavra; e no art. 153 da Lei nº 7.565/1986 – Código Brasileiro de Aeronáutica – que veda o seqüestro de aeronave empregada em serviços aéreos públicos.

De precedente do Superior Tribunal de Justiça, exarado em 1990, colhe-se outro exemplo: a medida cautelar tendente a impedir o exercício do direito de ação.[1] Julgados mais recentes, todavia, não enquadram tal situação como de impossibilidade jurídica, e sim como de improcedência do pedido (julgamento de mérito)[2].

12.2. INTERESSE DE AGIR

O **interesse de agir** consiste na relação de utilidade entre a afirmada lesão de um direito e o provimento de tutela jurisdicional pedido (Liebman, 1985, p. 156). Ele não se confunde com o interesse substancial, que recai sobre o bem da vida pretendido. O interesse de agir é um interesse processual, secundário e instrumental ao interesse substancial primário; tem por objeto o **provimento** que se pede ao juiz, como meio para obter a satisfação do interesse primário.

Para a satisfação dessa condição da ação, é preciso que a prestação jurisdicional pedida seja **necessária** e **adequada**. Consiste a necessidade da tutela jurisdicional na impossibilidade de obter-se a satisfação do afirmado direito sem a intercessão do Estado-juiz; e a adequação, na relação existente entre a situação lamentada pelo demandante e o provimento jurisdicional concretamente postulado (Cintra, Grinover e Dinamarco, 2006, p. 275).

Na ação cautelar, não é diferente. Para que se considere presente dita condição da ação, é mister, primeiro, que o requerente **necessite** da proteção cautelar, como forma de assegurar o resultado útil do processo principal; e, segundo, que o provimento cautelar demandado seja **adequado** à situação fática e jurídica descrita pelo requerente.

---

[1] STJ, 3ª Turma, Resp. nº 4241/RJ, rel. Min. Cláudio Santos, j. 4/9/90, DJU 5/11/90, p. 12.430.
[2] STJ, 1ª Turma, MC nº 8.563/PE, rel. Min. Luiz Fux, j. 5/4/2005, DJU 2/5/2005, p. 152; também: STJ, 3ª Turma, Resp nº 406.803/SE, rel. Min. Carlos Alberto Menezes Direito, j. 27/8/2002, DJU 28/10/2002, p. 310.

Assim, por exemplo, não cabe o procedimento antecedente de exibição de documento (Código de Processo Civil, art. 844) se a prova pode ser obtida por meio de certidão; a intervenção judicial seria evidentemente **desnecessária**. Do mesmo modo, o seqüestro não é meio hábil para reaver a posse de imóvel (Lacerda, 1999, p. 216). A via processual eleita seria, às escâncaras, **inadequada**.

Há quem afirme que a ausência do *periculum in mora* evidenciaria falta de interesse de agir. Entendemos, porém, na esteira da doutrina dominante, que, ao lado do *fumus boni juris*, o perigo da demora é requisito atinente ao **mérito cautelar** (v. Capítulos 14, 15 e 16).

Importa destacar, ainda, que, até o advento da Lei nº 10.444/2002, eram comuns os decretos de carência de ação, por falta de interesse de agir (inadequação da via processual eleita), em procedimentos instaurados como cautelares e que veiculassem, na essência, pretensões antecipatórias satisfativas. Do mesmo modo, muitos magistrados "não conheciam" de pedidos formulados a título de antecipação de tutela e que configurassem, a seu juízo, autênticas medidas cautelares.

Referida lei, contudo, fez inserir no art. 273 do Código de Processo Civil o § 7º, a dispor que "se o autor, a título de antecipação de tutela, requerer providência de natureza cautelar, poderá o juiz, quando presentes os respectivos pressupostos, deferir a medida cautelar em caráter incidental do processo ajuizado".

Desde então, tem-se uma regra de verdadeira **fungibilidade** entre as vias processuais adequadas à tutela cautelar e à tutela satisfativa antecipada. Assim, recebido um pedido de tutela urgente (cautelar ou satisfativa), o juiz não poderá deixar de apreciá-lo a conta de o requerente haver, teoricamente, eleito mal a via processual. Cumpre ao magistrado, em tal hipótese, identificar a natureza da medida apenas para aferir o concurso dos respectivos pressupostos, examinando o pedido independentemente da sede processual em que formulado (v. Capítulo 7, item 7.5).

12.3. LEGITIMIDADE *AD CAUSAM*

No Livro I do Código de Processo Civil, o legislador trata o demandante e o demandado como **autor** e **réu**, respectivamente; no Livro II, denomina-os **credor** e **devedor**, se bem que a doutrina defende que melhor seria fazê-lo sob os rótulos de **exeqüente** e **executado**, terminologia afeta, esta sim, ao direito processual; e no Livro III, que cuida do processo cautelar, o Código refere-se a **requerente** e **requerido**, apesar de, vez por outra, aludir a **autor** (arts. 810 e 811, inciso IV) e a **réu** (art. 804).

Cabe, pois, indagar: quem pode figurar na relação processual cautelar; ou, em outras palavras, sobre quem recaem a legitimidade ativa e a legitimidade passiva para a demanda cautelar?

Recorrendo-se, mais uma vez, à lição de Liebman, tem-se que a **legitimidade *ad causam*** é a titularidade (ativa e passiva) da ação. Segundo ele, o problema da legitimação consiste em individualizar a pessoa a quem pertence o interesse de agir e a pessoa com referência à qual ele existe (Liebman, 1985, p. 157).

Cuidando-se de uma demanda cautelar, legitimado ativo será o interessado em obter a medida cautelar; e legitimado passivo, aquele que, sendo chamado a integrar a relação processual, deva suportar os efeitos do provimento jurisdicional cautelar, caso o pleito venha a ser acolhido.

Em princípio, são partes legítimas para a demanda cautelar os mesmos sujeitos perante os quais deve desenvolver-se a relação processual principal. Essa regra, porém, não é absoluta, até porque, quando o pedido de proteção cautelar é formulado em processo próprio, a relação processual é autônoma, circunstância que indica a possibilidade de não haver estrita correspondência com as partes do processo principal.

Suponha-se, como exemplo, que a demanda principal seja aforada por "A" em face de "B" e "C", estes na qualidade de devedores solidários. Se, dentre os réus, apenas um ("B" ou "C") estiver a tentar frustrar o resultado útil do processo principal, somente ele é que figurará como requerido na relação processual cautelar.

Além disso, não só o sujeito ativo da relação processual principal pode manejar a demanda cautelar; tanto ele quanto o réu podem valer-se da tutela de segurança (Theodoro Júnior, v. II, 2003, p. 367). Exemplo de medida cautelar que pode ser requerida por qualquer dos sujeitos da relação processual principal é a produção antecipada de provas (Código de Processo Civil, arts. 846 e segs.). Ademais, nas chamadas ações dúplices e nas em que se haja apresentado reconvenção ou formulado pedido contraposto, é fácil conceber medidas cautelares requeridas pelo réu.

O Ministério Público, por sua vez, também pode requerer medidas cautelares, ainda quando atue como fiscal da lei (Código de Processo Civil, art. 81). Do mesmo modo não se pode afastar a possibilidade de fazê-lo o terceiro, como, *v.g.*, o assistente (Código de Processo Civil, art. 52) e o recorrente (Código de Processo Civil, art. 499) (v. Capítulo 13).

Capítulo 13
Litisconsórcio e intervenção de terceiros

13.1. LITISCONSÓRCIO

Já se destacou a autonomia da relação processual cautelar (v. Capítulo 3) e discorreu-se acerca da legitimação ativa e passiva *ad causam* (v. Capítulo 12, item 12.3). Cumpre, agora, tratar do **litisconsórcio** no processo cautelar.

Dá-se o litisconsórcio quando, nas hipóteses previstas na lei processual, se agrupam dois ou mais **sujeitos** em um ou em ambos os pólos da relação processual. Daí se dizer que o litisconsórcio é também chamado de **cúmulo subjetivo**.

Havendo mais de um demandante, o litisconsórcio diz-se **ativo**; havendo mais de um demandado, o litisconsórcio é **passivo**; havendo mais de um demandante e, simultaneamente, mais de um demandado, o litisconsórcio é denominado **misto** ou **bilateral**.

Casos há em que a lei processual **permite** o litisconsórcio, quando então ele é qualificado como **facultativo**; em outras situações, a lei ou a incindibilidade da relação substancial **exige** sua formação, sendo então chamado de **necessário**.

Às vezes, o litisconsórcio é formado já no nascedouro da relação processual – **litisconsórcio inicial** ou **originário**; em outras, ele se forma no curso do processo – **litisconsórcio ulterior** ou **posterior**.

Encerrando as formas tradicionais de classificação do litisconsórcio, diz-se **unitário** quando o juiz tiver de decidir a causa de modo uniforme para todos os litisconsortes; e **simples**, **não-unitário** ou **comum** quando puder decidi-la de forma diferente para uns e outros.

As normas que regem o litisconsórcio aplicam-se ao processo cautelar e nele têm lugar todas as suas espécies.

Destaque-se, contudo, que, em razão da **autonomia** da relação processual cautelar, não se pode estabelecer vinculação rígida entre o litisconsórcio formado no processo principal e aquele instalado no feito cautelar.

Assim, casos há em que no feito principal forma-se litisconsórcio, mas no cautelar não. Recorde-se da hipótese em que, no processo condenatório, "A", dizendo-se credor, demanda em face de "B" e "C", supostos devedores solidários. Se "A" pretende, por exemplo, obter medida cautelar constritiva sobre patrimônio exclusivo de "B", não há razão para que "C" também integre a relação processual cautelar.

Outro exemplo, agora de litisconsórcio formado apenas no processo cautelar: "A", intentando ajuizar futura demanda indenizatória, requer produção antecipada de provas. Considerando que, em princípio, responderiam pelo dano tanto "B" quanto seu preposto "C", a cautelar pode ser proposta em face de ambos. Isso, porém, não impede que, por conveniência, "A" venha a ajuizar a demanda indenizatória somente em face de "B".

É certo que, se "A" pretender que a prova colhida antecipadamente possa ser oposta, no feito principal, assim como a "B" quanto a "C", ambos deverão figurar no pólo passivo da relação processual cautelar.

Esses exemplos são de litisconsórcio facultativo, em que não se mostra difícil visualizar a formação do cúmulo subjetivo apenas no feito cautelar ou somente no processo principal. A autonomia da relação processual autoriza, contudo, que se vá adiante e admita-se o mesmo fenômeno também quando, no feito principal, seja caso de litisconsórcio necessário ou mesmo unitário.

Com efeito, suponha-se uma demanda tendente à declaração de nulidade de contrato, em razão da ilicitude do objeto (Código Civil, art. 104, inciso II): todos os contratantes deverão integrar – como demandantes ou como demandados – a relação processual e, mais do que isso, a sentença não poderá declarar válido o contrato quanto a alguns e nulo no tocante a outros. Tem-se, pois, um caso de litisconsórcio **necessário** e **unitário**. Apesar disso, eventual cautelar de **atentado** não precisará, necessariamente, ser aforada em face de todos os litisconsortes, mas apenas daquele que, segundo o requerente, houver praticado alguma das condutas previstas no art. 879 do Código de Processo Civil.

Vê-se, pois, que, conquanto necessário e mesmo unitário o litisconsórcio no feito principal, daí não deflui que se deva formar, inafastavelmente, o cúmulo subjetivo também no processo cautelar.

13.2. INTERVENÇÃO DE TERCEIROS

O Código de Processo Civil prevê as seguintes modalidades de intervenção de terceiros: **assistência** (arts. 50 e segs.); **oposição** (arts. 56 e segs.); **nomeação à autoria** (arts. 62 e segs.); **denunciação da lide** (arts. 70 e segs.); **chamamento ao processo** (arts. 77 e segs.); e **recurso de terceiro prejudicado** (art. 499).

Admite-se, sem maior problema, a prestação de **assistência** no processo cautelar, tanto na modalidade simples quanto na litisconsorcial. Não há qualquer incompatibilidade entre ela e a natureza cautelar da demanda; e os mesmos fundamentos que a justificam no feito principal aplicam-se também ao processo cautelar.

Pode-se dizer, portanto, que, havendo interesse a ensejar a assistência no feito principal, terá lugar a intervenção também no processo cautelar, nada importando que se trate de assistência simples ou litisconsorcial.

Deve-se admitir, também, que aquele que figure como assistente no processo principal ajuíze, ele próprio, demanda cautelar. Exemplo: na reivindicação da coisa comum, o condômino admitido como assistente litisconsorcial pode requerer, individualmente, medida cautelar de seqüestro da coisa litigiosa.

Mesmo tratando-se de assistência simples, não é de descartar-se a possibilidade de o terceiro demandar a tutela cautelar; não apenas na hipótese em que, sendo revel o assistido, atue como seu gestor de negócios (Código de Processo Civil, art. 52, parágrafo único); também nas em que intervenha verdadeiramente como coadjuvante do assistido. Exemplo: o sublocatário, assistente (simples) do locatário na demanda de despejo promovida pelo locador, se pode produzir provas em favor do assistido (Código de Processo Civil, art. 52), evidentemente há de poder requerer medida cautelar para sua colheita antecipada (Código de Processo Civil, art. 846 e segs.).

Entendemos, pois, que o critério para admitir-se o ajuizamento de demanda cautelar pelo assistente simples há de ser o mesmo que, segundo a doutrina (Nery e Andrade Nery, 2006, p. 234), norteia sua atuação no feito principal: ele tem os mesmos poderes e os mesmos ônus da parte assistida, mas sua atividade processual é **subordinada** à do assistido, não podendo praticar atos **contrários** à vontade deste.

Também não há inconveniente em admitir-se, no processo cautelar, a **nomeação à autoria**. Visando a corrigir a legitimação passiva em casos de erro escusável, a doutrina admite-a inclusive fora das situações restritivas dos arts. 62 e 63 do Código de Processo Civil (Cunha, 2001, p. 653).

A **oposição**, a **denunciação da lide** e o **chamamento ao processo**, por sua vez, são modalidades interventivas diretamente ligadas à prestação jurisdicional de **conhecimento**. Por meio delas, o terceiro interveniente busca um acertamento definitivo, incompatível com as finalidades do processo cautelar (Theodoro Júnior, v. II, 2003, p. 371).

É imperioso ressaltar, contudo, que, já admitida no processo principal alguma dessas modalidades de intervenção ou antevista possibilidade nesse sentido, não é de se negar, de todo, a viabilidade de o terceiro intervir também no feito cautelar.

Tome-se, como exemplo, a hipótese de vistoria antecipada (Código de Processo Civil, arts. 846 e segs.) requerida por "A" em face de "B", visando à futura demanda indenizatória. Citado no procedimento de produção antecipada, "B" poderá, ao argumento de que no feito principal caberá denunciação da lide a "C", requerer a integração deste à relação processual cautelar, a fim de que também quanto a ele produza efeitos a prova colhida.

Não será, a toda evidência, propriamente um caso de **denunciação da lide** no feito cautelar, mas de especial forma de litisconsórcio passivo facultativo ulterior, promovido pelo demandado e plenamente justificado pelas circunstâncias da causa.[1]

Por fim, admite-se, no processo cautelar, o **recurso do terceiro prejudicado**, desde que satisfeito o requisito previsto no art. 499 do Código de Processo Civil: a demonstração do nexo de interdependência entre o seu interesse de intervir e a relação jurídica submetida à apreciação judicial.

Note-se que, para poder recorrer contra decisão ou sentença proferida no processo cautelar, o terceiro precisa demonstrar que interesse seu restou atingido pelo provimento jurisdicional **ali exarado**, não bastando a possibilidade de que isso venha a ocorrer no processo principal.

---

1 O STJ tem precedente no sentido de que "não cabe denunciação da lide em medida cautelar de produção antecipada de prova", mas "é admissível a intervenção de terceiro em ação cautelar de produção antecipada de prova, na forma de **assistência provocada**, pois visa a garantir a efetividade do princípio do contraditório, de modo a assegurar a eficácia da prova produzida perante aquele que será denunciado à lide, posteriormente, no processo principal" (STJ, 3ª Turma, Resp. nº 213.556/RJ, rel. Min. Nancy Andrighi, j. 20/8/2001, DJU 17/9/2001, p. 161).

Capítulo 14
O mérito cautelar

14.1. MÉRITO DA CAUSA E QUESTÕES DE MÉRITO

Na Exposição de Motivos do Código de Processo Civil, o então Ministro da Justiça, Alfredo Buzaid, consignou que "o projeto só usa a palavra 'lide' para designar o **mérito da causa**"; prosseguindo, destacou que **lide**, consoante lição de Francesco Carnelutti, é o conflito de interesses qualificado pela pretensão de um dos litigantes e pela resistência do outro; e arrematou: "O julgamento desse conflito de pretensões, mediante o qual o juiz, acolhendo ou rejeitando o pedido, dá razão a uma das partes e nega-a à outra, constitui uma sentença definitiva de mérito. A lide é, portanto, o objeto principal do processo e nela se exprimem as aspirações em conflito de ambos os litigantes".

Apesar da peremptoriedade da primeira afirmação, observou a doutrina que o projeto não foi inteiramente fiel ao programa enunciado na Exposição de Motivos, pois valeu-se do vocábulo "lide" em sentidos diversos, como revelam as expressões "denunciação da lide" (Código de Processo Civil, arts. 70 e segs.) e "curador à lide" (Código de Processo Civil, art. 1.179) (Dinamarco, v. I, 2001, p. 233). É certo, porém, que, na maior parte das vezes, efetivamente o legislador usou o vocábulo **lide** para designar o **mérito da causa** (Código de Processo Civil, arts. 5º, 22, 47, 110, 126, 128, 132, 325, 330, 462, dentre outros).

A importância do tema é inquestionável. Basta lembrar de que o Código distinguiu as sentenças que **resolvem o mérito** das que **não resolvem o mérito**. As primeiras, compreendidas pelo art. 269 do Código de Processo Civil, são chamadas **definitivas** e produzem coisa julgada material; as últimas, alcançadas pelo art. 267 do Código de Processo Civil, são denominadas **terminativas** e, salvo uma ou outra questão polêmica, produzem apenas coisa julgada formal.

A doutrina brasileira mais moderna não aceita bem o conceito de mérito adotado pelo legislador. Baseado principalmente em concepções oriundas de autores alemães, Cândido Rangel Dinamarco (Dinamarco, v. I, 2001, p.

232-76) sustenta – e tem contado com ampla adesão nos meios doutrinário e acadêmico – que o **mérito** da causa consiste na **pretensão processual**, vale dizer, o **objeto** do processo é configurado pelo pedido de emissão do provimento jurisdicional desejado.

Note-se que, sempre primando pela coerência, o consagrado processualista, ao tratar da figura prevista no art. 330 do Código de Processo Civil, não se refere a julgamento antecipado **da lide**, mas a julgamento antecipado **do mérito** (Dinamarco, v. III, 2003, p. 554).

Adotando-se as lições do mestre das Arcadas, verifica-se que **julgamento de mérito** só há, efetivamente, na hipótese prevista no inciso I do art. 269 do Código de Processo Civil: quando o juiz **acolher ou rejeitar o pedido** do autor. Entre os incisos II a V do mencionado artigo acham-se sentenças que não contêm um juízo de valor acerca da procedência ou da improcedência da pretensão.

A propósito, na redação original de 1973 o Código de Processo Civil valia-se, no art. 269, da expressão "**julgamento** de mérito", no que era criticado pela doutrina. Desde o advento da Lei nº 11.232/2005, referido dispositivo legal passou a aludir a "**resolução** de mérito", fórmula verbal de sentido mais amplo e que, agora sim, abarca confortavelmente as hipóteses dos incisos II a V, nas quais, conquanto não haja um juízo de valor sobre a pretensão do demandante, alcança situações que encerram definitivamente o litígio e produzem coisa julgada material.

Convém advertir que o conceito de mérito é estritamente processual. Tanto é verdade que em determinados processos o mérito não guarda, sequer indiretamente, relação com o direito material. Tomem-se, como exemplos, os embargos em que se discuta tão-somente a regularidade dos atos da execução; e a ação rescisória na qual se alegue a nulidade da sentença por violação ao art. 458 do Código de Processo Civil. Em ambos os casos, o julgamento de mérito envolve unicamente matéria processual.

De outra parte, não se deve confundir o **mérito** com as **questões de mérito**.

Para explicar-se a distinção, é importante rememorar que, na petição inicial, o demandante deve indicar a **causa de pedir**: "o **fato** e os **fundamentos jurídicos** do pedido" (Código de Processo Civil, art. 282, inciso III). Em outras palavras, o autor apresenta uma **narrativa fática** e afirma que dela resulta uma **conseqüência jurídica** em seu favor. Exemplo: "A" emprestou certa quantia em dinheiro a "B", para pagamento em determinado prazo e com estipulados juros. Consumado o vencimento, "B" não cumpriu sua obrigação.

Desses fatos deriva um **direito de crédito**, que "A" quer ver reconhecido pelo Poder Judiciário. Eis aí a causa de pedir, que fundamenta o pedido de condenação do réu ao pagamento.

Ao contestar a pretensão, o demandado pode suscitar **questões**, que tanto podem ser pertinentes ao **fato** quanto respeitantes ao **direito**. Precisamente daí se extrai, na clássica lição de Carnelutti, o conceito de **questão** como sendo o **ponto controvertido, de fato ou de direito**.

Segundo consagrada doutrina, a defesa pode dirigir-se contra o processo e contra a admissibilidade da ação, ou pode ser de mérito. No primeiro caso, fala-se em **exceção processual** e no segundo, em **exceção substancial** (Cintra, Grinover e Dinamarco, 2006, p. 291).

As **exceções processuais** são aduzidas em caráter **preliminar ao mérito** (Código de Processo Civil, art. 301) e, conforme o caso, podem conduzir à extinção do processo **sem** resolução do mérito, isto é, a uma sentença **terminativa** (Código de Processo Civil, art. 267).

As **exceções substanciais**, por sua vez, dizem respeito ao **mérito** e subdividem-se em **diretas** e **indiretas**. Quando o demandado nega os fatos narrados na inicial ou refuta os fundamentos jurídicos expendidos pelo demandante, tem-se a defesa **direta**. Quando, porém, o demandado aduz fatos **extintivos, modificativos ou impeditivos** do direito do demandante, a defesa diz-se **indireta**. São exemplos de exceções indiretas as alegações de pagamento, de compensação e de novação, bem assim a argüição de prescrição e de decadência e, ainda, a questão prejudicial, dentre outras.

Ressalte-se, ainda, que, dentre as exceções substanciais, são chamadas de **questões de mérito propriamente ditas (ou questões de fundo)** aquelas diretamente ligadas à procedência ou à improcedência do pedido. Tais questões são examinadas, na sentença, após as eventuais **questões prévias**, a saber: as preliminares *ao* mérito (exceções processuais); as preliminares *de* mérito (prescrição e decadência); e as prejudiciais.

Em conclusão, pode-se dizer que as exceções substanciais, também denominadas **questões de mérito** são aquelas que, direta ou indiretamente, concernem à **causa de pedir** e têm a aptidão de influir no resultado de uma sentença **definitiva** (Código de Processo Civil, art. 269); e não é sem razão que se diz que, afastadas as questões prévias e acolhidas a versão fática e a tese jurídica sustentadas pelo autor na petição inicial – ou seja, agasalhada, pela sentença, a **causa de pedir** –, a pretensão é julgada **procedente** e profere-se autêntica e típica **sentença de mérito** (Código de Processo Civil, art. 269, inciso I).

14.2. O CONTEÚDO DO MÉRITO NO PROCESSO PRINCIPAL

O processo principal pode ser estritamente de conhecimento; pode ser de conhecimento e de execução; e pode ser estritamente de execução.

A demanda declaratória de inexistência de relação jurídica, por exemplo, é estritamente de conhecimento. Transitada em julgado a sentença de procedência do pedido, não há subseqüente execução, salvo no tocante às custas e despesas processuais e aos honorários advocatícios, verbas que não são levadas em consideração para essa classificação.

Já a demanda em que se busca a condenação ao pagamento de quantia em dinheiro possui uma fase de conhecimento e uma posterior fase de execução. Acolhido o pedido e imposta a prestação ao vencido, o processo, a pedido do vencedor, tem curso com a execução da sentença (Código de Processo Civil, arts. 475-I, segunda parte, e seguintes).

Também é composto de duas fases o processo em que se pede a imposição de obrigação de fazer, de não fazer ou de entregar coisa: a fase de conhecimento e a fase de cumprimento (Código de Processo Civil, arts. 475-I, primeira parte, 461 e 461-A).

Por fim, será estritamente de execução, *v. g.*, o processo fundado em título executivo extrajudicial (Código de Processo Civil, Livro II – arts. 566 e segs.).

Todos esses exemplos são de processos ditos **principais**, porque visam à emissão de provimentos jurisdicionais definitivos, tendentes às atividades jurisdicionais de **dizer** e de **realizar** o direito.

Também todos esses processos comportam uma análise prévia, atinente à admissibilidade; e um juízo posterior, referente ao mérito. Verifica-se, em uns e em outros, o conhecido **trinômio de questões**, composto: a) pelos pressupostos de constituição e de desenvolvimento válido e regular do processo; b) pelas condições da ação; e c) pela matéria de mérito.

Assim, sempre que concluir que o processo instaurou-se e desenvolveu-se regularmente e que concorrem as três condições da ação, o juiz emitirá o provimento jurisdicional de mérito pretendido.

Cuidando-se de processo ou de fase de conhecimento, o provimento jurisdicional de mérito será a **sentença definitiva** (Código de Processo Civil, art. 269). Tratando-se de processo ou de fase de execução (ou cumprimento), o mérito é integrado pelo conjunto de medidas e providências, previstas em lei, por meio das quais se realiza o direito estampado no título executivo.

Não há qualquer dificuldade em compreender a sentença definitiva como provimento jurisdicional de mérito. Apegados, contudo, a uma inexistente relação entre o mérito e a atividade jurisdicional de conhecimento, muitos ainda resistem a aceitar a existência de **mérito** no processo de execução. Igual dificuldade têm aqueles que vinculam o mérito ao direito material, equívoco sobre o qual se aludiu no item anterior deste capítulo.

O mérito, como já assinalado, consiste na pretensão processual, ou seja, no pedido de emissão do provimento jurisdicional desejado. Pedido nesse sentido é formulado em todo e qualquer processo judicial, não havendo qualquer razão para excluir-se a execução.

Note-se que a própria lei assevera que "a execução por quantia certa tem por **objeto expropriar** bens do devedor, a fim de satisfazer o direito do credor". (Código de Processo Civil, art. 646); e, prosseguindo, especifica que a expropriação consiste: na adjudicação em favor do exeqüente ou das pessoas indicadas no § 2º do art. 685-A; na alienação por iniciativa particular; na alienação em hasta pública; e no usufruto de bem móvel ou imóvel (Código de Processo Civil, art. 647).

Ora, se o **objeto** do processo é o **mérito**, que por sua vez consiste na pretensão à emissão do provimento jurisdicional; se o objeto da execução por quantia certa é, nos termos da lei, a expropriação de bens do executado; e se a expropriação de bens dá-se por meio de uma das formas previstas no art. 647 do Código, conclui-se, irrecusavelmente, que em tais medidas consiste o mérito dessa modalidade de execução.

Já na execução para entrega de coisa, a satisfação do direito do credor dá-se com a imissão na posse (se se tratar de imóvel) ou com a entrega do bem (se for caso de móvel ou de semovente); e na execução das obrigações de fazer e de não fazer, a satisfação pode ser alcançada por meio do cumprimento, pelo executado, pela produção do resultado prático equivalente ao do adimplemento (Código de Processo Civil, art. 461), pelo cumprimento da prestação por terceiro, à custa do executado (Código de Processo Civil, art. 634), ou pela execução, pelo exeqüente, pessoalmente ou por terceiro sob sua direção e vigilância (Código de Processo Civil, art. 637).

Todas essas soluções, produzidas pela jurisdição valendo-se do processo, configuram o **mérito** da execução.

14.3. O CONTEÚDO DO MÉRITO CAUTELAR

Assim como as tutelas jurisdicionais de conhecimento e de execução, a tutela cautelar é, de regra, objeto de um pedido. Isso fica claro no Código, na medida em que ela dispõe que só em casos excepcionais, expressamente autorizados por lei, determinará o juiz medidas cautelares sem a audiência das partes.

De fato, ainda que atualmente se admita, em algumas hipóteses, a adoção de medidas cautelares no bojo do processo principal, o certo é que o sistema concebido pelo legislador de 1973 consagrou a idéia de que a tutela cautelar deve ser – pelo menos em princípio – objeto de uma demanda, isto é, de um pedido.

Assim, frisando-se uma vez mais que o mérito da causa consiste na pretensão processual, tem-se que o pedido de emissão de um provimento jurisdicional acautelatório configura o mérito cautelar.

Seguindo-se o mesmo raciocínio desenvolvido no item 14.1, é dado afirmar que o acolhimento da pretensão cautelar depende de agasalharem-se a versão fática e a tese jurídica deduzidas pelo requerente da medida, ou seja, a **causa de pedir cautelar**.

Com efeito, se o juiz da causa, reconstruindo os fatos, concluir que eles se deram assim como descritos na inicial e, mais, individualizando a regra jurídica aplicável, firmar que o direito assiste ao requerente, o pedido de proteção cautelar será julgado **procedente**.

Ora, a causa de pedir cautelar é integrada pelo *fumus boni juris* e pelo *periculum in mora*. Concorrendo esses dois requisitos, o requerente faz jus à tutela cautelar; seu pedido deve ser julgado procedente e, por conseguinte, há de ser emitido o pretendido provimento jurisdicional cautelar. Faltante ao menos um desses dois requisitos, o pedido de proteção cautelar deve ser julgado improcedente (Greco, v. 3, 2003, p. 155). Em qualquer caso, o objeto do processo terá sido apreciado; a pretensão processual, examinada; o mérito cautelar, resolvido.

Capítulo 15
O *fumus boni juris*

15.1. PLAUSIBILIDADE E PROBABILIDADE

O Código de Processo Civil estabelece que, na petição inicial do processo cautelar, o requerente deve indicar "a **exposição sumária do direito ameaçado** e o receio da lesão" (art. 801, inciso IV).

A locução "exposição sumária do direito" traduz o que, na doutrina, se denomina *fumus boni juris* (fumaça do bom direito).

O *fumus boni juris* constitui, ao lado do *periculum in mora*, requisito à obtenção da tutela cautelar. Para tanto, não é necessária a cabal demonstração do direito afirmado, até porque isso pressuporia cognição exauriente, quase nunca viável de realizar com a celeridade que se exige para a outorga da proteção cautelar.

Assim, permite-se que a efetiva e definitiva demonstração do direito dê-se no processo principal; no âmbito da tutela cautelar, basta demonstrar a **aparência**, isto é, a **verossimilhança** do direito sustentado pelo requerente.

Dentre os diversos vocábulos de que se vale a doutrina para explicar o conteúdo desse requisito, talvez o melhor seja a **plausibilidade** (Theodoro Júnior, v. II, 2003, p. 354). Plausível significa razoável, aceitável, admissível; direito plausível é, pois, aquele que pode vir a ser demonstrado; é o que não repugna à verdade e que, portanto, não pode ser afastado de plano.

Como se percebe, havendo uma possibilidade, ainda que tênue, de confirmação do direito afirmado, tem-se por satisfeito o requisito. Chega-se a afirmar que somente é de cogitar-se da ausência de *fumus boni juris* quando, pela aparência exterior da pretensão substancial, se divise a fatal carência de ação ou a inevitável rejeição do pedido, pelo mérito (Theodoro Júnior, v. II, 2003, p. 355). Em outras palavras, havendo a **mínima probabilidade** de que o direito afirmado seja reconhecido pelo Poder Judiciário, não se pode afastar a presença do *fumus boni juris*.

O requisito em análise não se confunde com aqueloutro, referido pelo art. 273 do Código de Processo Civil e exigido para a antecipação provisória da tutela satisfativa. Mencionado dispositivo legal cobra a existência de "prova inequívoca" da "verossimilhança da alegação".

Ainda que o termo **verossimilhança**, isoladamente, traduza a idéia daquilo que aparenta ser verdadeiro e, portanto, coincida com as de razoabilidade e plausibilidade, é de notar que, qualificado pela expressão **prova inequívoca**, ele revela um requisito mais denso, mais consistente, mais rigoroso do que o *fumus boni juris*.

Exatamente por isso, afirma-se que o art. 273 do Código de Processo Civil não se satisfaz com mera **plausibilidade**, exigindo uma **maior probabilidade** do direito afirmado. Não se cobra, é claro, a cabal e definitiva demonstração do direito, fruto da cognição exauriente que enseja o julgamento final, definitivo; mas é preciso mais do que a mera verossimilhança. Calha, aqui, a lição de Dinamarco:

> Probabilidade é a situação decorrente da **preponderância** dos motivos convergentes à aceitação de determinada proposição, sobre os motivos divergentes. As afirmativas pesando mais sobre o espírito da pessoa, o fato é provável; pesando mais as negativas, ele é improvável (Malatesta). A probabilidade, assim conceituada, é menos que a certeza, porque lá os motivos divergentes não ficam afastados mas somente suplantados; e é mais que a credibilidade, ou verossimilhança, pela qual na mente do observador os motivos convergentes e os divergentes comparecem em situação de equivalência e, se o espírito não se anima a afirmar, também não ousa negar. (....) A exigência de **prova inequívoca** significa que a mera aparência não basta e que a **verossimilhança** exigida é mais do que o *fumus boni juris* exigido para a tutela cautelar (DINAMARCO, 2001, p. 145; no mesmo sentido, Nery Junior e Andrade Nery, 2006, p. 457).

A diversidade verificada entre o *fumus boni juris* – necessário à proteção cautelar – e a prova inequívoca de verossimilhança – cobrada para a antecipação provisória da tutela satisfativa – é plenamente justificada pela **natureza** de uma e de outra medidas. Sim, porque em se tratando de providência meramente protetiva, conservativa, assecuratória e, portanto, acautelatória, é natural que a lei imponha requisito mais brando do que para antecipar, ainda que em caráter provisório, efeitos próprios da tutela satisfativa.

15.2. A PLAUSIBILIDADE DO DIREITO INVOCADO E SEU CONTEÚDO

Já se anotou que a procedência do pedido de proteção cautelar pressupõe a demonstração do *fumus boni juris* e que tal requisito consiste na **plausibilidade** do direito afirmado. Cumpre perquirir, agora, com maior precisão, o conteúdo dessa qualidade do direito.

Nunca é demais recordar que, na petição inicial, o autor pede o reconhecimento de um direito que, segundo ele, adviria dos fatos narrados. Também é importante reprisar que a procedência do pedido depende do acolhimento da versão fática apresentada e também do fundamento jurídico pelo demandante.

Pois bem. Assentadas essas premissas, é dado afirmar que a **plausibilidade** do direito afirmado abrange a razoabilidade, isto é, **a verossimilhança tanto da tese jurídica sustentada quanto da versão fática explanada.**

Essa afirmação não deve surpreender, pois não se pode supor que o *fumus boni juris* resuma-se ao aspecto jurídico da postulação. Longe disso! No plano acadêmico ou da abstração, as teses jurídicas valem por si. Tratando-se, porém, de prestação jurisdicional que se pede, o direito afirmado deve ser aferido **concretamente** e isso é impossível sem a análise também do fato narrado.

Com efeito, as atividades de julgar, de decidir e, enfim, de prestar a jurisdição envolvem a aplicação de uma regra de direito a um caso concreto. Daí a necessidade de reconstruir-se o fato e de individualizar-se a regra jurídica aplicável.

Assim, se o requerente não fizer mínima demonstração dos fatos, de nada adiantará argüir substanciosa tese jurídica; do mesmo modo, de nada servirá prova cabal e contundente dos fatos narrados se a fundamentação jurídica invocada não encontrar a menor guarida no bom direito.

É mister, pois, que o requerente demonstre que tanto o fato quanto o direito afirmados são **plausíveis**, isto é, que tanto um quanto outro guardam razoabilidade e que não podem ser afastados sem maior perquirição.

No plano dos fatos, em princípio é necessário pelo menos um **início de prova**, que revele a **razoável possibilidade** de confirmar-se a narrativa. Sem isso, a medida cautelar não deve ser deferida. Essa regra, todavia, encontra algumas exceções, como a do art. 816 do Código, que dispensa a justificação prévia quando o arresto for requerido pela União, Estado ou Município, nos casos previstos em lei; e também quando o requerente, mesmo o particular, prestar caução.

No aspecto jurídico, igualmente, é indispensável que a fundamentação jurídica sustentada tenha um mínimo de consistência e que denote pelo menos um fio de probabilidade de acolhimento. Se, em vez disso, houver lei expressa – de cuja constitucionalidade não se duvide – a agasalhar o direito do requerido; se a jurisprudência estiver assentada em sentido contrário à pretensão do requerente; ou se a doutrina for pacífica no sentido da improcedência da tese de direito sustentada pelo requerente, evidentemente não se deve dar por satisfeito o requisito do *fumus boni juris* e o pedido de tutela cautelar deve ser rejeitado.[1]

---

1 A propósito, colhe-se do Superior Tribunal de Justiça precedente no sentido de que "a concessão de efeito suspensivo a Recurso Ordinário em Mandado de Segurança pressupõe a demonstração do *periculum in mora*, que se traduz na urgência da prestação jurisdicional, bem como, a caracterização do *fumus boni juris* consistente na **plausibilidade** do direito alegado. Sob esse ângulo, exige-se que o requerente demonstre a **verossimilhança do que alega e do possível acolhimento do seu recurso**" (STJ, 1ª Turma, MC nº 11.055/RS, rel. Min. Luiz Fux, j. 16/5/2006, DJU 8/6/2006, p. 119).

Capítulo 16
O *periculum in mora*

16.1. CONCEITO E ESPÉCIES DE PERIGO DA DEMORA

No Capítulo 4 deste trabalho, consignou-se que a **tutela de urgência** é prestada por meio de instrumentos ora destinados a assegurar (= acautelar) o resultado útil do provimento jurisdicional definitivo, ora utilizados com o objetivo de antecipar a fruição (= satisfazer) de um direito que se revele como de mais provável confirmação.

Na mesma ordem de idéias, anotou-se, no Capítulo 5, que ditos instrumentos alcançam tanto os casos em que se procure combater o risco de **infrutuosidade** do provimento jurisdicional final quanto aqueles outros em que se intente evitar o **retardamento** do exercício de um direito evidente ou, pelo menos, com maior probabilidade de confirmação.

Essas duas situações denunciam que o tempo gasto para prestar-se a jurisdição definitiva pode produzir efeitos **indesejáveis**; tal possibilidade traduz o chamado **perigo da demora**, consistente no risco de que, em função do tempo, reste comprometida a plena **efetividade da jurisdição**, como tal entendida a que for **eficaz** e **oportuna**.

Do conceito de perigo da demora extraem-se suas duas espécies: a) o **perigo de infrutuosidade**; e b) o **perigo de retardamento**.

Tem-se o **perigo de infrutuosidade** quando, antes da prestação da jurisdição definitiva, atos ou fatos puderem colocar em risco a **eficácia** do provimento final, vale dizer, quando existir a concreta possibilidade de que o Estado-juiz, por conta de tais fatores, não consiga entregar o bem da vida ao titular do direito subordinante.

Cuida-se, aqui, de resguardar não apenas o interesse do jurisdicionado, mas também e – por que não dizer – principalmente o da jurisdição. De fato, há um interesse maior, público e indisponível, de que a jurisdição prestada seja eficaz. Esse compromisso estatal, assumido em berço constitucional, é corolário dos princípios da inafastabilidade e da indeclinabilidade da jurisdição (Constituição Federal, art. 5º, inciso XXXV).

Cumpre destacar, outrossim, que a noção de **eficácia** da jurisdição compreende a de **especificidade** da tutela prestada. Só será plenamente eficaz a **tutela específica**, isto é, aquela que proporcionar ao jurisdicionado precisamente o bem da vida a que ele faz jus. A tutela reparatória ou ressarcitória, consistente em indenização pelo equivalente em dinheiro, não reflete a melhor jurisdição e, por isso, é reservada aos casos em que o interessado a requeira ou quando for impossível a tutela específica (Código de Processo Civil, art. 461, § 1º).

O **perigo de retardamento**, por sua vez, configura-se quando, mesmo sem risco de ineficácia do provimento final, houver a concreta possibilidade de que a jurisdição venha a ser prestada e realizada em tempo **além do necessário ou razoável**. Busca-se, aqui, a jurisdição **oportuna**.

Com o fito de evitar a indesejável morosidade, a lei processual concebe algumas soluções, conforme seja a causa da delonga.

Assim, casos há em que, por questões de política legislativa, se admite a rápida atuação jurisdicional – ainda que em caráter provisório – apenas em função da **evidência** do direito e pressupondo-se que o simples fato de o demandante precisar aguardar a prolação da sentença já representa demora excessiva. As liminares possessórias, por exemplo, são deferidas mediante sumária demonstração dos requisitos previstos no art. 927, independentemente de qualquer risco de ineficácia da sentença; confere-se proteção imediata a quem se entremostrar ofendido ou ameaçado em sua posse há menos de ano e dia. É o quanto basta.

Outro exemplo que se ajusta a esse modelo é a antecipação da tutela satisfativa quando um ou mais dos pedidos cumulados, ou parcela deles, mostrar-se incontroverso (Código de Processo Civil, art. 273, § 6º). À míngua de resistência do réu, avoluma-se a probabilidade de acolhimento do pedido do autor e passa a não se justificar que a fruição do direito incontroverso deva aguardar a solução judicial a respeito da parcela litigiosa.

Casos há, também, em que, igualmente por questões de política legislativa, se oferece ágil e provisória tutela em favor do litigante vitimado por tratamento desleal da parte de seu adversário. O inciso II do art. 273 do Código de Processo Civil, por exemplo, pune o demandado que abusa do direito de defesa ou demonstra manifesto propósito protelatório. Do mesmo modo não se exige, nessa hipótese, que haja risco de ineficácia do provimento final; com a antecipação provisória dos efeitos da tutela satisfativa, sanciona-se o demandado que, litigando de má-fé, atue com o objetivo de ver retardada a prestação jurisdicional.

Note-se que o **perigo de infrutuosidade** subentende a **necessidade** da tutela de urgência, como forma de afastar o risco de ineficácia do provimento jurisdicional final. Já o **perigo de retardamento** não supõe a imprescindibilidade da imediata atuação jurisdicional; a lei considera apenas **inconveniente** e **indesejável** a espera pela emissão de tal provimento e, diante disso, permite a antecipação dos efeitos que lhe são próprios.

16.2. FUNDADO RECEIO DE OCORRÊNCIA DE LESÃO GRAVE E DE DIFÍCIL REPARAÇÃO

O art. 798 do Código de Processo Civil estabelece que o juiz poderá adotar medidas cautelares "quando houver fundado receio de que uma parte, antes do julgamento da lide, cause ao direito da outra lesão grave e de difícil reparação".

Já foram tecidas algumas considerações a respeito desse dispositivo legal no capítulo, deste trabalho, atinente ao poder geral de cautela, inclusive salientando que nem sempre o perigo de dano há de advir de ato de uma das partes; e que não é pressuposto que o risco surja "antes do julgamento da lide" (v. Capítulo 9, item 9.3).

Discorrendo sobre o perigo da demora exigido para a outorga da tutela cautelar, Humberto Theodoro Júnior afirma que a parte deverá demonstrar o fundado temor de que, enquanto aguarda a tutela definitiva, venham a faltar as circunstâncias de fato favoráveis à própria tutela, o que pode ocorrer quando haja o risco de perecimento, destruição, desvio, deterioração, ou de qualquer mutação das pessoas, bens ou provas necessários à perfeita e eficaz atuação do provimento final do processo principal.

Indo adiante, o processualista mineiro afirma que o perigo justificador da atuação cautelar deve ser: a) "fundado"; b) relacionado a um dano "próximo"; e c) que seja "grave" e de "difícil reparação" (Theodoro Júnior, v. II, 2003, p. 355).

De fato, exige-se que o receio de dano seja **fundado**, ou seja, não pode resultar de meras conjecturas, de vaga possibilidade ou simplesmente do estado de espírito do requerente; é preciso que advenha de fato concreto, passível de demonstração, de sorte a justificar a atuação estatal urgente e a revelar sua necessidade.

Freqüentemente – mas nem sempre – o fundado receio tem origem em conduta exteriorizada pelo requerido. É o que se constata, por exemplo, nas situações previstas nos incisos I, II e III do art. 813, que autorizam o arresto: a) quando o devedor sem domicílio certo intenta ausentar-se ou alienar os bens que possui, ou deixa de pagar a obrigação no prazo estipulado; b) quando o devedor, que tem domicílio, se ausenta ou tenta ausentar-se furtivamente ou, caindo em insolvência, aliena ou tenta alienar bens que possui, contrai ou tenta contrair dívidas extraordinárias, põe ou tenta pôr os seus bens em nome de terceiros ou comete outro qualquer artifício fraudulento, a fim de frustrar a execução ou lesar credores; c) quando o devedor, que possui bens de raiz, intenta aliená-los, hipotecá-los ou dá-los em anticrese, sem ficar com algum ou alguns, livres e desembargados, equivalentes às dívidas.

Note-se que todas essas situações indicam a possibilidade de que o devedor intente frustrar a efetividade da futura execução. Pode ser que não seja essa, efetivamente, sua intenção, mas é inegável que a exteriorização de sua conduta denota situação de perigo justificadora da intervenção judicial.

A **proximidade do dano**, por sua vez, não pressupõe a extrema urgência, não se exige que ele esteja em vias de consumar-se; basta que se anteveja que possa ocorrer antes da atuação jurisdicional definitiva. Sim, pois o que se visa a evitar é exatamente a frustração da prestação jurisdicional final; se houver perigo de que o dano se concretize antes disso, estará satisfeita também essa exigência da lei.

Por fim, alude a lei a que o dano temido seja **grave** e de **difícil reparação**.

A respeito desse ponto, afirma Humberto Theodoro Júnior:

> Essa irreparabilidade ou problemática reparabilidade pode ser aferida tanto do ponto de vista 'objetivo', como do 'subjetivo'. No primeiro caso, é de considerar-se irreparável, ou dificilmente reparável, o dano que não permita, por sua natureza, nem a reparação específica, nem a do respectivo equivalente (indenização). Do ponto de vista subjetivo, é de admitir-se como irreparável ou dificilmente reparável o dano, quando o responsável pela restauração não tenha condições econômicas para efetuá-la. Por outro lado, deve-se ter como 'grave' todo dano que, uma vez ocorrido, irá importar supressão total, ou inutilização, senão total, pelo menos de grande monta, do interesse que se espera venha a prevalecer na solução da lide pendente de julgamento ou composição no processo principal (Theodoro Júnior, v. II, 2003, p. 356).

Não é possível comungar inteiramente com o ilustre doutrinador. De fato a irreparabilidade ou difícil reparabilidade pode ser verificada tanto do ponto de vista **objetivo** como do **subjetivo**; mas não há por que pensar que, para considerar-se irreparável, ou dificilmente reparável, seja necessário que o dano não permita, por sua natureza, nem a reparação específica, nem a do respectivo equivalente (indenização). A irreparabilidade ou a difícil reparabilidade configura-se desde que impossível ou custosa a **prestação específica**, ainda que viável a indenização.

Deveras, o atual modelo adotado pelo legislador consagra expressamente a **tutela específica**. Os arts. 461, *caput* e § 1º, e 461-A, *caput* e §§, do Código de Processo Civil estabelecem que, nas ações que tenham por objeto o cumprimento de obrigações de fazer, de não fazer ou de entregar coisa, o juiz concederá a tutela específica da obrigação, a qual somente se converterá em perdas e danos se o autor o requerer ou se impossível a tutela específica ou a obtenção do resultado prático equivalente.

Ora, se o Estado assume o compromisso de prestar, sempre que possível e desejado pelo jurisdicionado, a tutela **específica**, há de considerar-se irreparável ou pelo menos de difícil reparação o dano que só for passível de tutela reparatória (indenização). Para que não se repute irreparável ou de difícil reparação, o dano deve poder ser revertido com facilidade e de modo a proporcionar precisamente o bem da vida reconhecido como devido. Veja-se o seguinte exemplo: "A", com o intuito de assegurar o cumprimento de sentença que imponha a "B" a obrigação de entregar determinado bem móvel, pede o respectivo seqüestro, nos termos do inciso I do art. 822 do Código de Processo Civil, *verbis*: "O juiz, a requerimento da parte, pode decretar o seqüestro: I – de bens móveis, semoventes ou imóveis, quando lhes for disputada a propriedade ou a posse, havendo fundado receio de rixas ou danificações; (....)." Demonstrado o *fumus boni juris* e o fundado receio de danificações, o seqüestro deve ser deferido, ainda que "B" possua patrimônio bastante a suportar eventual indenização.

Com efeito, a tutela cautelar deve, sempre que possível e do interesse do jurisdicionado, assegurar a **eficácia** do provimento jurisdicional final. No item anterior deste capítulo, sustentou-se que a noção de **especificidade** é compreendida pela de **eficácia**. A plena eficácia só é atingida mediante a prestação da tutela específica; a tutela ressarcitória, pelo equivalente em dinheiro, não é a forma ideal de prestar a jurisdição e só se justifica quando o interessado a requerer ou quando impossível, no plano dos fatos, prestar a tutela específica.

Assim, o fato de a obrigação poder ser transformada em indenização e a circunstância de o requerido possuir idoneidade financeira para arcar com o pagamento não descaracterizam o perigo de dano de difícil reparação e, por conseguinte, não podem servir de fundamento para o indeferimento do pedido de seqüestro.

Pela mesma razão, é de discordar da afirmação de que só se caracteriza como **grave** o dano que, uma vez ocorrido, importará supressão total, ou inutilização, senão total, pelo menos de grande monta, do interesse que se espera venha a prevalecer. É que a não-prestação da tutela específica já configura dano grave, dada a importância que se dá, hoje, ao compromisso de que tratam os arts. 461, *caput* e § 1º, e 461-A, *caput* e §§, do Código de Processo Civil.

Vê-se, pois, que a exigência de que o dano seja grave e de difícil reparação não pode mais ser entendida com o rigor de outrora, considerando-se satisfeita contanto que demonstrado o fundado receio de que o provimento jurisdicional final possa não ser apto a proporcionar, a quem de direito, a **tutela específica** da obrigação.

Por aí se constata, também, que o *periculum in mora* cobrado como requisito de deferimento da tutela **cautelar** é, na essência, o **perigo de infrutuosidade** a que aludimos no item anterior deste capítulo. Não se trata, portanto, do perigo de retardamento, que mesmo somado a eventual *fumus boni juris* não autorizaria a proteção cautelar.

É importante destacar, por fim, que, em tema de antecipação da tutela **satisfativa**, há espaço para os dois tipos de perigo da demora: no inciso I do art. 273 do Código de Processo Civil, exige-se o "fundado receio de dano irreparável ou de difícil reparação", fórmula que expressa o perigo de infrutuosidade; e no inciso II do mesmo artigo, alude-se ao "abuso de direito de defesa" ou "manifesto propósito protelatório do réu", expressões que configuram o perigo de retardamento.

Também é fundamental ressaltar que o *periculum in mora* é ínsito à tutela cautelar, mas não é da essência da antecipação da tutela satisfativa. Por questões de política legislativa, para deferir-se a medida prevista no art. 273 do Código de Processo Civil, exige-se, além da prova inequívoca de verossimilhança da alegação, a satisfação de pelo menos um dos pressupostos constantes dos respectivos incisos; mas não seria um despropósito concebê-la ao pressuposto único da maior probabilidade do direito e simplesmente se pressupondo que o tempo de duração do processo, mesmo sem dilações desnecessárias, já representaria espera excessiva ao provável titular do direito subordinante.

A propósito, lembre-se, mais uma vez, de que, nas liminares possessórias, não se exige a demonstração de qualquer risco, seja de infrutuosidade, seja de retardamento do provimento final; e ninguém duvida da natureza satisfativa e do caráter antecipatório desse tipo de medida.

Capítulo 17
O procedimento cautelar

17.1. PROCEDIMENTO CAUTELAR COMUM E PROCEDIMENTOS CAUTELARES ESPECÍFICOS

Nos moldes em que concebida pelo legislador de 1973, a tutela cautelar de regra haveria de ser prestada em processo próprio, instaurado a pedido do interessado mediante o exercício do direito de ação. Apenas excepcionalmente poderiam ser adotadas medidas cautelares no bojo do processo principal.

Esse sistema sofreu grande abalo com o advento da Lei nº 10.444/2002, que, fazendo inserir o § 7º no art. 273 do Código de Processo Civil, passou a admitir, ainda que em determinadas circunstâncias, a adoção de medidas cautelares em geral nos próprios autos do feito principal.

Tudo indica que, em futuro próximo, se estabelecerá procedimento único para a prestação da tutela de urgência – abrangente da tutela cautelar e da antecipação da tutela satisfativa –, de modo que as medidas incidentes, independentemente de sua natureza, possam ser adotadas no processo principal, reservando-se um procedimento à parte apenas para as medidas antecedentes, sejam cautelares, sejam satisfativas.

Subsistem íntegras, todavia, até o momento, as disposições constantes do Livro III do Código de Processo Civil, atinente ao **processo cautelar** e, por conseguinte, aos **procedimentos cautelares**.

No Capítulo 3 deste trabalho discorreu-se acerca das relações entre o **processo** e o **procedimento** e, especificamente em relação à tutela cautelar, afirmamos que para prestá-la o legislador estabeleceu um **procedimento comum** (arts. 802 e segs.) e diversos procedimentos **específicos** (arts. 813 e segs.), a saber: a) arresto (arts. 813 e segs.); b) seqüestro (arts. 822 e segs.); c) caução (arts. 826 e segs.); d) busca e apreensão (arts. 839 e segs.); e) exibição (arts. 844 e seg.); f) produção antecipada de provas (arts. 846 e segs.); g) alimentos provisionais (arts. 852 e segs.); h) arrolamento de bens (arts. 855 e segs.); i) justificação (arts. 861 e segs.); j) protestos, notificações e interpelações (arts. 867 e segs.); l) homologação de penhor legal (arts. 874 e segs.); m) posse em nome do nascituro (arts. 877 e seg.); n) atentado (arts. 879 e segs.); o) protesto e apreensão de títulos (arts. 882 e segs.).

Consignou-se também, naquele ponto, que o critério adotado pelo legislador para a identificação do procedimento cautelar é o da **especialidade**: havendo procedimento específico, este é adotado; não havendo, segue-se o procedimento cautelar comum, cujas disposições, ademais, são aplicáveis subsidiariamente aos procedimentos específicos.

Assim, o procedimento comum não se destina apenas às medidas cautelares inominadas ou atípicas, adotadas por conta do poder geral de cautela; esse rito também serve para complementar, no que for necessário e compatível, os diversos procedimentos específicos previstos a partir do art. 813 do Código.

Importa destacar, outrossim, que, em razão da urgência inerente à tutela cautelar e do grau de cognição que se exige para prestá-la, os respectivos procedimentos caracterizam-se pela **sumariedade**. De fato, é preciso que os ritos cautelares sejam concentrados e capazes de desenvolver-se com celeridade, sem o que não cumpririam o papel que lhes reserva a lei.

17.2. ESTRUTURA DO PROCEDIMENTO CAUTELAR COMUM

Ainda que não se destine a produzir um acertamento definitivo das relações jurídicas litigiosas, o processo cautelar não prescinde de atividades **cognitivas**. Assim, não se deve estranhar que o procedimento cautelar comum lembre o procedimento comum ordinário em boa parte de seus atos.

Com efeito, a exemplo do rito regulado a partir do art. 282 do Código de Processo Civil, o procedimento cautelar comum é inaugurado por uma petição inicial, exige a citação do requerido, possibilita que este apresente sua resposta, oferece espaço para a produção de provas, culmina com uma sentença, seguida de eventual recurso e de cumprimento.

Cumpre insistir, todavia, que o rito cautelar pode e deve ser mais concentrado, até porque desnecessárias as amplas oportunidades de debate e de instrução próprias ao rito comum ordinário.

A sumariedade do procedimento cautelar é sentida, por exemplo, no prazo previsto para o oferecimento da resposta do requerido, que é de cinco dias (Código de Processo Civil, art. 802), muito inferior ao de quinze, estabelecido para o rito ordinário (Código de Processo Civil, art. 297). Há outras particularidades que evidenciam a maior celeridade do procedimento cautelar, como demonstraremos na seqüência deste trabalho. Por ora, pode-se afirmar que, assim como no procedimento comum ordinário, o rito cautelar comum é estruturado basicamente em **cinco fases lógicas**: a) a **postulatória**; b) a de **ordenamento e saneamento**; c) a **instrutória** (ou probatória); d) a **decisória**; e) a de **cumprimento**. Eventualmente, o rito pode compreender ainda uma sexta fase, a **recursal**, instalada após a decisória.

Essas fases são ditas **lógicas** porque dispostas na ordem natural das atividades que nelas se desenvolvem. De fato, primeiro é preciso que as partes externem suas posições processuais – a pretensão e eventual resistência; na seqüência é que se cuidará do ordenamento do feito; posteriormente é que se colherão as provas admitidas; depois ainda terá lugar a sentença, seguida de eventual recurso e de cumprimento.

É importante anotar que tais fases não são delimitadas rigidamente, ou seja, não há um termo divisório nítido e inflexível entre elas; o que lhes empresta a denominação que têm é a atividade **preponderante** desenvolvida em cada uma delas.

Desse modo, nada impede que na fase postulatória as partes produzam provas; a documental, aliás, tem lugar precisamente na primeira manifestação do requerente (a petição inicial) e do requerido (a resposta). Além disso, sabe-se que a sentença não é a única decisão tomada pelo juiz, que pode proferir – e normalmente o faz – várias outras durante as diversas fases do procedimento. Ninguém ignora, outrossim, que pela regularidade do processo o juiz zela do início ao fim.

Diga-se, ainda, que, até mesmo em função da celeridade e da concentração, próprias ao rito cautelar, se admite uma ainda maior interpenetração das ditas fases, que, na prática e de rigor, quase nunca podem ser assim tão claramente distinguidas.

17.3. O PROCEDIMENTO CAUTELAR NOS TRIBUNAIS

O procedimento cautelar comum traçado pelo Código de Processo Civil foi concebido, visivelmente, com foco dirigido para a primeira instância, mais afeita e adequada às postulações originárias.

Sabendo-se, porém, que a necessidade de obter-se a tutela cautelar pode surgir a qualquer momento enquanto não efetivada plenamente a prestação jurisdicional, não se pode negar a possibilidade de que medidas assecuratórias do resultado útil do provimento final sejam postuladas e deferidas junto aos tribunais.

Em princípio, o rito cautelar a ser observado nos tribunais é aquele mesmo delineado pelo Código de Processo Civil, se bem que complementado e adequado à colegialidade pelos respectivos regimentos internos.

Tem ganhado corpo, porém, o entendimento de que alguns pedidos formulados diretamente aos tribunais, ainda que apresentados sob a denominação de "ações cautelares inominadas", não ensejariam a instauração de um **processo cautelar** e, por conseguinte, não exigiriam a observância do procedimento ditado pelo Código de Processo Civil. É o caso, *v. g.*, dos pedidos de conferição de efeito suspensivo a recurso, fundados no art. 558 do Código de Processo Civil.

Sustenta-se que, em tais casos, o requerente não estaria exercendo o direito de ação e, por conseguinte, não estaria ajuizando uma demanda cautelar autônoma, mas apenas postulando, ainda que em autos apartados, a adoção de uma **medida acautelatória**. Dessa forma, não seria caso de determinar-se a citação do requerido ou de dar-se curso ao procedimento cautelar nos termos estabelecidos pelo Código de Processo Civil; seria, apenas, de o relator – após o contraditório ou, conforme o caso, *inaudita altera parte* – proferir uma decisão, deferindo ou não a medida, com possibilidade de agravo ao órgão colegiado competente.

Concorda-se com a solução e o trâmite sugeridos, mas não comungamos com o entendimento de que se teria, aí, uma medida cautelar. Quase sempre, o que há é a antecipação dos efeitos da tutela recursal, vale dizer, a imediata outorga do efeito prático decorrente do futuro – e provável – acolhimento da pretensão recursal.

Na verdade, tais pleitos têm natureza de **simples petição**, de sorte que não dão azo à instauração de processo autônomo. São pedidos incidentes, formulados no âmbito da relação processual já instaurada.

Para demonstrar-se a correção desse raciocínio, basta atentar para o fato de que, se os autos principais já estiverem no tribunal, o interessado endereçará simples petição ao relator, postulando a adoção da medida. A circunstância de os autos ainda não estarem, fisicamente, na instância inferior não desnatura o pedido e tampouco impõe que se exerça novamente o direito de ação.

Também não deve chocar a falta de uma expressa disposição legal nesse sentido. Fundamento para a adoção da providência existe: o art. 558 do Código de Processo Civil; é o quanto basta. Não se faz necessária a previsão de um rito, até porque para as petições em geral não se exige a observância de procedimento específico.

Como se vê, a praxe forense tornou complexa uma questão muito singela. O vício de procurar na lei um modelo a ser seguido e o mau vezo de pensar que todo expediente dirigido ao Poder Judiciário deve ter uma denominação ou um rótulo conduzem o profissional do direito à equivocada invocação do poder geral de cautela e a cogitar da necessidade, de todo inexistente, de modificar-se o procedimento cautelar.

Por outro lado, é preciso atentar para o fato de que, não se tratando de providência propriamente cautelar, mas de antecipação dos efeitos da tutela recursal, o interessado haverá de demonstrar, a par do perigo da demora, a **maior probabilidade** de o recurso ser provido, não bastando, destarte, a **mera plausibilidade** ou a verossimilhança do direito afirmado.

Capítulo 18
A petição inicial

18.1. REQUISITOS DE ELABORAÇÃO

O art. 801, *caput*, do Código de Processo Civil estabelece que:

> *o requerente pleiteará a medida cautelar em petição escrita, que indicará: I – a autoridade judiciária, a que for dirigida; II – o nome, o estado civil, a profissão e a residência do requerente e do requerido; III – a lide e seu fundamento; IV – a exposição sumária do direito ameaçado e o receio da lesão; V – as provas que serão produzidas.*

Embora a disciplina da **petição inicial** cautelar pareça ter sido inteiramente regulada pelo art. 801, cumpre ao requerente observar também, no que couber, o disposto no art. 282 do Código. Alguns dos requisitos constam dos dois artigos; outros, porém, são peculiares à tutela cautelar e são exigidos apenas pelo art. 801; outros ainda, conquanto estampados somente no art. 282, precisam ser cumpridos pelo requerente da medida acautelatória.

Examinemos, pois, primeiramente, os incisos do art. 801 e, na seqüência, os do art. 282 que se apliquem ao procedimento cautelar.

I. A autoridade judiciária a que for dirigida: as petições seguem o formato dos requerimentos, que se iniciam com o endereçamento da autoridade à qual se dirige o pleito.

Casos há em que a demanda cautelar é ajuizada perante o juízo de primeiro grau; em outros, a propositura dá-se diretamente nos tribunais. Cabe ao requerente, portanto, identificar o juízo ou tribunal com competência originária para processar e julgar o pedido. Sobre a competência discorremos no Capítulo 11 deste trabalho, *supra*.

II. O nome, o estado civil, a profissão e a residência do requerente e do requerido: a petição inicial deve **identificar** e **qualificar** as partes, até para que se saiba, com exatidão, quem integrará a relação processual.

A indicação do estado civil é útil, por exemplo, em demandas para as quais se exija o consentimento do cônjuge ou a formação de litisconsórcio entre eles (Código de Processo Civil, art. 10).

A informação acerca da profissão das partes, por sua vez, é importante para afastar eventuais dúvidas em casos de homonímia, bem assim para a correta prática de atos de comunicação (Código de Processo Civil, art. 216, parágrafo único, por exemplo) e inclusive como elemento para decidir-se acerca de eventual pedido de assistência judiciária gratuita.

Os endereços, por fim, servem para viabilizar citações e intimações e, não raramente, para a determinação da competência.

III. A lide e seu fundamento: destinando-se a medida cautelar à asseguração do resultado útil do provimento jurisdicional a ser exarado no processo principal, é de rigor que a petição inicial do feito cautelar indique a "lide e seu fundamento" (Código de Processo Civil, art. 801, inciso III).

A toda evidência o Código não está a referir-se à **lide cautelar**, de que cuida, sim, o inciso IV do art. 801. O inciso III trata da **lide principal**, aquela que haverá de ser descrita na petição inicial do processo principal.

Já anotamos que, na Exposição de Motivos do Código de Processo Civil, o então Ministro da Justiça e autor do projeto, professor Alfredo Buzaid, explicitou que o vocábulo **lide** designa o **objeto principal do processo**. Também registramos que a moderna doutrina sustenta que o **objeto do processo** é a **pretensão processual** (v. Capítulo 14).

Adequando, pois, a linguagem do Código à interpretação atual que se dá ao objeto do processo, extrai-se que, na petição inicial do feito cautelar, o requerente deve informar o conteúdo do **pedido** que formulará no processo principal.

Além disso, cumpre observar que o inciso III do art. 801 exige também a indicação do **fundamento**, vale dizer, da **causa de pedir** (fatos e fundamentos jurídicos) que será invocada no feito principal.

É certo que não se faz necessária a minuciosa explanação da *causa petendi*, tampouco a perfeita delimitação do pedido. Como critério geral, diga-se que é preciso que o requerente forneça ao juiz mínimos elementos que lhe permitam aferir a relação de **instrumentalidade** entre a medida cautelar pretendida e o provimento jurisdicional a ser exarado no feito principal.

Em outras palavras, o inciso III do art. 801 do Código restará satisfeito se a petição inicial do procedimento cautelar possibilitar ao magistrado concluir pela aptidão da medida cautelar à garantia do resultado útil do processo principal.

Note-se, ainda, que só se exige a indicação da demanda futura se a cautelar for **antecedente**. O parágrafo único do art. 801 é expresso nesse sentido: "Não se exigirá o requisito do nº III senão quando a medida cautelar for requerida em procedimento preparatório."

A ressalva tem toda razão de ser. Se a medida cautelar é incidente – por ter sido requerida na pendência do feito principal –, não teria o menor sentido exigir que o requerente aludisse à "lide e seu fundamento", bastando ao juiz cotejar as duas petições para verificar se há ou não a necessária relação de instrumentalidade.

IV. **A exposição sumária do direito ameaçado e o receio da lesão:** a exigência do inciso IV do art. 801 do Código diz respeito à **causa de pedir cautelar.** Aqui, sim, o requerente é instado a apontar as razões de fato e de direito que o levam a pedir a proteção cautelar.

Como já restou assinalado neste trabalho, a causa de pedir cautelar é composta pelo *fumus boni juris* e pelo *periculum in mora*, expressões que sintetizam a fórmula adotada pelo legislador: a exposição sumária do direito ameaçado e o receio da lesão.

Com efeito, cumpre ao requerente sustentar: a) a plausibilidade do direito cujo reconhecimento buscará no processo principal; e b) o fundado receio de que, não sendo tomada a medida acautelatória, o provimento jurisdicional principal corre o risco de revelar-se inútil.

A respeito do *fumus boni juris* e o *periculum in mora* discorremos nos Capítulos 14, 15 e 16.

V. **As provas que serão produzidas:** para a obtenção da proteção cautelar, não basta ao requerente **alegar** fatos que, em tese, configurem o *fumus boni juris* e o *periculum in mora*; é preciso que venham aos autos do processo cautelar elementos comprobatórios dessas alegações.

Evidentemente não se exige a prova cabal e inconcussa do direito cujo reconhecimento se pretenda haver no processo principal; cobra-se, sim, do requerente da medida cautelar que demonstre os requisitos de deferimento da medida cautelar: o *fumus boni juris* e o *periculum in mora*.

A celeridade do procedimento cautelar compatibiliza-se com a **sumariedade da cognição**, de sorte que não há espaço ou tempo para maior aprofundamento probatório; mas não se dispensa a demonstração, pelo menos, da plausibilidade do direito e do risco de dano.

Observadas essas premissas, deve o requerente, na petição inicial, **requerer** as provas que pretenda produzir no processo cautelar. A peça exordial é a sede adequada à **proposição** da prova, atividade que envolve a indicação dos **meios de prova** de que se valerá o requerente para a comprovação de suas alegações (documentos, inquirição de testemunhas etc.).

Ninguém ignora que o cotidiano forense consagrou o uso de fórmulas vagas e genéricas que nenhuma prova efetivamente propõem e que não passam de indefinido protesto pela demonstração do alegado. Trata-se de verdadeiro vício que deveria ser combatido e abolido de nosso meio, até porque não há o menor sentido em exigir-se, como requisito de petição inicial, mero protesto pela "produção de todos os meios de prova em direito admitidos, sem exceção". Muito mais sensato e produtivo é exigir que a petição inicial indique os meios de prova que efetivamente o requerente pretende produzir no processo.

VI. O pedido com suas especificações: embora o art. 801 não aluda ao pedido, é da essência da petição inicial sua formulação. Vale-se, aqui, do disposto no inciso IV do art. 282 do Código. Petição inicial sem pedido é inepta (Código de Processo Civil, art. 295, parágrafo único, inciso I). Esse preceito é de aplicação geral e, evidentemente, alcança também a inicial do processo cautelar.

A concepção doutrinária tradicional segundo a qual o pedido deve ser compreendido em seus aspectos **imediato** e **mediato** tem total pertinência no processo cautelar.

Sabendo-se que o **pedido imediato** consiste no **provimento jurisdicional pretendido**, pode-se dizer que, no procedimento cautelar comum, ele consiste na emissão de uma **sentença**, ato em que o juiz examinará a presença, no caso concreto, do *fumus boni juris* e do *periculum in mora* (v. Capítulo 25).

O **pedido mediato**, por sua vez, recai sobre a **medida cautelar** buscada pelo requerente (arresto, seqüestro, busca e apreensão etc.). A medida cautelar constitui o bem da vida pretendido no processo cautelar.

Em síntese, o requerente pede ao Estado-juiz que emita um provimento jurisdicional (objeto imediato) que lhe proporcione a medida acautelatória necessária (objeto mediato) para assegurar o resultado útil do processo principal.

Diga-se, ainda, que, observados os requisitos previstos no art. 292 do Código de Processo Civil, nada obsta a cumulação de pedidos cautelares num mesmo processo.

VII. O requerimento para a citação do requerido: o art. 801 do Código não inclui, dentre os requisitos da petição inicial do procedimento cautelar, o requerimento para a citação do requerido, mas tem total pertinência, também aqui, a aplicação do inciso VII do art. 282.

Ora, o procedimento comum cautelar possui caráter litigioso, circunstância que, por imperativo constitucional e legal, conduz à necessidade de citação do requerido. Os princípios do contraditório e da ampla defesa, concebidos no inciso LV do art. 5º da Constituição Federal, restariam flagrantemente afrontados se o requerido não fosse chamado a integrar a relação processual cautelar.

Talvez se objetasse com a desnecessidade de requerer-se a prática de um ato de realização obrigatória e inafastável. De fato, se o juiz não pode suprimir a citação, parece não ter sentido exigir do requerente que a postule.

Ocorre que o requerimento para a citação não envolve apenas a prática do ato em si, mas a respectiva **forma**. A lei reza que a citação pode ser feita: a) pelo correio; b) por oficial de justiça; e c) por edital (Código de Processo Civil, art. 221). Embora cada uma dessas modalidades de citação tenha disciplina própria de cabimento, a lei processual admite, em determinadas situações, a observância de mais de uma forma, conferindo ao requerente o poder de eleger a de sua preferência (Código de Processo Civil, art. 222, alínea *f*). Além disso, lembre-se de que para a citação por edital exige-se a afirmação do demandante, ou certidão do oficial de justiça, quanto às circunstâncias que a autorizam (Código de Processo Civil, art. 232, inciso I, c.c. o art. 231, incisos I e II).

Dúvida não há, portanto, de que é requisito da petição inicial do processo cautelar o requerimento para a citação do requerido.

VIII. O valor da causa: por fim, a petição inicial do feito cautelar deve indicar o valor da causa. Trata-se de exigência constante do inciso V do art. 282 do Código e, também, do art. 258, segundo o qual "**a toda causa** será atribuído um valor certo, ainda que não tenha conteúdo econômico imediato".[1]

A expressão **valor certo** significa que à causa deve ser atribuído valor expresso em moeda corrente nacional, não encontrando amparo na lei o uso de expressões como **valor mínimo** ou **valor de alçada**.

Resulta da lei preceito geral segundo o qual o valor da causa deve corresponder ao do pedido. Caso este possua conteúdo econômico imediato, o valor da causa deve ser guardar correspondência com essa grandeza. Se, todavia, o pedido não puder ser quantificado economicamente, o demandante terá liberdade para atribuir à causa o valor que estimar.

Nas demandas cautelares, não se busca o reconhecimento definitivo de um direito, tampouco a entrega do bem da vida perseguido; o que se busca é apenas a **garantia** de utilidade do provimento jurisdicional a ser exarado no processo principal. O valor da segurança não pode identificar-se ao do objeto assegurado (Lacerda, 1999, p. 240).

Sendo assim, dificilmente a demanda cautelar terá conteúdo econômico imediato (Carvalho Filho, 2006, p. 34), de sorte que, no mais das vezes, o valor da cau-

---

[1] Nesse sentido: STJ, 4ª Turma, Resp. nº 145.723/PR, rel. Min. Sálvio de Figueiredo Teixeira, j. 1/12/98, DJU 14/2/2000, p. 34.

sa não estará sujeito a regras rígidas de fixação, podendo ser livremente estimado pelo requerente.

De julgado do Superior Tribunal de Justiça colhe-se que o valor da causa na medida cautelar deve estar vinculado ao que nela foi postulado e não ao que esteja sendo discutido na demanda principal, ainda que de cunho econômico.[2] Tal entendimento consagra a tese – a nosso juízo, acertada – de que efetivamente não há vinculação entre o valor da causa principal e o valor da demanda cautelar.

18.2. DOCUMENTOS INDISPENSÁVEIS À PROPOSITURA DA DEMANDA

O art. 396 do Código de Processo Civil estabelece que "compete à parte instruir a petição inicial (art. 283), ou a resposta (art. 297), com os documentos destinados a provar-lhe as alegações".

O art. 397, por sua vez, dispõe que "é lícito às partes, em qualquer tempo, juntar aos autos documentos novos, quando destinados a fazer prova de fatos ocorridos depois dos articulados, ou para contrapô-los aos que foram produzidos nos autos".

Do cotejo desses dois dispositivos legais extrai-se uma primeira interpretação, no sentido de que **todos** os documentos deveriam ser acostados aos autos na primeira manifestação da parte: para o autor; a petição inicial; para o réu, a contestação.

Ocorre que o art. 283 do Código de Processo Civil estabelece que "a petição inicial será instruída com os **documentos indispensáveis** à propositura da ação", autorizando a interpretação de que **outros** documentos, não imprescindíveis ao ajuizamento, podem ser juntados posteriormente.

Diante dessa aparente incongruência entre os primeiros e o último desses dispositivos, a jurisprudência encaminhou-se para a solução mais flexível, permitindo a juntada de documentos não necessariamente novos no decorrer do processo, desde que não prejudique seu andamento, não se perceba propósito malicioso de causar surpresa ao adversário e observe-se o princípio do contraditório (Greco Filho, v. 2, 2003, p. 217).

Não obstante esse entendimento, há documentos que são considerados imprescindíveis à propositura da ação, de modo que sua falta autoriza até mesmo o indeferimento da inicial (Código de Processo Civil, arts. 284, parágrafo único, e 295, inciso VI).

Cumpre perquirir, então, quais seriam os documentos **indispensáveis** à propositura da demanda.

---

2 STJ, 1ª Turma, AgRg na Pet. 2.710/CE, rel. Min. Francisco Falcão, j. 15/6/2004, DJU 16/8/2004, p. 132.

Prestigiada doutrina afirma que devem instruir a petição inicial, sob pena de indeferimento, os documentos tendentes à comprovação do **fato título da demanda**, (Calmon de Passos, 1998, p. 166), expressão equivalente a **fato fundante** (Santos, 1997, p. 48), ou seja, aquele que deu origem ao vínculo substancial descrito na exordial como existente entre as partes. Assim, por exemplo, na ação de despejo fundada em alegação de descumprimento de contrato escrito, é indispensável à propositura da ação a juntada do respectivo instrumento; na ação de divórcio, é imprescindível a pronta juntada da certidão de casamento; na ação anulatória de testamento, a falta de tal documento não permite sequer o deferimento da inicial.

São, pois, indispensáveis à propositura da ação aqueles documentos que, por referirem-se à existência da relação jurídica sobre a qual se assenta a pretensão do demandante, não podem faltar ao processo; a falta deles revela a manifesta inviabilidade da demanda e, por isso, conduz ao indeferimento da petição inicial.

No processo cautelar, ainda que a cognição seja sumária e mesmo sabendo-se que basta a demonstração da plausibilidade do direito sustentado, não se pode prescindir da juntada de tais documentos, cuja falta evidenciaria de pronto a ausência do *fumus boni juris*.

Em síntese, são também indispensáveis à propositura da demanda cautelar os documentos tendentes à comprovação do **fato fundante**. Documentos outros, de caráter complementar, podem ser juntados no decorrer do procedimento, observadas as mesmas cautelas para a preservação da boa-fé, do bom andamento do processo e do contraditório.

Por fim, considerando-se a autonomia do processo cautelar e mesmo a possibilidade de desapensamento dos autos principais em fase recursal, é de exigir-se a juntada dos documentos indispensáveis em ambos os feitos.

18.3. REGULARIZAÇÃO, DEFERIMENTO E INDEFERIMENTO

No tocante à regularização, ao deferimento e ao indeferimento da petição inicial do processo cautelar, aplica-se a mesma disciplina legal prevista para as exordiais em geral.

Assim, se, ao analisar petição inicial de procedimento cautelar, o juiz verificar que restaram satisfeitos os requisitos previstos nos arts. 801, 282 e 283 do Código de Processo Civil, cumprir-lhe-á deferi-la, determinando a citação do requerido (Código de Processo Civil, arts. 285 e 802).

Se, todavia, o magistrado constatar na petição inicial a existência de algum vício sanável, deve oportunizar a respectiva correção, emenda ou complementação, no prazo de dez dias, sob pena de indeferimento (Código de Processo Civil, art. 284). Tal providência não constitui faculdade ou discricionariedade, mas autêntico dever do juiz, ato vinculado cuja omissão acarreta nulidade.

Por último, se o julgador verificar que a petição inicial não é passível de regularização; ou se, apesar de concedida a oportunidade de que trata o art. 284, o requerente não eliminou a falha, não restará outra alternativa senão a do indeferimento da inicial, mediante sentença (Código de Processo Civil, arts. 295, c.c. o art. 267, inciso I, e com o art. 269, inciso IV).

Também tem plena aplicação ao processo cautelar a regra constante do art. 285-A do Código, que prevê modalidade especial de indeferimento da petição inicial, por meio de sentença de mérito. Segundo o referido dispositivo legal, "quando a matéria controvertida for unicamente de direito e no juízo há houver sido proferida sentença de total improcedência em outros casos idênticos, poderá ser dispensada a citação e proferida sentença, reproduzindo-se o teor da anteriormente prolatada".

Saliente-se, ainda, que ao processo cautelar igualmente se aplicam as disposições atinentes à apelação interposta contra a sentença de indeferimento da petição inicial (Código de Processo Civil, art. 296 e 285-A, §§ 1º e 2º). Não há regra especial em contrário no Livro III do Código, de modo que nada obsta a incidência daquelas normais de caráter geral.

Capítulo 19
A liminar cautelar

19.1. CONTEÚDO E COGNIÇÃO

O procedimento cautelar contempla a possibilidade de deferimento liminar da medida (Código de Processo Civil, art. 804).

O adjetivo **liminar** significa "posto à entrada, à frente"; a medida liminar, portanto, é aquela adotada no início do procedimento.

Sabe-se que o rito cautelar comum tende a uma sentença; não de acertamento definitivo da relação jurídica controvertida, mas de deliberação acerca do pedido de proteção cautelar.

A sentença cautelar, todavia, é prolatada somente após a citação, a resposta e, eventualmente, a instrução, atividades que consomem um interregno cujo decurso muitas vezes a urgência do caso não suporta aguardar.

Assim, apesar de o procedimento cautelar ser mais concentrado que o ordinário, tal qualidade é, quase sempre, insuficiente para combater de modo eficaz os efeitos nocivos da demora.

Por isso, o legislador concebeu a possibilidade de, já ao início do procedimento e até mesmo antes de qualquer ato de comunicação ao requerido, o juiz deferir a **própria medida cautelar** pretendida pelo requerente. Esse é, precisamente, o **conteúdo** da liminar: a própria medida assecuratória que será objeto de deliberação na sentença do procedimento cautelar.

Visto sob esse ângulo, pode-se dizer que a liminar do art. 804 do Código de Processo Civil proporciona a **antecipação** dos efeitos da sentença a ser proferida no processo cautelar. Nem por isso se diga que a liminar cautelar confunde-se com a medida prevista no art. 273, *caput*, do Código, pois esta consiste na antecipação dos efeitos da tutela **satisfativa**.

Quanto à **extensão** da **cognição** realizada pelo juiz por ocasião do exame do pedido de liminar, diga-se que ela compreende a aferição do *fumus boni juris* e o *periculum in mora*. Se ambos os requisitos forem demonstrados de plano ou na audiência de justificação, a medida liminar será deferida (v. item seguinte deste capítulo).

No que concerne à **profundidade**, não há diferença substancial entre a cognição realizada para a decisão liminar e para a prolação da sentença cautelar. Tanto em uma quanto em outra ocasiões o juiz decide com base em cognição **sumária**.

Ressalte-se, porém, que o fato de haver prova bastante ao deferimento da medida liminar não dispensa a instrução posterior, igualmente sumária, mas levada a efeito sob o crivo do contraditório e com vistas à prolação da sentença.

De outra parte, anote-se que a lei ressalva algumas situações em que o deferimento da medida **liminar** dá-se mediante cognição **superficial**, vale dizer, ainda menos profunda do que a sumária.

É o que se vê, por exemplo, no art. 816 do Código de Processo Civil: "O juiz concederá o arresto independentemente de justificação prévia: I – quando for requerido pela União, Estado ou Município, nos casos previstos em lei; II – se o credor prestar caução (art. 804)." Nesses casos, a cognição para o deferimento da liminar é rasa e não coincide com aquela a ser realizada na sentença, ato no qual haverá de ser verificado o concurso do *fumus boni juris* e do *periculum in mora*.

19.2. O DEFERIMENTO *INAUDITA ALTERA PARTE*

O art. 804 do Código de Processo Civil estabelece que "é lícito ao juiz conceder liminarmente ou após justificação prévia a medida cautelar, sem ouvir o réu, quando verificar que este, sendo citado, poderá torná-la ineficaz; caso em que poderá determinar que o requerente preste caução real ou fidejussória de ressarcir os danos que o requerido possa vir a sofrer".

Sobre a prestação de caução tratar-se-á no item seguinte deste capítulo. Por ora, interessa examinar a primeira parte do dispositivo legal em questão.

Uma primeira observação que se faz é a de que, não obstante a redação legal, também é considerada medida **liminar** a deferida após a justificação prévia, pois ainda assim se estará no início do processo, até porque nem sequer citado, até então, o requerido. Para melhor se compreender o art. 804, deve-se admitir que a medida liminar pode ser deferida: a) **de plano**; ou b) **após justificação prévia**.

Deferir-se-á a medida de plano quando a prova acostada à inicial for suficiente à demonstração do *fumus boni juris* e o *periculum in mora*. Além de documentos (*stricto sensu*), o requerente pode apresentar pareceres técnicos (Código de Processo Civil, art. 427). Não se recomenda, porém, o deferimento de liminares com base em declarações escritas, prestadas por terceiros. Tais manifestações não guardam natureza de prova documental, até porque não são pré-constituídas; e, porque colhidas a salvo do contraditório, possuem valor probatório inferior à inquirição em juízo.

Se a comprovação do *fumus boni juris* e do *periculum in mora* depender de outros elementos além daqueles anexados à petição inicial, o interessado na obtenção da liminar poderá **justificar** previamente o alegado.

A justificação pode consistir em inquirição de testemunhas, oitiva de especialistas, requisição ou exibição de documentos, realização de exame técnico, inspeção judicial etc. Não há restrição na lei, de sorte que todos os meios legais, bem como os moralmente legítimos (Código de Processo Civil, art. 332), podem ser utilizados para a justificação do alegado na petição inicial.

Tratando-se de ato praticado na ausência do requerido, a justificação pode ser realizada com extrema rapidez. São comuns os casos em que o requerente promove, por seus próprios meios, o comparecimento das testemunhas, poupando o juízo da prática dos atos de intimação. Comprometendo-se a tanto o requerente, o juiz terá condições de possibilitar que a justificação seja feita até mesmo imediatamente.

De outra banda, questiona-se se o juiz pode designar **de ofício** a justificação; ou se ela haveria de ser necessariamente requerida pela parte. Apreciando a matéria, o Tribunal de Justiça do Rio Grande do Sul decidiu que "se o autor não pede a realização da audiência de justificação, não cabe ao juiz determiná-la de ofício nem determiná-la, a pedido da parte, depois de angularizada a relação processual".[1]

Pensamos, contudo, que a melhor solução seja a de permitir a atuação *ex officio* do magistrado. Com efeito, se do quadro fático descrito na inicial exsurgir que corre risco a utilidade do provimento definitivo; e se o juiz reputar insuficiente ao deferimento de plano a prova juntada à petição inicial, deve ele determinar a justificação independentemente de requerimento nesse sentido, não apenas em nome do caráter público ínsito à função cautelar, como também em razão do poder instrutório que lhe confere o art. 130 do Código de Processo Civil.

Nem se estranhe que, em outro trabalho, o autor deste haja aderido sem ressalvas a entendimento doutrinário no sentido da inviabilidade da designação de ofício da audiência de justificação prevista no art. 928 do Código de Processo Civil (Santos, 2005, p. 2483). É que tal justificação não se confunde com a do art. 804 do Código; aquela trata da liminar **possessória**, que sabidamente **não possui natureza cautelar** e por sinal não pressupõe qualquer situação de perigo.

Em reforço a essa tese, invoca-se lição de Galeno Lacerda no sentido de que o caráter público da função cautelar autoriza o magistrado até mesmo outorgar de ofício a própria medida liminar:

---

1 TJRS, 18ª Câm. Cível, Ap. Cív. nº 70.000.395.574, rel. Des. Ilton Carlos Dellandrea, j. 20/4/2000.

(....) se houver omissão de pedido expresso de liminar, na inicial da cautela, por inexperiência ou ignorância da parte ou de seu advogado, poderá o juiz prover de ofício? Sim, sem sombra de dúvida, nas matérias de interesse indisponível, público ou de ordem pública, no direito de família, em relação ao menor abandonado, aos incapazes em geral, enfim, nestes e em todos os assuntos em que lhe caiba iniciativa cautelar direta, nos termos do art. 797 (....). Nas demais matérias, também não fecharíamos a porta à atuação liminar direta do magistrado, sempre que imperiosas as circunstâncias do caso, tendo em vista o caráter público ínsito à função cautelar, (....), uma vez que através dela se assegura o resultado útil da jurisdição. O Código não proíbe este tipo de atuação. Antes, decorre ele da própria literalidade do art. 804, onde a liminar não é condicionada a pedido expresso nem esse pedido vem mencionado no art. 801. (....)" (Lacerda, 1999, p. 250-51).

Ora, se o juiz pode, nos termos da prestigiada doutrina citada, até mesmo decretar de ofício a medida liminar em si, com muito mais razão poderá, *sponte propria*, determinar a justificação tendo a parte requerido a medida urgente.

Importa destacar, de outro giro, que o Código autoriza o deferimento da medida liminar sem a prévia ouvida do requerido (*inaudita altera parte*). Isso ocorre tanto no caso de deferimento de plano quanto no de prévia justificação.

Não se veja, aí, qualquer inconstitucionalidade a conta de ofensa ao princípio do contraditório. O art. 5º, inciso LV, da Constituição Federal assegura, sim, o direito ao contraditório, mas em nenhum momento garante que não se possam adotar medidas urgentes sem o **prévio** contraditório. Assim, sabendo-se que, após o deferimento da liminar, o requerido deve ser citado, a ele se conferindo oportunidades para responder, recorrer, provar e, enfim, participar intensa e ativamente do processo, não há falar em descumprimento da referida cláusula constitucional.

O problema não está, pois, na possibilidade de deferirem-se medidas liminares *inaudita altera parte*. O que precisa, sim, ser coibido é o **abuso** no manejo dessa técnica de atuação jurisdicional.

Com efeito, a lei autoriza o deferimento de liminar sem a ouvida do requerido quando o juiz verificar que a prévia citação poderá tornar ineficaz a medida. Entre tutelar a eficácia da jurisdição e prestigiar o prévio contraditório, o legislador optou pela primeira alternativa. Quando, porém, da citação não advier risco à utilidade da decisão, é de rigor a instalação do prévio contraditório.

Segundo Ovídio Araujo Baptista da Silva,

> as liminares *inaudita altera parte*, como está expresso no artigo [804 do Código de Processo Civil], só se legitimam, quando o juiz possa justificar sua concessão ante o risco de o réu torná-la ineficaz, quando previamente citado. Aqui também

os abusos que se cometem na prática forense são enormes. Os juízes não só não justificam suas liminares como nem mesmo investigam a exigência deste requisito, e nem os requerentes de liminares se preocupam seriamente com a demonstração do risco de frustração da medida cautelar decorrente da citação do demandado (Baptista da Silva, 2006, p. 187).

De outra parte, seria um equívoco resumir a possibilidade de deferimento de liminares cautelares *inaudita altera parte* à literalidade do dispositivo legal. Casos há em que, independentemente de atuação frustradora do requerido, a urgência é tamanha que a decisão precisa ser tomada imediatamente.

Capturando o exato sentido da norma, entendemos que, sempre que possível fazê-lo sem prejuízo à efetividade da medida, o juiz deve garantir o prévio contraditório. A experiência forense revela inúmeros casos em que o requerente apresenta apenas "uma parte da verdade", que em sua totalidade só vem à tona com a resposta do requerido; e que, se constasse dos autos desde sempre o quadro completo, teria sido outra a decisão do magistrado.

Deve-se ter em mente, portanto, que a regra é a do prévio contraditório, que possibilita ao juiz decidir com informações mais completas e com o equilíbrio que naturalmente costuma resultar dos debates; e que o deferimento *inaudita altera parte* da liminar é a exceção, justificável somente quando a prévia ciência do requerido puder frustrar a medida ou quando, por razões outras, não haja tempo hábil a que se forme o prévio contraditório sem prejuízo à efetividade da decisão.

19.3. A CONTRACAUTELA

A segunda parte do art. 804 do Código de Processo Civil reza que, deferida a medida liminar *inaudita altera parte*, o juiz poderá determinar que o requerente preste caução real ou fidejussória de ressarcir os danos que o requerido possa vir a sofrer.

A responsabilidade indenizatória do requerente é prevista no art. 811 do Código de Processo Civil, sobre o qual discorreremos mais adiante (v. Capítulo 32). Interessa tratar agora da exigência de prestação de caução, pelo requerente, como medida de **contracautela**, adotada em prol do requerido para garantia de pagamento de eventual indenização em caso de ulterior revogação da liminar.

De pronto é de consignar-se que não apenas nesta hipótese pode o juiz impor a contracautela, mas sempre que verificar, no caso concreto, a existência de risco para ambos os litigantes.

A medida pode ser tomada *ex officio*, pelo juiz, nada impedindo, porém, que o seja a requerimento de qualquer das partes. Recomenda-se, aliás, que o requerente, sempre que o possa fazer, tenha a iniciativa de oferecer a caução; sem dúvida alguma, tal postura da parte evita trâmites desnecessários e confere ao magistrado maior segurança para deferir a medida.

A providência em questão ganha relevo em situações de extrema urgência, em que o deferimento da medida liminar torna-se praticamente compulsório (Lacerda, 1999, p. 249).

De fato, sabe-se que quanto maior for o perigo de dano e maior a urgência em afastá-lo, menos se exige a título de *fumus boni juris*. Sobreleva-se a função conservativa da eficácia da jurisdição, atenuando-se a exigência de demonstração da plausibilidade do direito sustentado. Em tais casos, a prestação de contracautela ganha ainda mais importância, pois conforta o magistrado a deferir a medida liminar.

A caução, diz a lei, pode ser **real** ou **fidejussória**; pode, portanto, consistir no oferecimento, em garantia, de um bem ou de uma fiança. Quase sempre a prestação dá-se nos próprios autos da demanda cautelar, até porque em franco desuso o procedimento específico de caução, previsto entre os arts. 826 e 838 do Código de Processo Civil.

Capítulo 20
Citação

20.1. IMPRESCINDIBILIDADE

O procedimento cautelar comum tem caráter litigioso e, portanto, não prescinde da **citação** do requerido. Nesse sentido é expresso o art. 802 do Código de Processo Civil, ao dispor que "o requerido será **citado**, qualquer que seja o procedimento cautelar, para, no prazo de 5 (cinco) dias, contestar o pedido, indicando as provas que pretende produzir".

A indispensabilidade da citação decorre também da regra geral estampada no art. 214, *caput*, do Código: "Para a validade do processo é indispensável a citação inicial do réu."

Tais disposições decorrem das garantias constitucionais da ampla defesa (Constituição Federal, art. 5º, inciso LV) e do devido processo legal (Constituição Federal, art. 5º, inciso LIV), bem assim da própria instituição do Estado Democrático de Direito (Constituição Federal, preâmbulo e art. 1º).

Com efeito, o poder jurisdicional não pode ser exercido arbitrariamente e sujeita-se, sim, ao perfil democrático adotado pelo Estado brasileiro. Logo, é fundamental que o processo, instrumento da jurisdição, estruture-se em um modelo igualitário, transparente e participativo.

O processo cautelar não escapa desse contexto. Dele podem resultar medidas que imponham restrições – ainda que não em caráter definitivo – ao exercício de direitos do requerido, as quais não lhe podem ser impostas sem a garantia da ampla defesa.

Precisamente por isso, o rito cautelar contempla não apenas a necessidade de citação do requerido, como também a possibilidade de oferecimento de resistência e de efetiva participação, até os ulteriores termos do processo.

Tudo isso seria até desnecessário anotar não fosse o entendimento, quase generalizado entre os juízes, de que, deferida a medida liminar, nada mais há a fazer senão aguardar a solução do processo definitivo. Há magistrados que inclusive deixam de determinar a citação no processo cautelar, ao argumento de que o farão no feito principal.

Como observa Vicente Greco Filho, tal prática é **inadmissível**: o processo deve ser sentenciado, confirmando-se ou não a medida liminar (Greco Filho, v. 3, 2003, p. 171).

De fato, assim como o requerente tem o direito de obter a medida liminar quando o juiz reputar satisfeitos os requisitos ao deferimento, o requerido também tem o de demonstrar, no próprio rito cautelar, que o pedido deve ser julgado improcedente. O devido processo legal, a toda evidência, é garantia de ambos os litigantes.

Ademais, o princípio da igualdade de tratamento das partes (Constituição Federal, art. 5º, *caput* e inciso I) não se compadece com o oferecimento, de um lado, de grande agilidade processual ao requerente e, de outro, com a sujeição do requerido a longa e penosa espera até final solução do feito principal. O requerido tem, pois, o direito de ver-se desonerado o mais rapidamente possível dos efeitos de uma medida cautelar indevida, de modo que ao juiz incumbe dar seqüência ao procedimento.

Nem se diga que haveria conexão entre os feitos e que, por isso, se justificaria a suspensão do rito cautelar para julgamentos simultâneos. Ora, os processos principal e cautelar têm objetos distintos e causas de pedir próprias, não havendo o risco de decisões incompatíveis. Além disso, o resultado do julgamento cautelar não influi no do processo definitivo (Código de Processo Civil, art. 810).

Nada justifica, portanto, a não-realização da citação e tampouco a paralisação do processo cautelar.

20.2. OPORTUNIDADE DE SUA REALIZAÇÃO

Dispõe o art. 285 do Código de Processo Civil que, "estando em termos a petição inicial, o juiz a despachará, ordenando a citação do réu, para responder"; e que "do mandado deverá constar que, não sendo contestada a ação, se presumirão aceitos pelo réu, como verdadeiros, os fatos articulados pelo autor".

Essa norma, inserta no Livro I do Código, tem aplicação também ao procedimento cautelar comum. Assim, em princípio, a citação é conseqüência natural e imediata do deferimento da petição inicial.

Deferido, contudo, o pedido de liminar *inaudita altera parte* – de plano ou após justificação –, a citação deve ser feita **após a efetivação** da medida, exatamente para não lhe frustrar a utilidade.

Comumente, o juiz faz constar da decisão liminar que, uma vez cumprida a medida, o oficial de justiça proceda à citação do requerido. Recomenda-se, outrossim, que as duas ordens constem do mesmo mandado, para serem cumpridas uma na seqüência da outra.

Frise-se, outrossim, que a advertência do art. 285 do Código, já referida, também tem pertinência no processo cautelar, como, por sinal, resulta claro do art. 803 (v. Capítulo 22).

20.3. MODALIDADES DE EFETIVAÇÃO

O Livro III do Código de Processo Civil não disciplina a forma da citação no processo cautelar. Assim, seguem-se as regras dispostas no Livro I, de caráter geral.

O art. 221 do Código estabelece que a citação far-se-á: a) pelo correio; b) por oficial de justiça; c) por edital.

A forma preferencial, adotada pelo legislador, é a da citação **pelo correio**. Diversamente do que ocorre no processo de execução (Código de Processo Civil, art. 222, alínea *d*), o fato de tratar-se de processo cautelar não inviabiliza essa modalidade de citação.

Embora o art. 224 do Código disponha que se fará a citação por meio de oficial de justiça nos casos ressalvados no art. 222 ou quando frustrada a citação pelo correio, cumpre ressalvar que: a) o demandante pode, já na petição inicial ou enquanto não realizada a citação, requerer que ela seja feita por oficial de justiça mesmo quando viável pelo correio (Código de Processo Civil, art. 222, alínea *f*); e b) havendo decisão liminar a ser cumprida por oficial de justiça, poderá, conforme as circunstâncias, ser mais fácil e rápido que o mesmo servidor realize a citação, logo após a efetivação da medida, assim como sugerido no item anterior deste capítulo.

Note-se que, conquanto adotada pelo legislador, preferencialmente, a citação pelo correio, não há qualquer prejuízo em que seja realizada por oficial de justiça, de modo que não se cogitará, de modo algum, de nulidade do ato.

Também não há qualquer óbice a que se proceda, no processo cautelar, à citação com hora certa (Código de Processo Civil, arts. 227 e segs.) ou por edital (Código de Processo Civil, arts. 231 e segs.), quando for o caso.

Lembre-se, todavia, de que são **fictas** essas duas últimas modalidades de citação, uma vez que não se pode afirmar, com absoluta segurança, que o chamamento tenha chegado ao efetivo conhecimento do demandado. Assim, a lei exige, para tais situações, algumas formalidades adicionais, a saber: a) na citação com hora certa, a par da observância do disposto nos arts. 227 e 228, o escrivão deve enviar ao requerido carta, telegrama ou radiograma, dando-lhe de tudo ciência (Código de Processo Civil, art. 229); b) tanto na citação com hora certa quanto na realizada por edital, em caso de revelia (v. Capítulo 22) deve ser dado curador especial ao requerido (Código de Processo Civil, art. 9º, inciso II).

Capítulo 21
Resposta do requerido

21.1. CONTESTAÇÃO

O art. 802 do Código de Processo Civil dispõe que "o requerido será citado, qualquer que seja o procedimento cautelar, para, no prazo de 5 (cinco) dias, contestar o pedido, indicando as provas que pretende produzir".

A **contestação** é disciplinada nos arts. 300 a 303 do Código, normas de alcance geral e, destarte, aplicáveis ao procedimento cautelar.

Por força do princípio da **concentração** ou da **eventualidade**, o requerido deve aduzir na contestação **toda** a matéria de **defesa**, expondo as razões de fato e de direito com que impugna o pedido do requerente (Código de Processo Civil, art. 300). Posteriormente, o requerido só poderá formular novas alegações quando: a) relativas a direito superveniente; b) competir ao juiz conhecer delas de ofício; c) por expressa autorização legal, puderem ser formuladas em qualquer tempo e juízo (Código de Processo Civil, art. 303).

Assim, além da impugnação relativa ao mérito da causa cautelar, cumpre ao requerido alegar, na contestação, em caráter preliminar, qualquer vício atinente à constituição e ao desenvolvimento válido e regular do processo, bem como eventual carência de ação (Código de Processo Civil, art. 301).

Também na contestação oferecida no rito cautelar o requerido está sujeito ao **ônus da impugnação especificada dos fatos narrados na petição inicial**, presumindo-se verdadeiros aqueles que restarem incontroversos, salvo: a) se não for admissível, a seu respeito, a confissão; b) se a petição inicial não estiver acompanhada do instrumento público que a lei considerar da substância do ato; c) se estiverem em contradição com a defesa, considerada em seu conjunto (Código de Processo Civil, art. 302). Aplica-se igualmente ao procedimento cautelar a exceção prevista no parágrafo único do art. 302: "Esta regra, quanto ao ônus da impugnação especificada dos fatos, não se aplica ao advogado dativo, ao curador especial e ao órgão do Ministério Público."

A exemplo do que impõe o art. 300 do Código, o art. 802 exige do requerido a indicação das provas que pretenda produzir. Renovam-se, aqui, as mesmas ponderações feitas no Capítulo 18, item 18.1, deste trabalho. O momento adequado à proposição das provas é a primeira manifestação de cada uma das partes: para o autor, a petição inicial; para o réu, a contestação. Infelizmente, tem-se tolerado, em tais peças, que a parte apresente um mero protesto, vago, genérico e de todo inútil; essa permissividade, de rigor, nem de longe satisfaz a exigência legal.

O prazo para o oferecimento da contestação no procedimento cautelar é de 5 **(cinco) dias**. De acordo com o art. 802, parágrafo único, do Código, dito prazo é contado da juntada aos autos do mandado: a) de citação devidamente cumprido; b) da execução da medida cautelar, quando concedida liminarmente ou após justificação prévia.

Observe-se que, realizada a citação pelo correio, conta-se o prazo para resposta da juntada aos autos do aviso de recebimento (Código de Processo Civil, art. 241, inciso I); efetivada por carta de ordem, precatória ou rogatória, da data da respectiva juntada aos autos; e feita por edital, do término da dilação assinada pelo juiz (Código de Processo Civil, arts. 241, inciso V, e 232, inciso IV).

Interpretação literal do parágrafo único do art. 802 conduziria à conclusão de que o prazo para contestação pode fluir antes mesmo da citação. Tal hipótese ocorreria, por exemplo, quando o oficial de justiça, após efetivar a medida liminar, não encontrasse o requerido para citação. Não é possível aceitar tal solução. Nas palavras de Humberto Theodoro Júnior, "seria o maior absurdo jurídico admitir, em medidas *inaudita altera parte*, a fluência do prazo de resposta antes da convocação do réu para defender-se ou de sua ciência sobre a pretensão do autor" (Theodoro Júnior, v. 2, 2003, p. 383).

Não é outro o entendimento de Galeno Lacerda: "(....) o art. 802, parágrafo único, II, deve ser interpretado em harmonia com o art. 811, II. Só prevalece o prazo de cinco dias a contar da data de juntada do mandado executório da liminar, **se o réu tiver ciência dessa execução**, certificada pelo oficial de justiça, ato que equivale à citação. Sim, porque pode acontecer que a execução da liminar se cumpra através de precatória, sem ciência do réu, ou só com ciência de terceiro, como, p. ex., a busca e apreensão de bens em poder de terceiro, ou o bloqueio de conta bancária (ciência inicial só do Banco). A essas situações é que se refere o art. 811, II). Em tais hipóteses, o prazo para contestar só fluirá após a juntada do mandado de citação cumprido, e não a contar da anexação do mandado ou da carta de execução liminar" (Lacerda, 1999, p. 233).

Por fim, diga-se que, ocorrendo qualquer das situações previstas nos arts. 188 e 191 do Código de Processo Civil, o prazo para contestar será quadruplicado ou duplicado, conforme o caso (Barbosa Moreira, 2002, p. 308), devendo-se observar, ainda, o disposto no inciso III do art. 241, segundo o qual, havendo mais de um réu, o prazo para contestação corre, em relação a todos eles, a partir da data de juntada aos autos do último aviso de recebimento ou mandado citatório cumprido.

21.2. EXCEÇÕES DE INCOMPETÊNCIA, DE IMPEDIMENTO E DE SUSPEIÇÃO

Conquanto aluda o art. 802 do Código de Processo Civil somente à contestação, dúvida não há de que o requerido pode oferecer, também, **as exceções de incompetência** (relativa), **de impedimento e de suspeição**.

Com efeito, impedir o demandado de opor a exceção de incompetência significaria dar margem a que o requerente escolhesse livremente o juízo – ou pelo menos o foro – para litigar, em manifesta afronta ao princípio do juiz natural; e, quanto às exceções de impedimento e de suspeição, representaria submeter o jurisdicionado à autoridade de magistrado sem a necessária imparcialidade.

A questão que aqui se coloca, então, não diz com o cabimento das exceções no processo cautelar, tampouco com seu processamento, regulado entre os arts. 304 e 314 do Código de Processo Civil; a única observação que se faz concerne ao **prazo** para seu oferecimento.

Sim, porque o art. 305 do Código dispõe que o direito de opor exceções "pode ser exercido em qualquer tempo, ou grau de jurisdição, (....), no **prazo de 15 (quinze) dias**, contado do fato que ocasionou a incompetência, o impedimento ou a suspeição".

Tratando-se de vício preexistente à citação, haverá coincidência desse prazo de 15 (quinze) dias com aquele destinado ao oferecimento de resposta no rito comum ordinário (Código de Processo Civil, art. 297). Indaga-se, assim, se, cuidando-se de procedimento cautelar e sabendo-se que neste o prazo para contestar é de **5 (cinco) dias**, o prazo para excepcionar seria também de 5 (cinco) dias ou de 15 (quinze), como previsto no art. 305 do Código.

A doutrina entende que, no processo cautelar, o prazo para opor exceções é o mesmo destinado ao oferecimento da contestação, ou seja, de **5 (cinco) dias** (Lacerda, 1999, p. 232; GRECO, v. 3, 2003, p. 170; Theodoro Júnior, v. II, 2003, p. 384; Garrido de Paula, 2005, p. 2.305; Cunha, 2001, p. 683). No mesmo sentido vêm decidindo os tribunais.[1]

---

1 TJDFT, 6ª Turma Cível, AI 20060020076432AGI, rel. Des. Ana Maria Duarte Amarante, j. 27/9/2006, DJ 26/10/2006, p. 138. No mesmo sentido: TJMG, 4ª Câmara Cível, AI 1.0000.00.264903-6/000(1), rel. Des. Bady Curi, j. 10.4.2003, DJ 28/5/2003.

Outra questão digna de interesse: não oposta a exceção de incompetência no prazo para defesa no processo cautelar, pode o réu fazê-lo posteriormente, no prazo para resposta no processo principal? Entendeu pela negativa o Tribunal Regional Federal da 2ª Região, reputando preclusa a oportunidade para excepcionar desde o decurso do prazo para resposta no feito cautelar.[2] Igual posicionamento é registrado em doutrina (Gajardoni, 2006, p. 61).

Consigne-se, ainda, que, assentado ser de 5 (cinco) dias o prazo para a oposição de exceções no processo cautelar, recomenda-se a observância desse mesmo interregno ainda quando superveniente à citação o respectivo fato ensejador. Não teria sentido distinguir os prazos unicamente em razão do momento processual da oposição; muito mais sensato – além de coerente – é pensar que se justifica a imposição de prazos mais curtos no processo cautelar.

Por fim, destaque-se que a incompetência **absoluta** não é argüível por meio de exceção, mas na contestação, como preliminar (Código de Processo Civil, art. 301, inciso II); e que tanto a incompetência absoluta quanto o impedimento do juiz constituem matérias não sujeitas a preclusão, podendo ser alegadas mesmo depois de esgotado o prazo legal.

21.3. DESCABIMENTO DE RECONVENÇÃO

O art. 297 do Código de Processo Civil – que inaugura o capítulo atinente à resposta do réu no rito comum ordinário – reza que "o réu poderá oferecer, no prazo de 15 (quinze) dias, em petição escrita, dirigida ao juiz da causa, **contestação**, **exceção** e **reconvenção**".

Por sua vez, o art. 802 do Código, aplicável ao procedimento cautelar comum, alude apenas à **contestação**. No item anterior deste capítulo sustentou-se, com apoio na doutrina e na jurisprudência uniformes, que no processo cautelar cabem também as exceções de incompetência, de impedimento e de suspeição. Resta perquirir a respeito do cabimento da reconvenção.

Também aqui não há dissenso a registrar. **Não cabe reconvenção no processo cautelar**, porquanto incompatível tal figura com a celeridade e com a sumariedade que se exigem do procedimento. Ademais, o requerido pode pedir, na contestação, a imposição de contracautela (Theodoro Júnior, v. II, 2003, p. 385); e se tiver alguma pretensão cautelar em relação ao requerente, de natureza diversa da pleiteada e com ela não relacionada, deve formulá-la em procedimento próprio (Greco Filho, v. 3, 2003, p. 170).

---

[2] TRF 2ª Região, 1ª Turma, EDAG 8902122034/RJ, rel. Des. Fed. Clélio Erthal, j. 25/2.91, DJU 19/3/91.

O mesmo raciocínio revelador dessa incompatibilidade serve também para afastar o cabimento, no processo cautelar, da ação declaratória incidental (Garrido de Paula, 2005, p. 2.304; também Baptista da Silva, 2006, p. 174).

21.4. OUTRAS MODALIDADES DE RESPOSTA

Tomando-se o termo **resposta** no amplo sentido de **manifestação** do demandado, outras modalidades merecem referência, além daquelas mencionadas no art. 297 do Código de Processo Civil. É o caso da impugnação ao valor da causa, do reconhecimento da procedência do pedido, da impugnação ao pedido de assistência judiciária e do incidente de falsidade documental.

Quanto à **impugnação ao valor da causa**, sem embargo do que já se disse – no sentido de que, dada a dificuldade de valorar-se economicamente o bem jurídico **segurança** (v. Capítulo 18, item 18.1) – não se pode descartar de todo seu cabimento no processo cautelar.

Não há falar, aqui, em incompatibilidade com a natureza cautelar e tampouco com a celeridade do procedimento, até porque o incidente de impugnação ao valor da causa tem rito próprio, que se desenvolve sem a suspensão do processo principal (Código de Processo Civil, art. 261).

Diga-se o mesmo em relação à **impugnação ao pedido de assistência judiciária**, formulado nos termos do art. 4º, § 2º, da Lei nº 1.060/1950. Trata-se de incidente perfeitamente compatível com o processo cautelar e que também tramita em apartado e sem paralisação do feito principal.

O **reconhecimento da procedência do pedido**, igualmente, encontra amplo espaço no processo cautelar. Ao fazê-lo, o requerido aquiesce à pretensão cautelar, vale dizer, aceita o resultado pretendido pelo requerente.

Não se confunda, jamais, o reconhecimento da procedência do pedido com a **confissão**. Enquanto esta recai sobre o fato – elemento integrante da **causa de pedir** –, aquele incide diretamente sobre o **pedido**. A confissão não conduz, necessariamente, à procedência do pedido e nem desonera o juiz de proceder ao **julgamento** da pretensão. O reconhecimento da procedência do pedido, por sua vez, dá ensejo a sentença meramente **homologatória**, cujo efeito é equivalente ao do acolhimento do pedido (Código de Processo Civil, art. 269, inciso II).

É perfeitamente admissível, também, no processo cautelar, a **argüição de falsidade documental** (Código de Processo Civil, arts. 390 e segs.), valendo ressaltar que não se trata de ato exclusivo do requerido, podendo ser manejado por qualquer das partes em relação a documento acostado pela outra.

Por último, é fundamental mencionar que, segundo autorizada doutrina, a impugnação ao valor da causa, a impugnação ao pedido de assistência judiciária e a argüição de falsidade documental devem ser ofertadas, no processo cautelar, em **5 (cinco) dias** (Garrido de Paula, 2005, p. 2.305). Em relação ao reconhecimento da procedência do pedido, dada sua finalidade, evidentemente não há falar em prazo para sua manifestação.

Capítulo 22
Revelia

22.1. CONTUMÁCIA DO REQUERIDO

Até hoje a doutrina ainda não chegou a um consenso em torno do conceito de **revelia**.

Para alguns, há revelia quando o réu, citado, não oferece **contestação** na forma e prazos legais (Gianesini, 1977, p. 66; Fornaciari Júnior, 1983, p. 156). Para outros, o conceito de revelia deve ser extraído do de **contumácia**, como tal entendido o não-comparecimento da parte em juízo; de modo que revelia seria a **contumácia do réu** (Rezende Filho, 1963, v. 2, p. 100-101; Marques, 1971, v. II, p. 292-293). Para outros ainda, contumácia e revelia são termos sinônimos, afigurando-se correto o emprego das expressões "contumácia do autor", "contumácia do réu", "revelia do autor", "revelia do réu", "contumácia ou revelia de ambas as partes" (Tucci, 1989, v. 2, p. 255).

A segunda posição parece ser a melhor. Como bem observa Gelson Amaro de Souza, "não obstante a esmagadora maioria, que apregoa a revelia como sendo a ausência de contestação", "não vemos como se possa imaginar revel aquele que comparece, confessa, reconhece o pedido ou sem esse, mas nomeia a autoria, denuncia a lide, chama ao processo ou apresenta reconvenção, pela simples ausência de contestação" (Souza, 1995, p. 187). De fato, aquele que adota qualquer das indicadas posturas não se mostra, de forma alguma, rebelde ao chamamento judicial. De outra parte, é da tradição de nossa doutrina vincular a noção de revelia à pessoa do demandado e não a ambas as partes.

Da Súmula nº 196 do Superior Tribunal de Justiça pode-se extrair, ainda que indiretamente, o entendimento de que o conceito de revelia não está intrinsecamente ligado à idéia de ausência de contestação: "Ao executado que, citado por edital ou por hora certa, permanecer **revel**, será nomeado curador especial, com legitimidade para apresentação de embargos" (especificamente sobre a nomeação de curador especial no processo cautelar, v. item 22.3).

Com efeito, na execução não há contestação; e se, nos termos da referida súmula, o executado pode "permanecer revel", é dado concluir que o Superior

Tribunal de Justiça não seguiu a primeira posição, conquanto majoritária na doutrina.

De uma maneira ou de outra, o que interessa, em termos práticos, não é propriamente o conceito de revelia, mas os efeitos que dela decorrem e sua incidência no processo cautelar; é do que se tratará nos itens seguintes deste capítulo.

22.2. EFEITOS DA REVELIA

O art. 285 do Código de Processo Civil estabelece que "do mandado [de citação] constará que, não sendo contestada a ação, se presumirão aceitos pelo réu, como verdadeiros, os fatos articulados pelo autor". O art. 319 do Código, por sua vez, dispõe que "se o réu não contestar a ação, reputar-se-ão verdadeiros os fatos afirmados pelo autor".

Esses dois artigos de lei tratam não propriamente da revelia, mas de seu efeito mais importante: a presunção de veracidade dos fatos alegados pelo demandante.

O demandado, uma vez citado e advertido das conseqüências de seu eventual silêncio, tem o **ônus** de defender-se; se dele não se desincumbe – ou se não o faz tempestivamente –, há de suportar o mencionado efeito.

De rigor, a presunção de veracidade dos fatos decorre da **incontrovérsia**, isto é, da ausência de impugnação das alegações formuladas pelo demandante na inicial. Nesse sentido, aliás, é bastante preciso o art. 302 do Código, segundo o qual se presumem "verdadeiros os fatos não impugnados".

Não há dissenso na doutrina e na jurisprudência a respeito de que aludida presunção é **relativa**, como resulta claro dos incisos do art. 302 e, também, dos arts. 322 e 277, § 2º, do Código. Deveras, não se presumem verdadeiros os fatos não impugnados se: a) não for admissível, a seu respeito, a confissão; b) a petição inicial não estiver acompanhada do instrumento público que a lei considerar da substância do ato; c) estiverem em contradição com a defesa, considerada em seu conjunto; d) havendo pluralidade de réus, algum deles apresentar defesa que a litisconsorte aproveite; e) o contrário resultar da prova dos autos; f) à vista da experiência comum e da observação do que ordinariamente acontece, não forem verossímeis.

Embora não fosse sequer necessário fazê-lo, o Código de Processo Civil é expresso ao afirmar que, no **processo cautelar**, "não sendo contestado o pedido, presumir-se-ão aceitos pelo requerido, como verdadeiros, os fatos alegados pelo requerente (arts. 285 e 319); caso em que o juiz decidirá dentro em 5 (cinco) dias" (Código de Processo Civil, art. 803, *caput*).

A parte final do dispositivo chega a sugerir que, à falta de contestação, o juiz deveria, necessariamente, proferir sentença, impressão que se reforça no parágrafo único, segundo o qual "se o requerido contestar no prazo legal, o juiz designará audiência de instrução e julgamento, havendo prova a ser nela produzida".

Não seria desprovida de razoabilidade tal interpretação, até porque no processo cautelar perquirem-se apenas o *fumus boni juris* e o *periculum in mora*, sendo mais fácil presumir uma mera aparência do que a efetiva existência de um fato.

O art. 803 do Código, todavia, a exemplo do art. 319, não estabelece uma presunção absoluta, podendo o juiz afastá-la nas mesmas hipóteses já mencionadas. Reitere-se, porém, que, considerando-se o objeto, os fins e a provisoriedade da atuação jurisdicional cautelar, comumente se chegará mais facilmente à presunção de veracidade dos fatos alegados no processo cautelar, em relação aos deduzidos no processo principal.

Além da presunção de veracidade dos fatos afirmados pelo requerente, aplica-se ao processo cautelar, também, o efeito previsto no art. 322 do Código de Processo Civil:

> Art. 322. Contra o revel que não tenha patrono nos autos, correrão os prazos independentemente de intimação, a partir da publicação de cada ato decisório. Parágrafo único. O revel poderá intervir no processo em qualquer fase, recebendo-o no estado em que se encontrar.

Decorrido em branco o prazo para o oferecimento de resposta, configura-se a revelia do requerido. Se, todavia, ele houver constituído ou vier a constituir advogado nos autos, fará jus às intimações, sem as quais não correrão os prazos. À falta de patrono habilitado nos autos, os prazos, para o requerido, correm a partir da publicação dos atos em cartório ou secretaria. Não se pode confundir a publicação em cartório com a publicação no órgão oficial. Os atos decisórios reputam-se publicados (= tornados públicos) tão logo baixados os autos na serventia judicial; por sua vez, a publicação no órgão oficial é, na essência, uma **forma de intimação**, exatamente a formalidade que se dispensa em relação ao litigante que não conta com advogado constituído no processo.

22.3. CITAÇÃO FICTA E CURADOR ESPECIAL

O art. 9º, inciso II, do Código de Processo Civil estabelece que o juiz dará curador especial ao "revel citado por edital ou com hora certa".

Feita a citação por uma dessas duas formas, não se pode afirmar, com segurança, que dela o demandado haja tomado efetivo conhecimento. Exatamente por isso se dizem **fictas** tais modalidades de citação.

Assim, para tais situações cerca-se o legislador de maiores cuidados, visando a garantir, na medida do possível, o respeito ao contraditório e à ampla defesa.

A regra do art. 9º, inciso II, do Código tem plena aplicação no processo cautelar, vez que este também se subordina aos mencionados princípios constitucionais.

O curador especial nomeado ao requerido revel citado por edital ou com hora certa tem o encargo de contestar a demanda, não podendo confessar, transigir ou reconhecer a procedência do pedido; e, no exercício de seu *munus*, pode apresentar contestação por negativa geral, ou seja, não está sujeito ao ônus da impugnação especificada dos fatos (Código de Processo Civil, art. 302, parágrafo único). Por conseguinte, ficam afastados os efeitos da revelia, exigindo-se do requerente a demonstração efetiva do *fumus boni juris* e do *periculum in mora*.

Anote-se, por fim, que, nos termos da referida súmula 196 do Superior Tribunal de Justiça, mesmo na execução se aplica a regra do art. 9º, inciso II, do Código: "Ao executado que, citado por edital ou por hora certa, permanecer revel, será nomeado curador especial, com legitimidade para apresentação de embargos."

Capítulo 23
Providências preliminares e julgamento conforme o estado do processo

23.1. O ORDENAMENTO E O SANEAMENTO DO PROCESSO

Para que do processo resulte a emissão de um provimento jurisdicional válido e, por conseguinte, eficaz, pressuposto primeiro é o de que bem se constituam e regularmente se desenvolvam a relação processual e o procedimento.

Com efeito, de nada servirá uma sentença intrinsecamente conforme o direito se proferida em processo nulo. Daí a importância dos chamados **pressupostos processuais**.

A par disso, o provimento de mérito só pode ser exarado se o processo revelar o concurso das três **condições da ação**: a possibilidade jurídica do pedido, o interesse de agir e a legitimidade *ad causam* (v. Capítulo 12).

Exceção feita ao compromisso arbitral – que precisa ser alegado pelo réu na contestação (Código de Processo Civil, art. 301, § 4º) –, o exame dos pressupostos processuais, pelo juiz, pode e deve ser feito a qualquer tempo, de ofício ou a requerimento. Também as condições da ação constituem matérias de ordem pública e não se subordinam a preclusão.

Conquanto assim seja, a lei prevê que, em determinado momento do procedimento comum ordinário, o juiz dedicará especial atenção a tais temas. Trata-se da **fase de ordenamento e saneamento**, que tem lugar entre as fases postulatória e instrutória.

No Livro I do Código de Processo Civil, a fase de ordenamento e saneamento é regulada entre os arts. 323 e 331, que abrangem dois capítulos do diploma legal: o das **providências preliminares** e o do **julgamento conforme o estado do processo**.

Considerando-se que as atividades ordenadoras e saneadoras são ínsitas a todos os processos e tendo-se em vista as semelhanças estruturais entre o procedimento comum ordinário e o procedimento comum cautelar, pode-se afirmar que, **em princípio**, há espaço também neste último para o cumprimento das previsões legais em questão.

Diz-se **em princípio** porque, diante da celeridade e da sumariedade inerentes ao feito cautelar, são necessárias algumas adaptações, sem as quais haveria uma verdadeira "ordinarização" de um procedimento que foi concebido para chegar a seu término o mais rapidamente possível.

Pois bem. Assentada essa premissa, cumpre examinar, na seqüência, a aplicação, ao rito cautelar, das diversas providências preliminares previstas entre os arts. 324 e 327 do Código de Processo Civil.

O art. 324 do Código estabelece que "se o réu não contestar a ação, o juiz, verificando que não ocorreu o efeito da revelia, mandará que o autor **especifique as provas** que pretenda produzir na audiência".

De rigor, essa seria a única hipótese em que o juiz deveria exarar o despacho de especificação de provas. Afora tal situação, o juiz deveria pressupor que as provas a propostas pelas partes são aquelas indicadas na inicial e na contestação. Ocorre que, como já observamos, a praxe forense praticamente consolidou o mau costume de admitir-se que os litigantes simplesmente apresentem um vago e genérico protesto pela mais ampla produção de provas, circunstância que compele o juiz a proferir, na fase de ordenamento, despacho determinando intimação para que sejam especificadas as provas cuja produção efetivamente se pretende.

Esse despacho, que não deveria teria lugar sequer no procedimento comum ordinário, com muito mais razão deveria ser expungido do rito cautelar; estamos longe desse ponto, de modo que, salvo contundente alteração legislativa, só mesmo uma mudança de comportamento das partes e dos juízes é que modificará essa realidade.

O art. 325 do Código dispõe que, "contestando o réu o direito que constitui fundamento do pedido, o autor poderá requerer, no prazo de 10 (dez) dias, que sobre ele o juiz profira sentença incidente, se da declaração da existência ou da inexistência do direito depender, no todo ou em parte, o julgamento da lide (art. 5º)".

Já se anotou que não cabe ação declaratória incidental no processo cautelar (Capítulo 21). Logo, conclui-se que não há lugar, no rito cautelar comum, para a providência preliminar de que trata o referido artigo de lei.

O art. 326 do Código reza que "se o réu, reconhecendo o fato em que se fundou a ação, outro lhe opuser, impeditivo, modificativo ou extintivo do direito do autor, este será ouvido no prazo de 10 (dez) dias, facultando-lhe o juiz a produção de prova documental".

Não há qualquer óbice a que, na contestação que apresentar no rito cautelar comum, o requerido oponha fato impeditivo, modificativo ou extintivo do direito do requerente. Vindo a ocorrer tal situação, cumprirá ao juiz determinar a abertura de vista ao requerente, para os fins do art. 326. Trata-se de imperativo decorrente do princípio constitucional do contraditório (Constituição Federal, art. 5º, inciso LV) que não pode ser obliterado.

Considerando-se, porém, que o prazo para o oferecimento da contestação, no rito cautelar comum, é de apenas 5 (cinco) dias, não há razão que justifique a concessão de 10 (dez) dias ao requerente para manifestar-se sobre a contestação. Assim, bem procederá o juiz que fixar em 5 (cinco) dias o referido prazo.

Diga-se exatamente o mesmo em relação à primeira parte do art. 327 do Código, segundo o qual "se o réu alegar qualquer das matérias enumeradas no art. 301, o juiz mandará ouvir o autor no prazo de 10 (dez) dias, permitindo-lhe a produção de prova documental". O princípio do contraditório não permite a eliminação da providência, mas a sumariedade do rito cautelar autoriza a redução desse prazo para 5 (cinco) dias, até mesmo em função do também constitucional princípio da igualdade de tratamento às partes.

A segunda parte do art. 327 determina que, "verificando a existência de irregularidades ou de nulidades sanáveis, o juiz mandará supri-las, fixando à parte prazo nunca superior a 30 (trinta) dias". Igualmente aqui se recomenda que, guardado respeito ao princípio da utilidade dos prazos, o tempo concedido seja o menor possível quando se tratar de procedimento cautelar.

23.2. "EXTINÇÃO" DO PROCESSO

Na conformidade do art. 328 do Código de Processo Civil, uma vez cumpridas as providências preliminares, ou não havendo necessidade delas, o juiz proferirá julgamento conforme o estado do processo, observando o que dispõem os arts. 329, 330 e 331 do Código de Processo Civil.

No presente item cuidar-se-á do art. 329 do Código, segundo o qual, "ocorrendo qualquer das hipóteses previstas nos arts. 267 e 269, II a V, o juiz declarará **extinto** o processo".

Essa norma foi estabelecida em consonância com a originária redação dos arts. 267 e 269, os quais, por sua vez, guardavam coerência com o conceito legal de sentença então enunciado.

No modelo desenhado em 1973, o legislador conceituou **sentença** como "o ato pelo qual o juiz põe termo ao processo, decidindo ou não o mérito da causa" (Código de Processo Civil, art. 162, § 1º). Para o legislador, a sentença **extinguia** o processo, **com** ou **sem julgamento** do mérito. O art. 267 aludia à extinção do processo sem julgamento do mérito, ao passo que o art. 269, à extinção do processo com julgamento do mérito.

Dentre as hipóteses concebidas nesses dois dispositivos legais, destacava-se aquela prevista no inciso I do art. 269, pertinente à sentença de acolhimento ou de rejeição do **pedido** do autor. Dizia-se que só nessa situação havia a extinção **natural** do processo; em todos os incisos do art. 267 e nos incisos II a V do art. 269, a extinção era dita **anômala**.

Naquelas condições, ocorrendo qualquer das hipóteses previstas no art. 267 ou no art. 269, incisos II a V, cumpria ao juiz dar aplicação ao art. 329 e, assim, **extinguir** o processo, com ou sem julgamento do mérito, conforme o caso. Por meio de **sentença**, o julgador – ainda que sem o afirmar expressamente – proclamava a inviabilidade ou a desnecessidade de apreciar-se o pedido inicial.

Ocorre que, com o advento da Lei nº 11.232/2005, o Código de Processo Civil passou a enunciar, no § 1º do art. 162, outro conceito de sentença: "Sentença é o ato do juiz que implica alguma das situações previstas nos arts. 267 e 269 desta Lei."

Por força da mesma lei, os arts. 267 e 269 também ganharam nova redação: a) "Art. 267. Extingue-se o processo, sem resolução de mérito: (....)" e b) "Art. 269. Haverá resolução de mérito: (....)"

Como se percebe, do conceito de sentença foi retirada a função de extinguir o processo, sendo mantido apenas no art. 267; e tanto neste quanto no art. 269 deixou-se de aludir a **julgamento de mérito**, adotando-se a expressão **resolução de mérito**.

A primeira dessas mudanças veio no bojo de um novo sistema de realização (= efetivação) dos comandos sentenciais. Na concepção original, o Código afirmava que o processo era extinto pela sentença, de sorte que a execução desta dependia da instauração de outro processo – o de execução –, integrado por nova relação processual e novo procedimento. Atualmente, as sentenças proferidas com fundamento no art. 269 do Código – com resolução de mérito – não mais extinguem o feito e são passíveis de **cumprimento** no **mesmo processo** em que foram prolatadas (Código de Processo Civil, arts. 461, 461-A e 475-I).

Com isso, perdeu atualidade, em parte, a redação do art. 329 do Código, uma vez que, ocorrendo qualquer das hipóteses previstas nos incisos II a V do art. 269, o juiz não mais declarará "extinto o processo" e tampouco se valerá da expressão "julgamento de mérito"; dirá, sim, que "considera **resolvido** o mérito da causa".

Quando, porém, forem combinados os arts. 267 e 329, aí sim o juiz **declarará extinto o processo**, mas dirá que o faz sem **resolução** de mérito, adequando-se, destarte, à nova terminologia legal.

Sem embargo das adequações verbais necessárias, destaque-se que o preceito fundamental contido desde sempre no art. 329 não sofreu alteração. De fato, o que de mais importante se extrai desse dispositivo no tocante à técnica de julgamento é que, antes de cogitar da apreciação do pedido, o juiz deve percorrer, primeiro, os incisos do art. 267 e, depois, conforme o caso, os incisos II a V do art. 269, a fim de verificar se alguma dessas normas incide no caso concreto. Em caso positivo, cumprirá ao magistrado proferir sentença, evitando a prática de atos desnecessários; em caso negativo, o julgador, afastando a aplicação do art. 329, cogitará de aplicar o art. 330, na conformidade do item seguinte deste trabalho.

23.3. JULGAMENTO ANTECIPADO DO PEDIDO

O art. 803, *caput*, do Código de Processo Civil estabelece que, "não sendo contestado o pedido, presumir-se-ão aceitos pelo requerido, como verdadeiros, os fatos alegados pelo requerente (arts. 285 e 319); caso em que o juiz decidirá dentro em 5 (cinco) dias". O parágrafo único do mesmo artigo dispõe, por sua vez, que, "se o requerido contestar no prazo legal, o juiz designará audiência de instrução e julgamento, havendo prova a ser nela produzida".

Tais normas devem ser examinadas à luz dos arts. 330 e 331 do Código de Processo Civil. Neste ponto, importa analisar o primeiro desses dois artigos de lei.

Compondo, sozinho, a seção do Código intitulada "Do julgamento antecipado da lide", o art. 330 dispõe que "o juiz conhecerá diretamente do **pedido**, proferindo sentença: I – quando a questão de mérito for unicamente de direito, ou, sendo de direito e de fato, não houver necessidade de produzir prova em audiência; II – quando ocorrer a revelia (art. 319)".

Já se assinalou que a doutrina mais moderna não aceita que a **lide** constitua o **objeto do processo**, papel reservado, sim, à **pretensão processual** (v. Capítulo 14). Precisamente por isso, Cândido Rangel Dinamarco prefere a expressão **julgamento antecipado do mérito** (Dinamarco, v. III, 2003, p. 554); e Antonio Carlos Marcato, a locução **julgamento antecipado do pedido** (Marcato, 2005, p. 1.025).

A crítica procede e afigura-se melhor a expressão **julgamento antecipado do pedido**, entendido este, é claro, como sendo o mérito da causa.

A regra do art. 330 do Código tem aplicação no processo cautelar, como resulta do parágrafo único do art. 803, supramencionado e transcrito. Desse segundo dispositivo legal extrai-se que só se deflagra a fase instrutória se houver outras provas a produzir; estando madura a causa para julgamento, profere-se o julgamento antecipado do pedido, dando-se por resolvido o mérito, nos termos do inciso I do art. 269.

Conquanto dispostas em dois incisos do art. 330, as hipóteses de julgamento antecipado na verdade são três: a) quando as questões de mérito forem unicamente de direito; b) quando as questões de fato não demandarem a produção de provas pericial ou oral; e c) quando ocorrer o efeito da revelia.

Deveras, se a controvérsia limitar-se a **questões de direito**, não haverá razão para deixar-se de julgar o pedido de imediato. O objeto da prova são as alegações de fato e o direito deve o juiz conhecer (*jura novit curia; da mihi facto, dabo tibi ius*), ressalva feita apenas às hipóteses previstas no art. 337 do Código (direito estadual, municipal, estrangeiro ou consuetudinário).

Do mesmo modo, se as **questões de fato** não dependerem de outros esclarecimentos porque bastante a prova documental produzida, a dilação probatória seria improdutiva, inútil e desnecessária. Logo, deve o juiz, nessa fase, proferir sentença acerca do pedido.

Também enseja julgamento antecipado do pedido a produção do **efeito da revelia**: a presunção de veracidade – ou, no caso das cautelares, de *verossimilhança* – dos fatos alegados na inicial. O Código alude à ocorrência da **revelia**, mas a simples circunstância de o demandado não ter controvertido as alegações de fato não autoriza o julgamento antecipado do pedido; é preciso que de sua omissão decorra o **efeito** previsto nos arts. 285, 319 e 803.

23.4. AUDIÊNCIA PRELIMINAR

Desde a entrada em vigor do Código de Processo Civil, o art. 331 já foi alterado duas vezes: uma, pela Lei nº 8.952/1994; e outra, pela Lei nº 10.444/2002.

Originariamente, a seção integrada pelo mencionado artigo denominava-se "Do saneamento do processo" e dele resultava que, não sendo caso de aplicarem-se os arts. 329 e 330, o juiz declararia saneado o processo e deliberaria sobre as provas a serem produzidas. Proferia-se, assim, uma decisão interlocutória, por escrito nos autos; e o processo tinha curso com a instauração da fase instrutória ou probatória.

Até então, o procedimento comum ordinário continha uma única audiência, destinada à conciliação e, eventualmente, à produção da prova oral, debates e julgamento (Código de Processo Civil, arts. 444 e segs.).

As Leis nº 8.952/1994 e 10.444/2002 deram nova feição ao art. 331 do Código, atualmente assim redigido:

> "Seção III
> Da Audiência Preliminar
> Art. 331. Se não ocorrer qualquer das hipóteses previstas nas seções precedentes, e versar a causa sobre direitos que admitam transação, o juiz designará audiência preliminar, a realizar-se no prazo de 30 (trinta) dias, para a qual serão as partes intimadas a comparecer, podendo fazer-se representar por procurador ou preposto, com poderes para transigir.
> § 1º Obtida a conciliação, será reduzida a termo e homologada por sentença.
> § 2º Se, por qualquer motivo, não for obtida a conciliação, o juiz fixará os pontos controvertidos, decidirá as questões processuais pendentes e determinará as provas a serem produzidas, designando audiência de instrução e julgamento, se necessário.
> § 3º Se o direito em litígio não admitir transação, ou se as circunstâncias da causa evidenciarem ser improvável sua obtenção, o juiz poderá, desde logo, sanear o processo e ordenar a produção da prova, nos termos do § 2º."

Como se vê, hoje o procedimento comum ordinário conta com duas audiências: a **preliminar** e a de **instrução e julgamento**.

Cumpre, pois, indagar-se se o art. 331 do Código de Processo Civil tem integral aplicação ao procedimento cautelar comum e, mais precisamente, se este possui espaço para a realização da audiência preliminar.

Diante dos termos do art. 803 do Código e à vista da sumariedade e da celeridade que se devem imprimir ao rito sumário, conclui-se que a resposta é **negativa**.

Ora, a norma específica do parágrafo único do art. 803 chega a sugerir que da contestação passa-se diretamente à sentença ou à designação de audiência de instrução e julgamento. Não é possível ir tão longe, porquanto inviável a supressão de certas providências preliminares – algumas delas com suporte na Constituição Federal –, como já se salientou no item 23.1, *supra*; mas é dado afirmar que a realização de audiência preliminar incompatibiliza-se com a celeridade e a sumariedade que se impõem ao rito cautelar comum.

Dúvida não há de que o juiz pode, a qualquer tempo, tentar conciliar as partes (Código de Processo Civil, art. 125, inciso IV); mas a realização da audiência preliminar, nos termos em que concebida no art. 331 do Código, alargaria excessivamente a duração do procedimento cautelar.

É importante observar, outrossim, que as atividades previstas no referido artigo podem ser realizadas por meio de decisão interlocutória escrita nos autos, independentemente de audiência e da presença das partes e advogados; e a conciliação, além de poder ser tentada pelo juiz a qualquer tempo e mesmo promovida pelos próprios interessados, continua prevista para o início da audiência de instrução e julgamento (Código de Processo Civil, art. 447).

Em suma, não se justifica a extensão, ao procedimento cautelar comum, das alterações promovidas no art. 331 do Código de Processo Civil pelas Leis n°s 8.952/1994 e 10.444/2002, aplicáveis, sim, exclusivamente, ao processo principal. Uma única ressalva merece ser feita: é conveniente que a fixação dos pontos controvertidos seja feita já por ocasião da decisão declaratória de saneamento, haja vista sua utilidade para a deliberação acerca dos meios de prova. Se, porém, por qualquer motivo isso não for feito, restará ainda a oportunidade prevista no art. 451 do Código: "Ao iniciar a instrução, o juiz, ouvidas as partes, fixará os pontos controvertidos sobre que incidirá a prova."

Capítulo 24
Aspectos gerais da prova no processo cautelar

24.1. O OBJETO DA PROVA

Em passado não muito distante, a grande massa dos processos judiciais tratava de conflitos tipicamente interindividuais. As demandas traziam, no mais das vezes, narrativas de fatos particulares, singulares, ocorridos especificamente entre os sujeitos da relação jurídica controvertida.

Hodiernamente, são muito comuns as chamadas "demandas repetitivas", que, formuladas individualmente por um sem-número de pessoas, veiculam a mesma "tese jurídica". É o que ocorre, principalmente, nos litígios que envolvem o poder público, freqüentemente demandado por seus servidores, por contribuintes, por segurados da previdência etc.

Tal mudança, verificada de forma muito nítida após a promulgação da Constituição Federal de 1988, contribuiu para que os profissionais do direito voltassem sua atenção mais para as questões de direito do que para as de fato; não apenas os advogados, que passaram a padronizar suas peças processuais, como também os juízes e tribunais, que não raras vezes, olvidando que a atividade cognitiva pressupõe a aplicação de uma regra de direito a um fato, limitam-se a apreciar as questões jurídicas e culminam por proferir julgamentos em tese, quase sempre contaminados pela condicionalidade, por sinal expressamente vedada pelo art. 460, parágrafo único, do Código de Processo Civil.

As questões de fato possuem importância grandiosa no processo, pois não se pode ignorar que elas, assim como as de direito, têm a aptidão de determinar a procedência ou a improcedência do pedido inicial.

Com efeito, o acolhimento do pedido depende não apenas da consagração, pelo juiz, da tese jurídica sustentada pelo demandante como também da versão fática sustentada na inicial, sendo certo que, a respeito desta última, o juiz forma sua convicção por meio das **provas**.

Nesse contexto, é fundamental perquirir sobre **o que** deve ser provado.

A obtenção da resposta passa, necessariamente, pelo art. 334 do Código de Processo Civil, segundo o qual **não dependem de prova** os fatos: a) notórios; b) afirmados por uma parte e confessados pela parte contrária; c) admitidos, no processo, como incontroversos; d) em cujo favor milita presunção legal de existência ou de veracidade.

Desse dispositivo legal extrai-se, em primeiro lugar, que o **objeto da prova** recai, em princípio, sobre **alegações de fato**. A matéria de direito, como regra, não demanda comprovação, pois ao juiz cabe conhecê-la (*jura novit curia*; *da mihi facto, dabo tibi ius*), exceção feita às previsões do art. 337 do Código: "A parte que alegar direito municipal, estadual, estrangeiro ou consuetudinário, provar-lhe-á o teor e a vigência, se assim o determinar o juiz."

É preciso destacar, contudo, que nem todas as alegações de fato formuladas pelas partes precisam ser provadas. O próprio art. 334 deixa claro que os fatos **notórios, confessados, incontroversos** ou **presumidos por lei** não dependem de prova.

A par disso, também não exigem demonstração os fatos **irrelevantes**, assim entendidos aqueles que não têm a aptidão de influir, positiva ou negativamente, no resultado do julgamento. Daí rezar o art. 130 do Código que o juiz indeferirá as diligências inúteis ou meramente protelatórias. Na noção de irrelevância está compreendida a de **impertinência**, pois os fatos nem sequer relacionados com a causa hão de ser, também, incapazes de repercutir no resultado final.

Importa anotar, outrossim, que a incontrovérsia e mesmo a confissão **nem sempre dispensam** a respectiva comprovação (Código de Processo Civil, arts. 302, inciso I, e 320, inciso II). É o caso, *v. g.*, da confissão feita por um ou alguns dos litisconsortes, a qual não prejudica os demais (Código de Processo Civil, art. 350, *caput*); da confissão apresentada por um dos cônjuges nas ações que versarem sobre bens imóveis ou direitos sobre imóveis alheios (Código de Processo Civil, art. 350, parágrafo único); e a confissão ou admissão de fatos relativos a direitos indisponíveis (Código de Processo Civil, art. 351; Código Civil, art. 213).

Em síntese, o objeto da prova consiste nas alegações acerca de **fatos controvertidos, relevantes, não notórios** e **não presumidos por lei**.

Na inicial do processo cautelar, o requerente deve narrar fatos que revelem a plausibilidade do direito (*fumus boni juris*) e o fundado receio de infrutuosidade do provimento jurisdicional principal (*periculum in mora*). Esse é o conteúdo da causa de pedir cautelar. Para o deferimento de um pedido de arresto, por exemplo, é essencial, nos termos do art. 814 do Código: a) prova literal da dívida líquida e certa; e b) prova documental ou justificação de alguma das situações mencionadas no art. 813. Este haverá de ser o objeto da prova no processo de arresto.

Como já salientado (v. Capítulos 14 e 21), na contestação o requerido pode, no tocante aos fatos: a) negar os que foram alegados pelo requerente; e b) argüir outros, impeditivos, modificativos ou extintivos do direito do requerente. Nesta última hipótese, o requerente é que, na oportunidade do art. 326 do Código de Processo Civil (v. Capítulo 23, item 23.1) poderá suscitar a controvérsia, caso negue os fatos aduzidos pelo requerido. Em qualquer caso, ter-se-ão questões de fato que haverão de ser objeto de prova.

Assim, por ocasião do julgamento conforme o estado do processo, o juiz, verificando não ser caso de aplicação do art. 329 do Código e constatando que a questão não é estritamente de direito, haverá de **identificar o objeto da prova**, tarefa que realizará confrontando as alegações formuladas na petição inicial com as apresentadas na contestação e estas, eventualmente, com as trazidas na réplica (também chamada de impugnação) do autor.

Feito isso, se os fatos já estiverem esclarecidos pela prova documental, o magistrado procederá ao julgamento antecipado do pedido (Código de Processo Civil, art. 330, inciso I, segunda parte); mas, sendo necessários outros esclarecimentos, a serem obtidos mediante prova pericial, inspeção judicial ou inquirição de pessoas, o juiz: a) resolverá as questões processuais pendentes; b) declarará saneado o processo cautelar; c) fixará os pontos controvertidos; e d) deliberará sobre as provas a serem produzidas (sobre esse aspecto, v. item seguinte deste capítulo).

Reitera-se, aqui, o entendimento de que, no procedimento cautelar, não se realiza a audiência preliminar prevista no art. 331 do Código, proferindo-se por escrito a decisão declaratória de saneamento (v. Capítulo 23).

24.2. OS MEIOS DE PROVA

Se é verdade que o estudo do objeto da prova versa sobre **o que** deve ser provado, o dos **meios de prova** volta-se para a seguinte pergunta: **como** (ou de que modo) as alegações podem ser provadas?

A Constituição Federal, em seu art. 5º, inciso LVI, estabelece que "são inadmissíveis, no processo, as provas obtidas por meios ilícitos". O Código de Processo Civil, por sua vez, dispõe, no art. 332, que "todos os meios legais, bem como os moralmente legítimos, ainda que não especificados neste Código, são hábeis para provar a verdade dos fatos, em que se funda a ação ou a defesa".

Vários são os meios de prova previstos pelo Código de Processo Civil: o depoimento pessoal (arts. 342 e segs.); a confissão (arts. 348 e segs.); a exibição de documento ou coisa (arts. 355 e segs.); os documentos (arts. 364 e segs.); as testemunhas (arts. 400 e segs.); as perícias (arts. 420 e segs.); e a inspeção judicial (arts. 440 e segs.).

Numa primeira leitura, poder-se-ia pensar que, não sendo obtidos ilicitamente, os meios de prova disciplinados pelo Código seriam **sempre** admissíveis. Em princípio é assim, mas a regra não é absoluta. O art. 400, por exemplo, reza que "a prova testemunhal é sempre admissível, **não dispondo a lei de modo diverso**", devendo o juiz indeferir "a inquirição de testemunhas sobre fatos: I – já provados por documento ou confissão da parte; II – que só por documento ou por exame pericial puderem ser provados". O art. 401, por sua vez, dispõe que "a prova exclusivamente testemunhal só se admite nos contratos cujo valor não exceda o décuplo do maior salário mínimo vigente no país, ao tempo em que foram celebrados".

Fora do âmbito do Código de Processo Civil há regras semelhantes, como a do art. 55, § 3º, da Lei nº 8.212/1991: "A comprovação do tempo de serviço para os efeitos desta Lei, inclusive mediante justificação administrativa ou judicial, conforme o disposto no art. 108, só produzirá efeito quando baseada em início de prova material, **não se admitindo prova exclusivamente testemunhal**, salvo na ocorrência de motivo de força maior ou caso fortuito, conforme disposto no Regulamento".[1]

Todas essas regras têm aplicação no processo cautelar. Embora seja cada vez mais comum a concentração, no feito principal, de toda a instrução probatória – o que não deixa de ser uma anomalia –, é inegável que no processo cautelar admitem-se os mesmos meios de prova cabíveis no processo definitivo.

Considerando-se, todavia, o **objeto** da prova e a **sumariedade** do rito cautelar, é dado afirmar que a produção da prova pode ser limitada ao necessário à demonstração do *fumus boni juris* e do *periculum in mora*, aí compreendidas, naturalmente, não apenas as alegações do requerente, mas também as formuladas pelo requerido e tendentes à improcedência do pedido cautelar. A investigação exauriente pode e deve ser reservada para a instrução do feito principal.

A prova pericial está, sem dúvida, dentre as que demandam mais tempo para sua realização. Assim, é conveniente incrementar-se a utilização, no processo cautelar, da regra trazida pelo art. 427 do Código de Processo Civil: "O juiz poderá dispensar prova pericial quando as partes, na inicial e na contestação, apresentarem sobre as questões de fato pareceres técnicos ou documentos elucidativos que considerar suficientes".

---

[1] V. **Súmula nº 149 do STJ**: "A prova exclusivamente testemunhal não basta à comprovação da atividade rurícola, para efeito da obtenção de benefício previdenciário."

Com efeito, tais pareceres técnicos, acostados aos autos por iniciativa da parte, podem bastar à demonstração do *fumus boni juris* e do *periculum in mora*, reservando-se a produção da prova pericial, se necessária, ao feito principal.

Também é recomendável que, no processo cautelar, o juiz substitua a perícia pela inspeção judicial, sempre que esta se mostrar mais rápida ou de fácil realização. Sim, sabendo-se que para o julgamento da demanda cautelar não se exige a demonstração plena dos fatos, mas apenas o suficiente para que se revele a plausibilidade do direito afirmado, é possível que baste, muitas vezes, um simples exame da coisa ou da pessoa pelo próprio juiz, até porque para chegar-se a uma conclusão de mera verossimilhança pode não ser necessário o aprofundado parecer de um *expert*.

Se, contudo, for realizada a prova pericial no processo cautelar, com a observância do contraditório e das formalidades legais próprias, é de aproveitá-la no processo principal, evitando-se a desnecessária renovação da prova.

24.3. O ÔNUS DA PROVA

Em princípio, às partes cabe produzir todas as provas que estiverem a seu alcance. Cada um dos litigantes tem interesse em demonstrar a respectiva versão.

Ao juiz, por sua vez, é atribuído o poder de, *ex officio* ou a requerimento da parte, determinar as provas necessárias à instrução do processo (Código de Processo Civil, art. 130).

Encerrada a instrução e debatida a causa, o juiz proferirá o julgamento, podendo valer-se das provas constantes dos autos, independentemente de quem as haja produzido. Aplica-se, aqui, o **princípio da comunhão da prova**, segundo o qual, após sua produção, a prova pertence ao processo e já não se situa na esfera de disponibilidade das partes.

Mesmo tendo o poder de iniciativa instrutória e podendo examinar o conjunto de elementos com tal liberdade, não raras vezes, em razão da **insuficiência da prova produzida**, o juiz não consegue formar convicção segura acerca do ocorrido, ou seja, não consegue reconstruir os fatos.

Como não pode abster-se de julgar, o magistrado, em tais casos, há de recorrer ao uso das regras do **ônus da prova**, trazidas a lume pelo art. 333, *caput*, do Código de Processo Civil, *verbis*: "Art. 333. O ônus da prova incumbe: I – ao autor, quanto ao fato constitutivo de seu direito; II – ao réu, quanto à existência de fato impeditivo, modificativo ou extintivo do direito do autor."

Muitos confundem a questão do ônus da prova com o encargo de antecipar as despesas relativas à produção da prova; pensam que se se atribui a "B" o ônus da prova, ele é que deve antecipar as despesas relativas a todas as provas, mesmo aquelas requeridas por "A".

A jurisprudência, porém, tem distinguido o ônus da prova do encargo de antecipar as despesas necessárias a sua produção. O Superior Tribunal de Justiça, por exemplo, vem afirmando que, independentemente de o ônus recair sobre este ou aquele litigante, a antecipação das despesas necessárias à produção da prova deve ser feita por quem requereu a diligência:

> Não se pode confundir ônus da prova com obrigação pelo pagamento ou adiantamento das despesas do processo. A questão do ônus da prova diz respeito ao julgamento da causa quando os fatos alegados não restaram provados. Todavia, independentemente de quem tenha o ônus de provar este ou aquele fato, cabe a cada parte prover as despesas dos atos que realiza ou requer no processo, antecipando-lhes o pagamento (CPC, art. 19), sendo que compete ao autor adiantar as despesas relativas a atos cuja realização o juiz determinar de ofício ou a requerimento do Ministério Público (CPC, art. 19, § 2º).[2]

No processo cautelar, não há regras especiais de distribuição do ônus da prova, de sorte que a ele se aplica também o disposto no art. 333 do Código de Processo Civil. Uma única observação, porém, precisa ser feita. O art. 816 do Código estabelece que "o juiz concederá o arresto independentemente de justificação prévia: I – quando for requerido pela União, Estado ou Município, nos casos previstos em lei; II – se o credor prestar caução (art. 804)."

Interpretação apressada poderia conduzir à conclusão de que a União, o Estado, o Município ou o requerente prestador de caução não teriam o ônus de provar suas alegações. Não é assim. O que da lei resulta é que a medida **liminar** será deferida independentemente de justificação nas hipóteses que especifica. Isso não significa, de modo algum, que, no decorrer da instrução cautelar e sob o crivo do contraditório, o poder público ou o particular prestador de caução estejam desonerados de produzir a prova necessária (Theodoro Júnior, v. II, 2003, p. 419).

---

2 STJ, 1ª Turma, Resp. nº 538807/RS, rel. Min. Teori Albino Zavascki, j. 3/10/2006, DJU 7/11/2006, p. 231. No mesmo sentido: TRF da 3ª Região, 2ª Turma, AG nº 267.110/SP, rel. Des. Fed. Cecília Mello, j. 14/11/2006, DJU 1/12/2006, p. 443.

Capítulo 25
A sentença no processo cautelar

25.1. NATUREZA

No início deste trabalho, versou-se acerca das espécies de prestação jurisdicional e afirmou-se que, no âmbito da tutela de conhecimento, as demandas podem ser **meramente declaratórias**, **condenatórias**, **constitutivas**, **mandamentais** ou **executivas** (v. Capítulo 2, item 2.1).

A mesma classificação pode ser adotada para as **sentenças**, até porque elas configuram o provimento jurisdicional pretendido.

Já se afirmou, também, que o procedimento cautelar comum não prescinde de atividades cognitivas e que de certa maneira lembra a estrutura do procedimento comum ordinário. De fato, o rito cautelar comum é inaugurado por uma petição inicial, exige a citação do requerido, possibilita que este apresente sua resposta, oferece espaço para a produção de provas, culmina com uma **sentença**, seguida de eventual recurso e de cumprimento (v. Capítulo 17, item 17.2).

Pois bem. Cumpre perquirir, agora, sobre a **natureza** da sentença cautelar, sempre lembrando de que tal tarefa deve ser realizada: a) sob a suposição de que o pedido seja integralmente acolhido; e b) sem levar em consideração, de qualquer modo, o pleito condenatório ao pagamento de despesas, custas processuais e honorários advocatícios, irrelevantes para a determinação da natureza da sentença.

Se examinarmos os procedimentos cautelares **específicos**, veremos que não é possível identificar uma só e mesma natureza entre as respectivas sentenças. Essa diversidade explica-se, em parte, pelo fato de que nem todos os procedimentos previstos no Capítulo II do Título Único do Livro III do Código de Processo Civil são propriamente cautelares.

Tomando-se, porém, procedimentos específicos tipicamente cautelares, chegamos à conclusão de que mesmo entre eles não existe uma uniformidade das sentenças.

O arresto, por exemplo, é medida propriamente cautelar, porquanto visa a assegurar o resultado útil de um processo principal, definitivo. A sentença que acolhe o pedido de arresto **determina** a prática do ato configurador da medida. Pela sentença o juiz não declara arrestado o bem e tampouco institui a constrição. O que o magistrado faz, sim, é **ordenar** ao oficial de justiça que proceda ao arresto, medida que se efetiva mediante a lavratura do respectivo auto.

Tal sentença é, portanto, **mandamental** e **executiva**, porquanto contém uma ordem passível de cumprimento no mesmo processo em que exarada.

Não é diversa a natureza da sentença que acolhe o pedido de seqüestro ou de arrolamento de bens, podendo-se dizer o mesmo em relação à busca e apreensão, quando efetivamente acautelatória.

Pode-se dizer, destarte, que terão natureza mandamental e executiva as sentenças que deferirem medidas conservativas de bens ou de pessoas. Isso, aliás, é corroborado pela leitura do art. 799 do Código de Processo Civil, que, ao exemplificar medidas cautelares passíveis de adoção no âmbito do poder geral de cautela, afirma que o juiz pode, para evitar o dano, "**autorizar** ou **vedar** a prática de determinados atos, **ordenar** a guarda judicial de pessoas e depósito de bens e **impor** a prestação de caução".

A sentença proferida no procedimento cautelar de produção antecipada de provas, por sua vez, é **meramente declaratória**, uma vez que, por meio dela, o magistrado simplesmente chancela ou homologa a colheita da prova; não há mais do que uma declaração de que foram satisfeitos os requisitos formais necessários à produção de efeitos probatórios. A medida é cautelar, mas a conservação da prova não depende mais do que de sua documentação, seguida da homologação do procedimento.

Isso não quer dizer que toda sentença proferida em feito tendente a assegurar provas tenha natureza meramente declaratória. Quem, por exemplo, sustentar a natureza cautelar do procedimento cautelar de exibição de documento instaurado em face de terceiro não poderá negar que a sentença ali prolatada é **mandamental** e **executiva**, pois o juiz **ordena** a exibição, sob pena de **busca e apreensão**, sem prejuízo da responsabilidade por crime de **desobediência** (Código de Processo Civil, art. 362, c.c. o art. 845).

25.2. LIMITES

A sentença deve ser proferida dentro de certos limites, que são exatamente aquelas três categorias que a doutrina usa para identificar as demandas, quais sejam os **elementos da ação**: as **partes**, a **causa de pedir** e o **pedido** (Santos, 1997, p. 38 e segs.).

De fato, em princípio a jurisdição não pode alcançar aqueles que não integraram a relação processual e que, por conseguinte, não puderam deduzir suas razões e produzir suas provas.

De regra também não é dado ao juiz, prolator da sentença, o poder de modificar a causa de pedir (os fatos e os fundamentos jurídicos do pedido), como resulta do art. 128 do Código de Processo Civil: "O juiz decidirá a lide nos limites em que foi proposta, sendo-lhe defeso conhecer de questões, não suscitadas, a cujo respeito a lei exige a iniciativa da parte."

Do mesmo modo, o juiz está, quase sempre, cingido ao pedido. O art. 460 do Código de Processo Civil estabelece que "é defeso ao juiz proferir sentença, a favor do autor, de natureza diversa da pedida, bem como condenar o réu em quantidade superior ou em objeto diverso do que lhe foi demandado".

A vinculação do juiz ao pedido e à causa de pedir é traduzida pelo **princípio da congruência** ou da **correlação**. Assim, se deixar de examinar algum pedido ou rejeitá-lo sem apreciar todas as causas de pedir, o juiz terá produzido uma sentença *citra petita*; se se pronunciar de ofício sobre pedido ou causa de pedir não deduzido pelo demandante, o magistrado terá prolatado uma sentença *ultra petita*; e se proferir sentença sobre causa de pedir ou objeto diverso do demandado, terá julgado *extra petita*.

Todas essas noções são bastante difundidas e conhecidas na doutrina e na jurisprudência, não cabendo aqui maiores perquirições.

Cumpre destacar, todavia, que, por força do **princípio da fungibilidade** dos provimentos de segurança (v. Capítulo 7, item 7.5), não é *extra petita* a sentença que defere providência cautelar diversa da postulada pela parte (Theodoro Júnior, v. II, 2003, p. 392).

Isso, porém, não autoriza o juiz a conferir a proteção cautelar com base em fatos diversos daqueles narrados pelo requerente ou em direito por este não invocado. A fungibilidade recai precisamente sobre a providência cautelar adotada e não sobre a essência da demanda, delineada pela causa de pedir.

25.3. ESTRUTURA

Sob o aspecto formal, uma primeira questão que se coloca diz com a possibilidade de serem julgadas pela mesma sentença as demandas de conhecimento e cautelar.

Parte da doutrina afirma que o processo cautelar há de ser sempre encerrado por sentença e que em nenhuma hipótese deverá haver julgamento numa só peça (por todos, Baptista da Silva, 2006, p. 182). Outros entendem que, chegando os dois processos, simultaneamente, à fase de instrução oral, mormente quando a providência cautelar já foi deferida *initio litis*, não há inconveniente algum em que a audiência de instrução e julgamento e a sentença sejam unificadas (Theodoro Júnior, v. II, 2003, p. 374).

Embora a autonomia do processo cautelar não o recomende, não há nulidade no julgamento das duas demandas por meio de uma única sentença, que nesse caso será acostada aos autos principais e trasladada, por cópia, para os outros. Não se pode aceitar, todavia: a) que o juiz, tendo ou não concedido a liminar, limite-se a julgar o feito principal, omitindo-se quanto à cautelar; e b) que o juiz determine o sobrestamento do feito cautelar para aguardar a tramitação do processo principal.

Com efeito, o processo cautelar é autônomo e tem objeto próprio. A procedência do pedido principal não significa que o pedido cautelar deva ser acolhido, assim como nada impede que a medida cautelar seja concedida e o provimento de mérito, no feito principal, seja denegatório.

Admite-se o julgamento simultâneo e em sentença única *apenas e tão-somente* quando ambos os processos chegarem **naturalmente** juntos à fase decisória. Isso raramente ocorrerá quando a medida cautelar for preparatória, mas o mesmo não pode ser dito quando se tratar de medida incidente.

Lembre-se, outrossim, de que, se julgada a ação cautelar juntamente com a principal, numa só sentença, a apelação será global, cabendo ao juiz recebê-la com efeitos distintos, quando providas ambas as ações, de tal modo que o recurso contra a cautela não tenha efeito suspensivo (Lacerda, 1999, 241).

Quanto à estrutura, a sentença proferida no processo cautelar deve obedecer aos requisitos essenciais prescritos no art. 458, "não se esquivando das eivas se faltar relatório, fundamentação ou dispositivo, sendo passível, pois, de anulação, nulificação ou declaração de inexistência. A cautelaridade e a segurança não significam arbítrio" (Shimura, 1993, p. 220-221).

Na parte dispositiva, conforme o resultado, o juiz deverá manter ou revogar a medida liminar, valendo lembrar que a sentença cautelar produz efeitos de imediato (v. Capítulo 26, item 26.2). Mesmo que o cumprimento da liminar não permita o retorno ao *status quo ante*, a sentença deve enfrentar o mérito, a fim de verificar eventual responsabilidade por perdas e danos.

No que concerne às despesas, custas processuais e honorários advocatícios, diga-se que predomina o entendimento segundo o qual tais verbas são devidas e devem ser suportadas pelo vencido (Código de Processo Civil, art. 20, *caput*).

É comum e nada impede que o juiz proceda a uma só fixação dos honorários advocatícios na sentença do processo principal, levando em conta também o trabalho desenvolvido no feito cautelar. Quando o pagamento é imposto na própria sentença cautelar, aplica-se a regra do § 4º do art. 20 do Código: "Nas causas de pequeno valor, nas de valor inestimável, **naquelas em que não houver condenação** ou for vencida a Fazenda Pública, e nas execuções, embargadas ou não, os honorários serão fixados consoante apreciação eqüitativa do juiz, atendidas as normas das alíneas *a*, *b* e *c* do parágrafo anterior" (grau de zelo do profissional, o lugar de prestação do serviço, a natureza e importância da causa, o trabalho realizado pelo advogado e o tempo exigido para o seu serviço).

Capítulo 26
Recursos contra decisões do juízo singular

26.1. AGRAVO

O art. 162, *caput*, do Código de Processo Civil estabelece que "os atos do juiz consistirão em **sentenças**, **decisões interlocutórias** e **despachos**".

Mais adiante, ao disciplinar os recursos, o Código reza que "da sentença caberá apelação" (art. 513); que "das decisões interlocutórias caberá agravo" (art. 522); e que "dos despachos não cabe recurso" (art. 504).

Interessa-nos agora o recurso de **agravo**, cabível, como se disse, contra as **decisões interlocutórias**, entendidas como tais aquelas que, no curso do processo, resolvem questões incidentes (Código de Processo Civil, art. 162, § 2º).

Como em qualquer processo, no feito cautelar o juiz também profere decisões interlocutórias, como, por exemplo, a que defere ou não o pedido de liminar (Código de Processo Civil, art. 804).

O sistema atual consagra, como regra, a forma **retida** de agravo, reservando a de instrumento para as decisões suscetíveis de causar à parte lesão grave e de difícil reparação, bem como nos casos de inadmissão da apelação e nos relativos aos efeitos em que a apelação é recebida (Código de Processo Civil, art. 522).

Tratando-se de agravo interposto contra decisão de **indeferimento** do pedido de liminar cautelar, não há espaço para a modalidade **retida**, devendo o recurso ser manejado por **instrumento**. Sim, porque o próprio pedido de liminar terá sido formulado com base no fundado receio de que, antes da atuação jurisdicional satisfativa, advenha lesão grave e de difícil reparação (Código de Processo Civil, art. 798), de sorte que não há o menor sentido em optar-se pelo agravo retido e tampouco em converter-se o recurso para tal modalidade. De fato, o conhecimento do agravo retido por ocasião do julgamento da apelação seria de todo inútil, máxime quando se sabe que a sentença cautelar produz efeitos de imediato (v. item seguinte deste capítulo).

Nessas condições, se vier a entender que não concorre o perigo da demora, o relator do agravo de instrumento não o converterá para a modalidade retida, devendo, sim, indeferir o pedido de antecipação dos efeitos da tutela recursal (Código de Processo Civil, art, 527, inciso III) ou, conforme o caso, negar seguimento ao próprio agravo (Código de Processo Civil, arts. 527, inciso I, e 557, *caput*).

Cuidando-se de decisão de **deferimento** do pedido de liminar cautelar, igualmente não há propósito em utilizar-se o agravo retido, uma vez que a prolação da sentença, por si só, prejudicaria o recurso, não subsistindo qualquer interesse em que fosse apreciado por ocasião do julgamento da apelação. A conversão do agravo de instrumento em retido não pode subtrair-lhe a serventia; se da conversão do agravo resultar, inexoravelmente, sua inutilidade, cumprirá ao relator processá-lo por instrumento.

É importante notar que o recebimento do agravo com efeito suspensivo depende não apenas da demonstração da relevância do fundamento – consistente na probabilidade de o agravo ser provido –, como também o perigo de dano decorrente do cumprimento da decisão agravada (Código de Processo Civil, arts. 527, inciso III, e 558, *caput*).

Assim, para obter junto ao relator a suspensão do cumprimento da decisão que deferiu o pedido de liminar cautelar, o demandado-agravante não pode limitar-se a demonstrar que não concorrem o *fumus boni juris* e o *periculum in mora* alegados pelo demandante-agravado; precisa evidenciar também que a urgência milita em seu favor, ou seja, que a não-suspensão da decisão acarretará a ele, agravante, lesão grave e de difícil reparação; sem isso, até poderá ver seu agravo provido, mas não fará jus à suspensão do cumprimento da decisão agravada ainda durante a tramitação do procedimento recursal.

26.2. APELAÇÃO

A regra do art. 513 do Código de Processo Civil, segundo a qual "da sentença caberá apelação", é aplicável também ao processo cautelar.

Cumpre observar, todavia, que o art. 520, inciso IV, estabelece que a apelação será recebida "só no efeito devolutivo" – e, portanto, sem efeito suspensivo – quando interposta de sentença que "decidir o processo cautelar".

Diversamente do que se dá em outras hipóteses previstas no art. 520, a do inciso IV não vincula o efeito da apelação ao **resultado** do julgamento do processo cautelar. Não importa, pois, se a sentença é terminativa ou de mérito, tampouco se de acolhimento ou de rejeição do pedido: a sentença proferida no processo cautelar produz **efeitos de imediato**.

Desse modo, se o juiz houver deferido o pedido de liminar e, na sentença, vier a extinguir o processo cautelar sem resolução de mérito ou julgar improcedente o pedido, a medida será revogada, cessando de pronto os respectivos efeitos, independentemente de declaração expressa. Por ser proferida após regular debate e maior instrução, a sentença prevalece sobre a decisão liminar, que muitas vezes é proferida *inaudita altera parte*.

De outra parte, se o juiz houver indeferido o pleito de liminar cautelar e, na sentença, vier a acolher o pedido inicial do requerente, a medida será efetivada independentemente do trânsito em julgado, pois o recurso de apelação do requerido deverá ser recebido somente no efeito devolutivo.

Por sua vez, a sentença de procedência do pedido inicial confirma a liminar anteriormente deferida, não havendo dúvida a respeito da continuidade dos efeitos. É fundamental destacar, todavia, que esses efeitos passarão a decorrer da sentença e não mais da decisão que deferira a liminar.

Dessa última afirmação resulta outra, de capital importância. Se a sentença prevalece sobre a decisão interlocutória atinente à liminar, nada importa que esta tenha sido objeto de agravo e mesmo que haja sido reformada por instância superior. É que, por força do **efeito substitutivo** do acórdão (Código de Processo Civil, art. 512), este se sobrepõe à decisão recorrida no que for com ela incompatível, mantendo, porém, a natureza interlocutória. Assim, ainda que deferida a liminar em segunda instância, uma vez proferida a sentença pelo juízo monocrático, restam cessados os efeitos da decisão tomada pelo tribunal.

Cumpre examinar, na seqüência, uma outra questão: prolatada a sentença no processo cautelar, disporá o apelante de algum instrumento capaz de proporcionar-lhe, em termos práticos, o efeito suspensivo que lhe nega o inciso IV do art. 520?

A resposta, desenganadamente **afirmativa**, é encontrada no parágrafo único do art. 558 do Código de Processo Civil, *verbis*:

> Art. 558. *O relator poderá, a requerimento do agravante, nos casos de prisão civil, adjudicação, remição de bens, levantamento de dinheiro sem caução idônea e em outros casos dos quais possa resultar lesão grave e de difícil reparação, sendo relevante a fundamentação, suspender o cumprimento da decisão até o pronunciamento definitivo da turma ou câmara.* **Parágrafo único. Aplicar-se-á o disposto neste artigo às hipóteses do art. 520.**

Uma simples leitura do *caput* do art. 558 revela o caráter excepcional da norma: o efeito suspensivo não é a regra no recurso de agravo, devendo ser conferido apenas nas hipóteses enumeradas ou "em outros casos dos quais possa resultar lesão grave e de difícil reparação, sendo relevante a fundamentação".

Os incisos do art. 520 do Código de Processo Civil também trazem hipóteses em que a apelação é de ser recebida somente no efeito devolutivo; mas a ressalva constante do parágrafo único do art. 558 do Código conduz à conclusão de que, excepcionalmente, a apelação pode ser recebida também com efeito suspensivo, desde que relevante sua fundamentação e contanto que haja perigo de lesão grave e de difícil reparação.

Assim, suponha-se que o juiz, na sentença, tenha acolhido o pedido inicial de proteção cautelar. A apelação do requerido, em princípio, haveria de ser recebida somente no efeito devolutivo e, por conseguinte, a sentença, cumprida de imediato. Nada impede, porém, que o apelante, alegando o concurso dos requisitos do art. 558 do Código, peça o recebimento do recurso também no efeito suspensivo.

Em tal hipótese, o juiz de primeiro grau haverá de proferir decisão a respeito de tal postulação, oportunizando o manejo de agravo de instrumento pelo interessado.

Outro caminho viável – e sobre o qual já se discorreu nos Capítulos 11 e 17, é o ajuizamento, diretamente no tribunal, de uma **"medida cautelar inominada"**. Por meio dela, o requerente comprova a interposição da apelação e sustenta: a) a relevância do fundamento, traduzida pela probabilidade de ser provido o recurso; e b) o perigo de lesão grave e de difícil reparação.

Reitere-se que tais pleitos quase nunca guardam natureza propriamente cautelar, constituindo, sim, verdadeiras antecipações da tutela recursal. De qualquer modo, à falta de um procedimento específico previsto em lei, a praxe forense vem consagrando a veiculação de tais postulações em sede cautelar, com as variações procedimentais que alhures observamos (v. Capítulo 17, item 17.3).

26.3. EMBARGOS DE DECLARAÇÃO

No que concerne à expressão verbal, os provimentos judiciais devem ser **claros**, **precisos**, **completos** e **coerentes**. A ausência de clareza ou de precisão configura **obscuridade**; a falta de completitude traduz a **omissão**; e a incoerência entre afirmações conduz à **contradição**.

Exatamente com a finalidade de extirpar dos atos do juiz qualquer desses vícios, o art. 535 do Código de Processo Civil dispõe que "cabem **embargos de declaração** quando: I – houver, na sentença ou no acórdão, obscuridade ou contradição; II – for omitido ponto sobre o qual devia pronunciar-se o juiz ou tribunal".

Conquanto a lei preveja o cabimento de embargos de declaração contra **sentenças** e **acórdãos**, a doutrina defende que tal recurso deve ser admitido também contra as **decisões interlocutórias** e até mesmo contra os **despachos**, uma vez que todos esses atos são provimentos judiciais e precisam reunir os atributos de clareza, precisão, completitude e coerência.

Os embargos de declaração são admissíveis em todos os tipos de processo, aí incluído, portanto, o cautelar, nada havendo de especial a anotar a esse respeito.

Uma questão, porém, merece relevo: os embargos de declaração devem ser recebidos com efeito suspensivo?

Note-se que não se está cogitando, aqui, da suspensão ou da interrupção do **prazo** para a interposição de outros recursos. Em sua redação original, o Código de Processo Civil dispunha, no parágrafo único do art. 465 e no *caput* do art. 538 que a oposição de embargos de declaração **suspenderia** o prazo para a interposição de outros recursos. Com o advento da Lei nº 8.950/1994, o art. 465 foi revogado e o art. 538 passou a dispor que "os embargos de declaração **interrompem** o prazo para a interposição de outros recursos, por qualquer das partes".

Não é essa a questão. O que se indaga é o seguinte: a oposição de embargos de declaração suspende o cumprimento da decisão embargada?

A lei processual nada dispõe, especificamente, sobre o efeito ou efeitos dos embargos de declaração. Na doutrina, há posições nos dois sentidos.

Não é possível estabelecer uma regra uniforme, seja num sentido, seja noutro.

Deveras, os embargos de declaração devem ter efeito suspensivo se também o tiver o recurso subseqüente, aquele cujo prazo fica interrompido por força do art. 538 do Código.

Assim, comumente não terão efeito suspensivo os embargos de declaração opostos contra decisões interlocutórias de primeiro grau, pois o recurso de agravo de regra não o tem. Por outro lado, no mais das vezes terão efeito suspensivo os declaratórios manejados contra sentenças, já que a maior parte das apelações é recebida no duplo efeito. Reprise-se, porém, que, cuidando-se de apelação interposta contra sentença proferida em processo cautelar, a regra é a do efeito meramente devolutivo (Código de Processo Civil, art. 520, inciso IV). E, admitindo-se os embargos também contra despachos, evidentemente não se lhes emprestaria o efeito suspensivo, até porque esse tipo de provimento não causa prejuízo e inexistiria qualquer razão a justificar a paralisação do processo.

Importa ressalvar, contudo, que, concorrendo os requisitos previstos no art. 558 do Código de Processo Civil (v. itens anteriores deste mesmo capítulo), o interessado poderá pleitear o recebimento dos embargos de declaração com efeito suspensivo, mesmo que opostos contra sentença passível de apelação sem efeito suspensivo.

Sim, desde que se demonstrem a relevância do fundamento e o perigo de que a efetivação do comando judicial acarrete lesão grave e de difícil reparação, é possível a obtenção do efeito suspensivo nos embargos de declaração.

Capítulo 27
Recursos contra decisões dos tribunais

27.1. AGRAVOS

Os tribunais funcionam, em princípio, por meio de órgãos fracionários colegiados (turmas, câmaras, seções etc.) e suas decisões são tomadas por maioria de votos. Em diversos casos, porém, o juiz, desembargador ou ministro relator conta com autorização legal para proferir decisões monocráticas, boa parte delas impugnáveis por meio de **agravo** ao órgão colegiado competente.

Cite-se como exemplo o agravo previsto no § 1º do art. 557 do Código de Processo Civil, cabível contra as decisões, de relator, que negam seguimento ou que dão provimento a recurso. Outro exemplo é o agravo de que trata o art. 545 do Código, manejável contra as decisões, de ministro relator, que não admitem o agravo de instrumento interposto contra decisão de inadmissão de recurso especial ou extraordinário, negam-lhe provimento ou reformam o acórdão recorrido.

Nem toda decisão de relator, contudo, é agravável. No âmbito do agravo de instrumento interposto contra decisões de primeiro grau, são irrecorríveis – embora possam ser reconsideradas – as decisões do relator, positivas ou negativas, acerca da atribuição de efeito suspensivo e as pertinentes à antecipação da tutela recursal. Diga-se o mesmo em relação às decisões de conversão do agravo de instrumento em retido (Código de Processo Civil, art. 527, incisos II e III, e parágrafo único).

Precisamente aqui surge questão importante e interessante. Não cabendo agravo ou qualquer outro recurso contra a decisão do relator, o interessado disporia de algum remédio para impugná-la? De ordinário, não. O legislador efetivamente desejou a irrecorribilidade das decisões de que cuidam os incisos II e III do art. 527 do Código; e nada o impedia de assim dispor, até porque os princípios do colegiado e do duplo grau de jurisdição não são garantidos de forma absoluta pela Constituição Federal.

Poder-se-ia cogitar do cabimento de uma **medida cautelar inominada**, tendente a assegurar o resultado útil do agravo de instrumento. Ocorre que, no mais das vezes, os regimentos internos dos tribunais atribuem ao próprio relator a competência para as medidas cautelares, o que, em termos práticos, produziria pouco resultado ou equivaleria ao pedido de reconsideração.

É imperioso destacar, contudo, que do art. 5º, inciso II, da Lei nº 1.533/1951 resulta caber **mandado de segurança** quando do ato reputado abusivo ou ilegal não couber recurso ou correição.

Certo é, também, que o mandado de segurança não é recurso e nem deve fazer-lhe as vezes. Trata-se de ação destinada a proteger direito líquido e certo, não amparado por *habeas corpus* ou *habeas data*, violado ou ameaçado por ato ilegal ou abusivo de autoridade pública ou de quem lhe faça as vezes (Constituição Federal, art. 5º, LXIX; e Lei nº 1.533/1951, art. 1º).

Assim, o manejo do mandado de segurança contra tais decisões do relator deve ser reservado para **situações excepcionais**, não cabendo como simples e ordinário instrumento de revisão. Pensamos, destarte, que a impetração deva ser admitida somente em casos de **evidente ilegalidade ou abuso** e desde que a intervenção seja necessária para evitar **lesão grave e de difícil ou impossível reparação**.

Admitir solução outra, mais ampla, significaria subtrair a utilidade da reforma promovida pela Lei nº 11.187/2005, na parte em que explicitou a mencionada irrecorribilidade. O que o legislador desejou foi, a toda evidência, mitigar a verdadeira "processualização" por que vinha passando o agravo de instrumento, recurso que na prática e em muitos tribunais vinha comportando várias e sucessivas decisões, monocráticas e colegiadas, com grande sacrifício à segurança jurídica e à celeridade da prestação jurisdicional final.

27.2. EMBARGOS INFRINGENTES

Cabem **embargos infringentes** quando o acórdão não unânime houver reformado, em grau de apelação, a sentença de mérito, ou houver julgado procedente ação rescisória (Código de Processo Civil, art. 530, primeira parte).

Note-se que o dispositivo legal alude a "sentença de mérito". Por aí se vê, mais uma vez, a importância de delimitar-se o mérito do processo cautelar. Para aqueles que entendem que o *periculum in mora* não integra o mérito cautelar e estaria compreendido no âmbito do interesse de agir, eventual sentença que desse pela ausência de tal requisito seria meramente terminativa e, por conseguinte, não ensejaria embargos infringentes contra o acórdão proferido na apelação.

Entendendo-se, porém, que tanto o *periculum in mora* quanto o *fumus boni juris* constituem o mérito cautelar – esta é a posição que sustentamos (v. Capítulos

14, 15 e 16) –, a sentença que versar sobre tais temas abrirá espaço para futuros embargos infringentes, caso a respectiva apelação seja provida por maioria de votos.

Interpostos contra acórdão proferido em ação rescisória, os embargos infringentes são dotados de efeito suspensivo; quando manejados contra acórdão exarado em apelação, de regra eles terão efeito suspensivo somente se esta também o tiver e, ainda assim, nos limites da matéria devolvida (Miranda, 2005, p. 1.643). Frise-se, uma vez mais, que, no processo cautelar, a apelação possui, de regra, somente o efeito devolutivo.

Observe-se que, mesmo que a apelação tenha sido recebida somente no efeito devolutivo, os embargos infringentes podem ser recebidos no duplo efeito se concorrerem os requisitos previstos no art. 558 do Código de Processo Civil – a relevância do fundamento e o perigo de que sobrevenha lesão grave e de difícil reparação.

O pedido de recebimento dos embargos infringentes no duplo efeito deve ser apreciado pelo relator do acórdão embargado, a quem compete realizar o juízo de admissibilidade (Código de Processo Civil, art. 531). Da decisão que for proferida há de caber, em cinco dias, agravo ao órgão competente para o julgamento dos embargos infringentes. Não há expressa previsão legal nesse sentido, mas entendemos que a admissibilidade do agravo em tal situação possa ser extraída da regra do art. 532 do Código, que o concebe contra a decisão de inadmissão dos embargos infringentes.

27.3. RECURSOS AOS TRIBUNAIS SUPERIORES

A Constituição Federal estabelece, nos arts. 102, incisos II e III, e 105, incisos II e III, o cabimento de recursos ordinários e excepcionais dirigidos ao Supremo Tribunal Federal e ao Superior Tribunal de Justiça.

O recurso ordinário constitucional tem a mesma disciplina da apelação (Código de Processo Civil, art. 540), de sorte que, de regra, ele conta com os efeitos devolutivo e suspensivo.

Não se trata, porém, de preceito absoluto. Suponha-se, por exemplo, uma demanda **cautelar** em que forem partes, de um lado, Estado estrangeiro ou organismo internacional e, do outro, Município ou pessoa residente ou domiciliada no País. O recurso cabível contra a sentença é o ordinário, de competência do Superior Tribunal de Justiça (Constituição Federal, art. 105, inciso II, alínea *c*), mas, por força do disposto no inciso IV do art. 520 do Código de Processo Civil, o efeito haverá de ser somente o devolutivo.

Também os recursos extraordinário, especial e de embargos de divergência não possuem, de regra, efeito suspensivo (Código de Processo Civil, arts. 542, § 2º, e 546, parágrafo único, c.c. o art. 266, § 2º, do Regimento Interno do Superior Tribunal de Justiça).

Concorrendo, porém, os requisitos previstos no art. 558 do Código de Processo Civil – a relevância do fundamento e o perigo de dano grave e de difícil reparação –, tais recursos devem ser recebidos com efeito suspensivo.

No caso dos recursos extraordinário e especial, o primeiro juízo de admissibilidade compete ao presidente ou vice-presidente do tribunal *a quo*, autoridade à qual compete decidir sobre o recebimento do reclamo em um ou em ambos os efeitos.

Uma vez realizado esse juízo de admissibilidade, admite-se o manejo de **medida cautelar inominada** ao tribunal superior competente (v. Súmulas nºs 634 e 635 do Supremo Tribunal Federal, referidas no Capítulo 11 deste trabalho).

Também no que concerne aos **embargos de divergência** há precedentes do Superior Tribunal de Justiça que acabam por admitir o ajuizamento de **medida cautelar** para a obtenção do efeito suspensivo, inclusive com possibilidade de agravo ao órgão colegiado.[1]

27.4. EMBARGOS DE DECLARAÇÃO

No capítulo anterior, versou-se acerca dos **embargos de declaração** opostos contra os provimentos do juízo de primeiro grau. Tal recurso cabe também em face dos despachos, decisões e acórdãos dos tribunais, exatamente nas mesmas hipóteses: **obscuridade**, **omissão** e **contradição**.

Aplicando-se o mesmo raciocínio já defendido, diga-se que, normalmente, os embargos de declaração opostos contra os provimentos judiciais exarados pelos tribunais terão efeito suspensivo apenas quando o recurso subseqüente também o tiver.

Assim, de regra têm efeito suspensivo os embargos de declaração opostos contra acórdão do qual couber recurso ordinário constitucional (Constituição Federal, arts. 102, inciso II, alínea *a*; e 105, inciso II, alíneas *b* e *c*). Isso porque ao recurso ordinário constitucional aplica-se a disciplina da apelação (Código de Processo Civil, art. 540), que normalmente conta com tal efeito.

---

[1] STJ, Corte Especial, AgRg na MC nº 11.732/RS, rel. Min. José Delgado, j. 4/10/2006, DJU 30/10/2006, p. 210. No mesmo sentido: AgRg nos Edcl nos Edcl na MC 8.910/PR, 1ª Seção, rel. Min. Eliana Calmon, j. 9/11/2005, DJU 28/11/2005, p. 171.

Tomando-se o mesmo exemplo dado no item anterior deste capítulo, tem-se que **não terão efeito suspensivo** os embargos de declaração opostos contra sentença proferida em **demanda cautelar** instaurada entre Estado estrangeiro ou organismo internacional de um lado e, do outro, Município ou pessoa residente ou domiciliada no País.

Os agravos interpostos contra decisões dos relatores **não têm** efeito suspensivo, como também não o têm os recursos extraordinário e especial e de embargos de divergência. Assim, também não têm efeito suspensivo os embargos de declaração opostos contra os atos que ensejarem tais recursos.

Reitera-se, porém, que, excepcionalmente, os embargos de declaração opostos contra todas essas decisões podem contar com efeito suspensivo, desde que concorram os requisitos previstos no art. 558 do Código de Processo Civil – relevância do fundamento e perigo de lesão grave e de difícil reparação.

Capítulo 28
O reexame necessário da sentença cautelar

28.1. O DUPLO GRAU DE JURISDIÇÃO OBRIGATÓRIO

O art. 475 do Código de Processo Civil estabelece regra segundo a qual:

> está sujeita ao duplo grau de jurisdição, não produzindo efeito senão depois de confirmada pelo tribunal, a sentença: I – proferida contra a União, o Estado, o Distrito Federal, o Município, e as respectivas autarquias e fundações de direito público; II – que julgar procedentes, no todo ou em parte, os embargos à execução de dívida ativa da Fazenda Pública (art. 585, VI).

Trata-se do **reexame necessário** da sentença, expressão equivalente a outras duas, também utilizadas pela doutrina e no cotidiano forense: **duplo grau de jurisdição obrigatório** e **remessa oficial** (ou **remessa *ex officio***).

O Código de Processo Civil de 1939, em seu art. 822, denominava a figura como **apelação necessária ou *ex officio***, expressão condenada pela doutrina e não adotada pelo Código atual. É que os recursos são, por definição, remédios **voluntários**, ou seja, são manifestações da vontade de quem os interpõe, sendo certo que o reexame necessário é obrigatório, decorre da lei e independe da vontade de quem quer que seja.

Além disso, ao reexame necessário faltam tipicidade, tempestividade, dialeticidade, legitimidade e interesse em recorrer, características próprias dos recursos. No âmbito da atuação jurisdicional de conhecimento, o reexame necessário é uma **condição suspensiva *ex lege*** (Tosta, 2005, p. 151 e segs.); a sentença existe, é válida e, quando o recurso cabível não for dotado de efeito suspensivo, ela pode até produzir efeitos de imediato.

Ocorrendo qualquer das situações previstas no art. 475 do Código, o decurso em branco dos prazos recursais não produz o trânsito em julgado da sentença, devendo o juiz determinar a remessa dos autos ao tribunal; não o fazendo, deverá o presidente do tribunal avocá-los (Código de Processo Civil, art. 475, § 1º).

A doutrina e a jurisprudência dominantes não vêem, na instituição do reexame necessário, ofensa ao princípio da isonomia e, por conseguinte, afastam as cogitações de inconstitucionalidade nesse sentido.[1]

Não se ignora, porém, que o reexame necessário só se justifica como cláusula de proteção às pessoas jurídicas de direito público, que não podem ter sua situação agravada senão em recurso manejado pela parte contrária.[2]

A regra do art. 475 do Código aplica-se também aos feitos cautelares. Vencido o ente público em processo de tal natureza, impõe-se o reexame necessário da sentença. Embora não haja previsão específica a respeito.

28.2. EXCEÇÕES À REGRA

A regra do *caput* do art. 475 é excepcionada pelos §§ 2º e 3º, que afastam o reexame necessário da sentença: a) sempre que a condenação, ou o direito controvertido, for de valor certo não excedente a 60 (sessenta) salários mínimos, bem como no caso de procedência dos embargos do devedor na execução de dívida ativa do mesmo valor; e b) quando fundada em jurisprudência do plenário do Supremo Tribunal Federal ou em súmula deste Tribunal ou do tribunal superior competente.

Os §§ 2º e 3º foram acrescentados ao art. 475 do Código de Processo Civil por força da Lei nº 10.352/2001 e traduzem opções do legislador, tendentes à flexibilização da regra.

O § 2º dispensa da cláusula protetora as sentenças proferidas em demandas de pequeno valor, desde que seja possível, de pronto, a respectiva aferição. Não se cuida, aqui, de simples verificação do valor da causa, até porque este pode ser atribuído livremente quando ela não tenha conteúdo econômico imediato. Se a causa não puder ser valorada economicamente, a exclusão da remessa oficial será inviável, uma vez que as normas excepcionais devem ser interpretadas restritivamente.

Nesse particular, anote-se que, no mais das vezes, as demandas cautelares não são passíveis de apreciação econômica certa, porquanto difícil valorar em moeda o bem jurídico **segurança**. Em princípio, portanto, as sentenças cautelares quase sempre refugirão da exceção prevista no § 2º e, por conseguinte, estarão sujeitas ao reexame necessário. Pode-se aplicar, porém, o disposto nesse parágrafo às cau-

---

[1] Súmula nº 10 do TRF da 3ª Região: "O artigo 475, inciso II, do CPC (remessa oficial) foi recepcionado pela vigente Constituição Federal."

[2] Súmula nº 45 do STJ: "No reexame necessário é defeso, ao tribunal, agravar a condenação imposta à Fazenda Pública."

telares quando o bem ou direito disputado no **feito principal** for de valor certo não superior a 60 (sessenta) salários mínimos, até porque não se concebe que a garantia de efetividade do provimento jurisdicional definitivo valha mais do que o benefício econômico que ele puder proporcionar.

No § 3º do art. 475 do Código, o legislador levou em conta a forte probabilidade de confirmação da sentença fundada em jurisprudência do plenário do Supremo Tribunal Federal ou em súmula do próprio Supremo ou do tribunal superior competente; e, nessas condições, reputou prescindível o reexame pelo tribunal de segundo grau. Trata-se do mesmo preceito que justifica o não-recebimento, pelo juiz de primeiro grau, de recurso de apelação quando a sentença estiver em conformidade com súmula do Superior Tribunal de Justiça ou do Supremo Tribunal Federal (Código de Processo Civil, art. 518, § 1º, com a redação dada pela Lei nº 11.276, de 2006).

Certo é, todavia, que o § 3º do art. 475 do Código só pode ser aplicado quando estiver albergado por súmula ou jurisprudência – nos termos ali explicitados – todo o objeto do julgamento desfavorável ao ente público. Exemplo: sentença que, a par de declarar – com base em jurisprudência do plenário do Supremo Tribunal Federal – a inexistência de relação jurídica tributária, autoriza a compensação em condições contestadas pelo Fisco; em tal hipótese, é de rigor o reexame necessário.

Não menos induvidosa é a possibilidade de aplicação conjugada dos dois parágrafos em exame. Assim, se em relação a um dos pedidos cumulados a sentença houver decidido nos termos do § 3º e se o outro referir-se a bem ou direito de valor não excedente a 60 (sessenta) salários mínimos, mostra-se perfeitamente possível o afastamento do reexame necessário.

28.3. CUMPRIMENTO PROVISÓRIO DA SENTENÇA CAUTELAR

Restando vencido o ente público em processo cautelar e sendo caso de reexame necessário da sentença, esta pode ser cumprida provisoriamente?

A questão é interessante, uma vez que, concebido o reexame como condição de eficácia da sentença, sua efetivação dependeria do trânsito em julgado.

Ocorre que a atuação jurisdicional cautelar só tem sentido se for dotada da agilidade necessária a atingir os escopos que lhe são próprios. Visando a assegurar o resultado útil do provimento definitivo e, para tanto, valendo-se de instrumentos capazes de combater os efeitos nocivos do tempo, a efetivação da tutela cautelar não pode sujeitar-se ao prévio trânsito em julgado da sentença.

De fato, exigir-se o prévio reexame da sentença cautelar para, somente ao depois, dar-lhe cumprimento significaria subtrair, em favor dos entes públicos e em detrimento de seus *ex adversos*, praticamente todo o peso desse tipo de atuação estatal, com conseqüências nefastas à efetividade da jurisdição.

Ademais, se nem o recurso de apelação interposto pelo ente público teria o condão de suspender o cumprimento da sentença cautelar (Código de Processo Civil, art. 520, inciso IV), com muito mais razão há de ser negado tal força ao reexame necessário.

Assim, comungamos com o entendimento, sustentado em doutrina, de que o reexame necessário da sentença cautelar não impede seu imediato – embora provisório – cumprimento (Tosta, 2005, p. 213-14; no mesmo sentido, Bueno, 1999, p. 210).

Tem-se, pois, que, no processo cautelar, o reexame necessário da sentença tem o efeito único de evitar o trânsito em julgado, que depende da decisão do tribunal.

Capítulo 29
Coisa julgada cautelar

29.1. PRECLUSÃO E COISA JULGADA

A relação jurídica processual, de um lado, impõe deveres e ônus a seus sujeitos e, de outro, confere-lhes poderes e faculdades. Assim, por exemplo, são deveres das partes e de todos aqueles que de qualquer forma participam do processo expor os fatos em juízo conforme a verdade e proceder com lealdade e boa-fé (Código de Processo Civil, art. 14, incisos I e II); contestar a demanda, por sua vez, constitui um ônus processual (Código de Processo Civil, art. 319); desistir de um recurso interposto é poder assegurado à parte (Código de Processo Civil, art. 501); e recorrer de uma decisão ou sentença é faculdade assegurada ao vencido, ao terceiro prejudicado e ao Ministério Público (Código de Processo Civil, art. 499, *caput*).

A fim de que o processo não se prolongue por mais tempo do que o necessário ou mesmo que se eternize, a prática dos atos processuais sujeita-se, no mais das vezes, à **preclusão**, conceituada como a perda, extinção ou consumação de uma faculdade processual "por se haverem tocado os extremos fixados pela lei para o exercício dessa faculdade no processo" (Chiovenda, 1969, p. 372). A propósito, dispõe o art. 473 do Código de Processo Civil que "é defeso à parte discutir, no curso do processo, as questões já decididas, a cujo respeito se operou a preclusão".

Há três espécies de preclusão: a **temporal**, a **lógica** e a **consumativa**.

A **preclusão temporal** decorre do esgotamento do prazo estabelecido para a prática do ato processual. Nesse sentido, dispõe o art. 183 do Código de Processo Civil que "decorrido o prazo, extingue-se, independentemente de declaração judicial, o direito de praticar o ato, ficando a salvo, porém, à parte provar que o não realizou por justa causa".

A **preclusão lógica** resulta da incompatibilidade entre o ato praticado e outro que se queria praticar. Exemplo: intimado do deferimento da prova pericial, o requerido, de pronto e sem qualquer ressalva, formula quesitos e indica assistente técnico; tendo assim procedido, posteriormente ele não poderá recorrer da decisão que deliberou pela produção da prova. Outro exemplo: intimado para especificar as provas que pretende produzir, o requerente pede o julgamento antecipado do pedido. Julgado improcedente o pleito, não poderá ele afirmar que a prova oral era necessária e que sua atividade probatória foi cerceada pelo juiz. Da preclusão lógica trata o art. 503 do Código de Processo Civil: "A parte, que aceitar expressa ou tacitamente a sentença ou a decisão, não poderá recorrer"; e seu parágrafo único estabelece: "Considera-se aceitação tácita a prática, sem reserva alguma, de um ato incompatível com a vontade de recorrer."

A **preclusão consumativa**, por seu turno, deriva da prática do ato processual, nada importando se com bom ou com mau êxito. Uma vez praticado o ato, a parte não poderá tornar a realizá-lo. Exemplo: contestada a demanda cautelar no terceiro dia do prazo, não poderá o requerido – salvo em alguma das hipóteses previstas no art. 303 do Código – aditar ou modificar a contestação, ainda que o faça até aquele que seria o quinto e último dia. Com o oferecimento da contestação, consumou-se a oportunidade para fazê-lo, de sorte que não há falar em prazo remanescente. Intimado para manifestar-se acerca de certidão do oficial de justiça, que atestara não haver encontrado uma testemunha, a parte desiste da respectiva inquirição; posteriormente, não poderá exigir sua oitiva, ainda que haja localizado o novo endereço. Aplica-se, em tais casos, o art. 158 do Código: "Os atos das partes, consistentes em declarações unilaterais ou bilaterais de vontade, produzem imediatamente a constituição, a modificação ou a extinção de direitos processuais."

Preclusa, por qualquer das três referidas formas, a faculdade de recorrer contra uma **sentença**, tem-se a **coisa julgada**, também chamada de **preclusão máxima**.

A **coisa julgada** é uma **qualidade** que a sentença adquire quando esgotadas as oportunidades recursais, seja pelo decurso do prazo, seja porque a lei já não admite qualquer impugnação do gênero; não é um efeito da sentença, mas a qualidade representada pela **imutabilidade** do julgado e de seus efeitos (Theodoro Júnior, v. I, 203, p. 475).

Do sistema processual extraem-se duas espécies de coisa julgada: a formal e a material.

Há **coisa julgada formal** quando a imutabilidade da sentença restringe-se **ao processo** em que ela foi prolatada (imutabilidade **endoprocessual**). A coisa julgada formal não impede que, em outro processo, o litígio seja rediscutido. É o que ocorre, por exemplo, em processo extinto sem resolução do mérito por conta de desistência manifestada pelo requerente (Código de Processo Civil, art. 267, inciso VIII). Homologada a desistência e transitada em julgado a sentença, forma-se a coisa julgada formal, que impede que naquele mesmo processo a discussão seja reaberta; nada impede, contudo, a repropositura da demanda em outro processo (Código de Processo Civil, art. 268).

A **coisa julgada material**, por sua vez, é a imutabilidade da sentença **dentro e fora** do processo em que proferida (imutabilidade **endo e extrprocessual**). Forma-se a coisa julgada material no exato instante em que se tornar irrecorrível a sentença de **mérito**. Exemplo: julgado improcedente o pedido do autor (Código de Processo Civil, art. 269, inciso I) e transitada em julgado a respectiva sentença, considera-se resolvido o mérito da causa e reputa-se eliminado o litígio. Por conseguinte, não será possível a repropositura da demanda, até porque admitir o contrário significaria perpetuar o conflito de interesses e frustrar completamente os objetivos da jurisdição.

Nessa ordem de idéias, sendo reproposta a demanda (com mesmas partes, mesmo pedido e mesma causa de pedir) quando já formada a coisa julgada material, o novo processo haverá de ser extinto, sem resolução do mérito, *ex vi* do art. 267, inciso V, do Código de Processo Civil.

A coisa julgada recai sobre o **dispositivo** da sentença, não sobre seus **fundamentos**. É o que estabelece o art. 469 do Código: "Não fazem coisa julgada: I – os motivos, ainda que importantes para determinar o alcance da parte dispositiva da sentença; II – a verdade dos fatos, estabelecida como fundamento da sentença; III – a apreciação da questão prejudicial, decidida incidentemente no processo."

É preciso ressaltar, porém, que, nos termos do art. 471 do Código, "nenhum juiz decidirá novamente as questões já decididas, relativas à mesma lide, salvo: I – se, tratando-se de relação jurídica continuativa, sobreveio modificação no estado de fato ou de direito; caso em que poderá a parte pedir a revisão do que foi estatuído na sentença; II – nos demais casos prescritos em lei".

Também é de rigor destacar que, "passada em julgado a sentença de mérito, reputar-se-ão deduzidas e repelidas todas as alegações e defesas, que a parte poderia opor assim ao acolhimento como à rejeição do pedido". Não se está, aqui, a falar de **causas de pedir**. Ajuizada nova demanda, com causa de pedir diversa, a coisa julgada formada no primeiro processo não obstará a emissão de sentença de mérito no segundo. É que, fundado o pedido em nova *causa petendi*, não haverá identidade de demandas (Código de Processo Civil, art. 301, § 2º) e nem se poderá falar em **repropositura**, mas em **nova propositura**.

29.2. A (I)MUTABILIDADE DA SENTENÇA CAUTELAR

Prestigiada doutrina sustenta que "uma vez que o processo cautelar não cuida de solucionar a lide, nele não há decisão de mérito, de maneira que não se pode cogitar de coisa julgada *material* diante do deferimento ou indeferimento das medidas cautelares"; e que "num único caso a sentença do processo cautelar adquire a autoridade da coisa julgada material: é quando, excepcionalmente, o juiz, entrando no mérito da controvérsia existente entre os litigantes, acolhe, desde logo no julgamento da pretensão preventiva, a exceção material de prescrição ou decadência, nos termos do art. 810 do Código de Processo Civil" (Theodoro Júnior, v. II, 2003, p. 391-92).

Não se ignora que o legislador, seguindo a orientação de Francesco Carnelutti, procurou usar o vocábulo "lide" para designar o mérito da causa (v. Exposição de Motivos do Código de Processo Civil, nº 6).

Todavia, em capítulo próprio deste trabalho demonstrou-se que a moderna doutrina sustenta que o mérito da causa é a **pretensão processual**; e que, sendo assim, o processo cautelar também tem seu próprio mérito. Afirmou-se, textualmente, que "o pedido de emissão de um provimento jurisdicional acautelatório configura o mérito cautelar" (v. Capítulo 14).

Desvinculado o conceito de mérito do de lide, não pode ser aceita sem maior reflexão a afirmativa de que diante do deferimento ou indeferimento das medidas cautelares não há coisa julgada material.

Com efeito, se o processo cautelar possui seu próprio mérito, constituído pela pretensão à emissão de um provimento jurisdicional acautelatório; e se a coisa julgada material decorre do esgotamento das vias recursais exatamente em relação à sentença de mérito, parece não haver razão para deixar de afirmar que existe **coisa julgada material cautelar**.

Para asseverar a inexistência de coisa julgada material no processo cautelar não basta a invocação da primeira parte do art. 810 do Código, segundo a qual "o indeferimento da medida não obsta a que a parte intente a ação, nem influi no julgamento desta". O que esse dispositivo legal consagra é, na verdade, a **autonomia** da tutela cautelar. Dizer que a improcedência do pedido cautelar não obsta o aforamento do pedido principal não significa negar a existência de coisa julgada material cautelar, até porque as demandas não seriam idênticas. A demanda principal tem elementos (causa de pedir e pedido) distintos dos da demanda cautelar, de sorte que, independentemente da regra do art. 810 do Código, jamais se poderia sustentar, com base na coisa julgada, a inviabilidade do ajuizamento do pedido principal por conta da rejeição do pleito cautelar.

Para aferir-se a existência da coisa julgada material cautelar, é preciso verificar se, não mais cabendo recurso contra a sentença de procedência ou de improcedência do pedido cautelar, seria viável a repropositura da demanda cautelar com base na mesma causa de pedir.

Sim, porque se a sentença cautelar produzisse unicamente coisa julgada formal – como sustenta a maioria de nossos doutrinadores –, nada impediria que, em outro processo, fosse reproposta a demanda cautelar (com mesmo pedido e mesma causa de pedir).

Na medida em que não se admite que a medida cautelar seja postulada novamente com base no mesmo fundamento – preceito que se extrai até mesmo do disposto no parágrafo único do art. 808 do Código de Processo Civil –, é dado sustentar que a sentença cautelar de mérito, seja de procedência, seja de improcedência, produz coisa julgada material.

Em síntese, ao afirmar-se que há coisa julgada material cautelar, o que se quer dizer é que, transitada em julgado a sentença de procedência ou de improcedência do pedido cautelar, ela adquire a qualidade da imutabilidade dentro e fora do processo.

Nem se diga que a provisoriedade, ínsita às medidas cautelares, infirmaria essa conclusão. Na verdade, a sentença de improcedência do pedido principal não modifica a sentença cautelar; apenas proclama o esgotamento de sua finalidade, à vista de julgamento diverso, definitivo e baseado em cognição exauriente, o qual, por razões até de ordem lógica, há de prevalecer sobre o juízo provisório, realizado sobre cognição sumária.

Mesmo admitindo que a sentença prolatada no feito principal extinga ou revogue a medida cautelar, nem assim é possível afirmar que haja ofensa à coisa julgada cautelar. É que, sobrevindo fato novo – o julgamento da demanda principal –, justifica-se a revogação ou extinção da medida, fenômeno que se vê em várias outras situações, em que a coisa julgada sujeita-se à cláusula *rebus sic stantibus*. É o caso, por exemplo, da sentença que condena à prestação alimentícia. Trata-se de sentença definitiva que, no entanto, pode ser modificada mesmo após o trânsito em julgado se sobrevier modificação no estado de fato ou de direito (Código de Processo Civil, art. 471, inciso I).

A tutela cautelar é prestada ao pressuposto da provisoriedade e sua manutenção condiciona-se à subsistência dos requisitos exigidos a seu deferimento: o *fumus boni juris* e o *periculum in mora*. Enquanto esse conjunto se mantiver, a sentença cautelar de mérito será imutável (Maia Júnior, 1993, p. 206-07); e a alteração no estado de coisas, vale lembrar, autoriza a revisão até mesmo dos julgados proferidos no âmbito dos processos de conhecimento.

Nem mesmo o art. 807 do Código de Processo Civil serve de amparo à tese da inexistência de coisa julgada material cautelar. Referido dispositivo legal estabelece que "as medidas cautelares conservam a sua eficácia no prazo do artigo antecedente e na pendência do processo principal; **mas podem, a qualquer tempo, ser revogadas ou modificadas**".

À primeira vista, poder-se-ia pensar que a possibilidade de revogação ou de modificação a qualquer tempo afastaria a idéia de imutabilidade da sentença cautelar. Cumpre observar, contudo, que, transitada em julgado a sentença cautelar de mérito, a revogação ou a modificação da medida não se dá por meio de simples ato de revisão. A mesma doutrina que afirma não haver coisa julgada material cautelar admite que a revogação ou a modificação da medida não se dá "*ex officio* ou a requerimento simples e por mero despacho, mas com obediência ao procedimento cautelar comum. Cabe ao que sofreu a medida alegar e provar que **as coisas e as circunstâncias mudaram**. Esse processo é ainda contencioso. Será uma ação cautelar em sentido inverso" (Theodoro Júnior, v. II, 2003, p. 348).

Ora, se as coisas e as circunstâncias mudaram, a causa de pedir – integrada não só pelo fundamento jurídico, mas principalmente pelo fato – será outra e, sendo assim, não haverá obstáculo a que outra decisão, em sentido diverso, seja proferida.

Recorde-se, ademais, que o adjetivo "material", agregado à expressão "coisa julgada" nenhuma relação tem com o direito material. O instituto é puramente processual e está intrinsecamente ligado a outro, também estritamente processual, que é o mérito da causa.

De fato, ninguém ignora que existem demandas em que não é sequer descrita uma relação jurídica de direito material. Os embargos à execução que versem exclusivamente sobre os atos constritivos, por exemplo, não guardam qualquer pertinência com a relação material de crédito ou débito; seu mérito diz respeito apenas à validade dos atos da execução e, uma vez transitada em julgado, a sentença de procedência ou de improcedência dos embargos produz coisa julgada material.

Não é outra a conclusão a que se chega, por exemplo, na ação rescisória fundada em violação ao art. 558 do Código de Processo Civil. A causa de pedir da rescisória consiste no descumprimento de uma disposição legal processual. Acolhida ou rejeitada a pretensão rescisória, haverá resolução do mérito e, por conseguinte, produzir-se-á coisa julgada material.

Por aí se percebe que não há razão para pensar que a existência ou não de coisa julgada cautelar dependa, no todo ou em parte, do direito discutido na demanda principal. Longe disso. A autonomia do processo cautelar evidencia que sua causa de pedir e seu pedido são distintos em relação à causa de pedir e ao pedido deduzidos no feito principal.

29.3. PRESCRIÇÃO E DECADÊNCIA

O art. 810 do Código de Processo Civil dispõe que "o indeferimento da medida não obsta a que a parte intente a ação, nem influi no julgamento desta, salvo se o juiz, no procedimento cautelar, acolher a alegação de decadência ou de prescrição do direito do autor".

Em tais situações, mais do que produzir coisa julgada material, a sentença impede a propositura da demanda principal. Proclamada a prescrição ou a decadência no feito cautelar e transitada em julgado a sentença, se o vencido, ainda assim, ajuizar a demanda principal, o respectivo processo haverá de ser extinto, sem resolução do mérito, nos termos do art. 267, inciso V, do Código de Processo Civil, exatamente em função da coisa julgada material produzida.

Hamilton de Moraes e Barros, citado e acompanhado por Galeno Lacerda, afirma que, em tal caso, há **deslocamento de cognição**, vale dizer, a cognição que em princípio haveria de dar-se no processo definitivo é realizada no feito cautelar (Lacerda, 1999, p. 308).

Assim, ao reconhecer a prescrição ou a decadência no processo cautelar, o juiz não profere decisão de índole provisória, mas definitiva. O magistrado não realiza tal juízo apenas para utilizá-lo como fundamento à rejeição da demanda cautelar; em cognição exauriente, ele emite provimento definitivo, apto a eliminar por inteiro o litígio.

Questão interessante diz com a produção ou não de coisa julgada material pela sentença que, em feito cautelar, **afasta** a cogitada prescrição ou decadência. Conquanto pese polêmica a respeito, comungamos com os que entendem que:

> como o art. 810 representa **deslocamento de cognição** de questão pertinente à lide principal para o processo cautelar, claro está que a decisão a respeito, neste processo, seja qual for o resultado, terá os mesmos efeitos da proferida, sobre a matéria, no processo principal. Ora, o art. 471 dispõe de modo imperativo que 'nenhum juiz decidirá novamente as questões já decididas, relativas à mesma lide', e o tema em análise não se enquadra nas ressalvas seguintes. Logo, dúvida não resta quanto à impossibilidade de renovar-se no processo principal a argüição de decadência ou de prescrição, repelida por decisão transitada em julgado no processo cautelar, relativa, como é, 'à mesma lide'. Formou-se coisa julgada sobre a questão, e só a ação rescisória poderá desmanchá-la. Contudo, a renovação será possível se o juiz não conheceu da questão, ou não a julgou, por falta de prova, p. ex., ou a relegou para o processo principal (Lacerda, 1999, p. 309).

Tal posição encontra eco em importante julgado do Superior Tribunal de Justiça:

> I – Deduzida uma mesma questão nos autos da ação principal e nos autos da cautelar correlata, de forma quase que concomitante, a decisão a respeito proferida em qualquer dos dois e como se estivesse sido lançada a um só tempo em ambos, descabendo ao órgão julgador que a tenha proferido voltar a pronunciar-se acerca do tema. II – A não interposição do recurso próprio para combater essa decisão, exarada em um dos autos, torna precluso o direito de ver, em qualquer deles, a questão reapreciada pela superior instância.[1]

Note-se, por fim, que não apenas a prescrição e a decadência conduzem ao quadro previsto no art. 810 do Código. Outros institutos, igualmente capazes de eliminar definitivamente o litígio, podem ter lugar no processo cautelar, caso em que também impedirão a rediscussão em feito principal. É o que se dá, por exemplo, com a transação. Se as partes, de comum acordo, celebrarem, no curso do processo cautelar, ajuste tendente à eliminação definitiva do litígio, a sentença que homologar tal negócio jurídico impedirá a rediscussão da causa em demanda principal.

A propósito, o art. 475-N do Código de Processo Civil estabelece que é título executivo judicial "a sentença homologatória de conciliação ou de transação, ainda que inclua matéria não posta em juízo", o que evidencia que, mesmo em sede processual cautelar, as partes podem conciliar-se ou transigir a respeito do litígio como um todo.

---

[1] STJ, 4ª Turma, Resp. nº 26.602/SP, rel. Min. Sálvio de Figueiredo Teixeira, j. 20/9/94, DJU 31/10/94, p. 29.501.

Capítulo 30
Cumprimento da sentença cautelar

30.1. EXECUTIVIDADE *LATO SENSU*

Originariamente, o Código de Processo Civil estabeleceu que a execução das sentenças dar-se-ia, como regra, em processo autônomo, integrado por relação processual e por procedimento próprios.

Assim, o vencedor no processo de conhecimento haveria de exercer o direito de ação e, destarte, provocar a jurisdição à instauração de um processo de execução, no qual o executado deveria ser citado, podendo, em separado e desde que satisfeitos determinados requisitos, aforar embargos.

Excepcionalmente, algumas sentenças podiam ser cumpridas ou efetivadas no próprio processo de conhecimento, ou seja, independentemente do processo de execução e a salvo de embargos. Exemplos: as sentenças possessórias, as de despejo e as proferidas no mandado de segurança, tidas como **executivas** *lato sensu*.

Uma sucessão de reformas realizadas sobre o Código de Processo Civil modificou esse quadro. Atualmente, por força das Leis n°s 10.444/2002 e 11.232/2005, as sentenças em geral são passíveis de **cumprimento**, isto é, são **efetivadas** no mesmo processo em que foram proferidas. Em outras palavras, conferiu-se **executividade** às sentenças, convertendo-se em regra o que antes configurava exceção. São exceções, agora, as execuções por quantia certa contra a **Fazenda Pública** (Código de Processo Civil, art. 730) e de prestação alimentícia (Código de Processo Civil, art. 733).

Para tanto, foi necessário modificar o conceito legal de **sentença**, que atualmente prescinde da força extintiva do processo, como se vê da atual redação dos arts. 162, § 1º, e 269 do Código de Processo Civil. Precisamente aquela que era, segundo o Código de Processo Civil de 1973, sua principal característica restou suprimida.

No tocante às sentenças cautelares, as reformas legislativas pouco inovaram. É que mesmo antes das aludidas leis, as medidas cautelares deferidas nas sentenças prolatadas nos respectivos processos eram implementadas independentemente de autônomo processo de execução. As sentenças cautelares eram compreendidas no rol das exceções, ao lado das possessórias, das de despejo e das exaradas nos processos de mandado de segurança, dentre outras.

Desse modo, julgado procedente o pedido cautelar, a sentença é cumprida no próprio processo e de imediato – até porque desprovido de efeito suspensivo o recurso de apelação contra ela manejado, nos termos do inciso IV do art. 520 do Código de Processo Civil –, normalmente por meio de mandado ao oficial de justiça. É o que se dá, por exemplo, com as sentenças que deferem arrestos, seqüestros ou buscas e apreensões.

As modificações legislativas alcançaram as sentenças cautelares apenas no tocante às eventuais condenações que contenham. A sentença que condenar ao pagamento de honorários advocatícios, por exemplo, não mais será executada em processo autônomo, mas na forma dos arts. 475-J e seguintes do Código de Processo Civil. Já a que impuser a prestação de alimentos provisionais, deverá observar o procedimento de **citação** previsto no art. 733 do Código e não alterado por lei reformadora alguma.

30.2. MANDAMENTALIDADE

Sentenças **mandamentais** são aquelas por meio das quais o juiz emite uma **ordem** a ser cumprida por determinado agente. O juiz, agindo como autoridade, emite um comando cujo descumprimento pode acarretar responsabilização penal.

A doutrina tradicional nunca viu nas sentenças mandamentais – como também nas executivas *lato sensu* – uma espécie própria, a acrescer-se ao rol das meramente declaratórias, condenatórias e constitutivas.

Com o advento da Lei nº 10.358/2001, todavia, o legislador admitiu expressamente a existência de **provimentos mandamentais**. Tal se deu ao acrescer-se o inciso V ao art. 14 do Código de Processo Civil, a dispor que são deveres das partes e de todos aqueles que de qualquer forma participam do processo "cumprir com exatidão os **provimentos mandamentais** e não criar embaraços à efetivação de provimentos judiciais, de natureza antecipatória ou final".

Observe-se, porém, que a emissão de provimentos tipicamente mandamentais não constitui, no Código, novidade trazida pela mencionada lei. O art. 362 do Código de Processo Civil já dispunha, desde 1973, que:

> *se o terceiro, sem justo motivo, se recusar a efetuar a exibição [do documento ou da coisa], o juiz lhe* **ordenará** *que proceda ao respectivo depósito em cartório ou noutro lugar designado, no prazo de 5 (cinco) dias, impondo ao requerente que o embolse das despesas que tiver; se o terceiro descumprir a* **ordem***, o juiz expedirá mandado de busca e apreensão, requisitando, se necessário, força policial, tudo sem prejuízo da responsabilidade por* **crime de desobediência***.*

Tem-se, aí, sem dúvida alguma, um provimento mandamental por excelência.

De qualquer forma, atualmente não se questiona que o juiz possa conferir eficácia mandamental às sentenças em geral e, em especial e desde sempre, às cautelares, dado o forte componente de interesse público que elas contêm.

Deveras, o art. 798 do Código de Processo Civil – que jamais teve sua redação alterada – dispõe, ao tratar do poder geral de cautela, que o juiz poderá "**determinar** as medidas provisórias que julgar adequadas"; e o art. 799 do Código, ao enumerar as medidas cabíveis para evitar o dano, estabelece que o juiz poderá "**autorizar** ou **vedar** a prática de determinados atos, **ordenar** a guarda judicial de pessoas e depósito de bens e **impor** a prestação de caução". Os verbos destacados revelam a mandamentalidade que se pode imprimir às sentenças cautelares, como forma de conferir-lhes maior efetividade.

30.3. INSTRUMENTOS DE EFETIVAÇÃO

Destinando-se a assegurar o resultado útil dos provimentos judiciais definitivos, a tutela cautelar porta, mais do que a finalidade de proteger o interesse da parte, o escopo de conferir efetividade à própria jurisdição.

Assim, para alcançar-se o mais perfeito cumprimento das sentenças cautelares, a lei processual confere ao juiz amplo instrumental.

Com efeito, são aplicáveis às decisões cautelares, sejam elas liminares, sejam sentenças, os preceitos dos §§ 4º e 5º do art. 461 do Código de Processo Civil, a saber: "imposição de multa, busca e apreensão, remoção de pessoas e coisas, desfazimento de obras e impedimento de atividade nociva, se necessário com requisição de força policial". Cuida-se de rol meramente exemplificativo, tendente a propiciar ao jurisdicionado a **tutela específica**. No processo cautelar, a tutela específica consiste em conferir à parte a segurança e a garantia capazes de conduzir à obtenção futura do preciso bem da vida a que tiver direito.

Capítulo 31
Eficácia temporal das medidas cautelares

31.1. A PROPOSITURA DA DEMANDA PRINCIPAL

Deferida a tutela cautelar em procedimento preparatório, cabe à parte propor a demanda principal no prazo de trinta dias, contados da data da efetivação da medida (Código de Processo Civil, art. 806).

Essa regra justifica-se plenamente. É que, não fosse ela, o requerido ficaria sujeito a sofrer por tempo indeterminado os efeitos da medida cautelar deferida ao requerente. A provisoriedade, inerente à cautelaridade, restaria comprometida, pois sem a exigência do art. 806 do Código a medida poderia perpetuar-se, não obstante ter sido deferida com base apenas em juízo sumário de plausibilidade e de urgência.

Cumpre ressalvar, todavia, que a nem todas as cautelares aplica-se a regra em questão. A **produção antecipada de provas**, por exemplo, não exige a propositura da demanda principal no prazo de trinta dias, "tendo em vista a sua finalidade apenas de produção e resguardo da prova, não gerando, em tese, quaisquer restrições aos direitos da parte contrária".[1]

De fato, só há sentido na exigência se a medida cautelar deferida impuser alguma restrição ao requerido, como no arresto, no seqüestro e na busca e apreensão. Medidas preparatórias desprovidas desse efeito, como a justificação (Código de Processo Civil, art. 861) e os protestos, notificações e interpelações (Código de Processo Civil, art. 867) não demandam o ajuizamento da pretensão principal no prazo previsto no art. 806 do Código.

Também não se aplica a regra às medidas que, conquanto denominadas de cautelares, na essência são satisfativas (Garrido de Paula, 2005, p. 2.314). Nesse sentido, aliás, já decidiu o Superior Tribunal de Justiça, conforme ementa que reproduzimos parcialmente:

---

[1] STJ, 1ª Turma, Resp. nº 641.665/DF, rel. Min. Luiz Fux, j. 8/3/2005, DJU 4/4/2005, p. 200.

(....) 2. A recorrida ajuizou ação rotulada, equivocadamente, de "ação cautelar com pedido de liminar", postulando, na verdade, pretensão de direito material de cunho satisfativo: o restabelecimento do fornecimento de energia elétrica em imóvel de sua propriedade, que havia sido suspenso em virtude de inadimplência. 3. O fato de a ação ter sido ajuizada e processada como "ação cautelar" constitui inequívoco erro de ordem formal que, contudo, não descaracteriza a natureza satisfativa do provimento pretendido (obrigação de fazer), de modo que a recorrida não possui, concretamente, interesse de agir (CPC, art. 3º) para ajuizar nova demanda com o mesmo pedido mediato.[2]

Quanto ao prazo de trinta dias, o Código de Processo Civil dispõe que sua contagem tem início na data da **efetivação da medida**. Na doutrina, há entendimento no sentido de que o prazo deve ser contado da data em que o requerente toma ciência da efetivação da medida (por todos, Baptista da Silva, 2006, p. 200). A jurisprudência do Superior Tribunal de Justiça, porém, aponta para a solução contrária, reputando suficiente a efetivação da medida e, por conseguinte, dispensando a intimação do requerente.[3] Reputamos melhor a segunda posição, mais consentânea com a celeridade que se exige do processo cautelar e com os objetivos da norma.

Note-se que não importa se a medida foi deferida liminarmente ou somente na sentença cautelar: o prazo para o ajuizamento da demanda principal é, em qualquer desses casos, contado da efetivação da medida. Assim, se for indeferido o pedido de liminar, mas acolhido por ocasião do julgamento do processo cautelar, o prazo será contado da efetivação da medida determinada na sentença.

Consigne-se, ainda, que **nem sempre o prazo será contado da efetivação da medida**. Tome-se, por exemplo, uma medida cautelar de arresto deferida antes do vencimento da obrigação. Isso é perfeitamente possível, até porque ao inciso I do art. 814 do Código de Processo Civil basta que a dívida seja **líquida e certa**, não necessariamente **exigível**.

Nessa hipótese, considerando-se que o requerente não pode ajuizar a demanda principal – de execução – enquanto não exigível a obrigação, o prazo de trinta dias deverá ser contado da data do vencimento.

---

2 STJ, 1ª Turma, Resp. nº 682.583/RS, rel. Min. Denise Arruda, j. 3/8/2006, DJU 31/8/2006, p. 209.
3 STJ, 2ª Seção, Resp. nº 327.380/RS, rel. Min. Antônio de Pádua Ribeiro, j. 22/5/2002, DJU 4/5/2005, p. 153. No mesmo sentido: STJ, 6ª Turma, Resp. nº 384.205/RS, rel. Min. Vicente Leal, j. 24/9/2002, DJU 14/10/2002, p. 291.

31.2. A CONSERVAÇÃO DA MEDIDA NA PENDÊNCIA DO PROCESSO PRINCIPAL

Nos termos do *caput* do art. 807 do Código de Processo Civil, "as medidas cautelares conservam a sua eficácia no prazo do artigo antecedente e na pendência do processo principal; mas podem, a qualquer tempo, ser revogadas ou modificadas".

O dispositivo legal não é suficientemente abrangente para alcançar as várias situações que podem surgir no processo. Dúvida não há de que, dentro do prazo de trinta dias previsto no art. 806 do Código e não sendo revogada, a medida conserva sua eficácia. Deferida, porém, liminarmente ou após justificação, a medida só conservará sua eficácia na pendência do processo principal se a sentença do processo cautelar for de **procedência** do pedido. Sim, porque se a sentença for de improcedência da pretensão, a medida liminar restará imediatamente revogada, mesmo que interposto recurso de apelação, cujo efeito, de regra, será apenas o devolutivo (Código de Processo Civil, art. 520, inciso IV). A redação do art. 807 serve melhor à hipótese em que a tutela cautelar é deferida somente na sentença do respectivo processo, caso em que a eficácia da medida subsiste na pendência do feito principal e, ainda assim, desde que a sentença cautelar não seja reformada em grau de recurso.

Importa destacar que, mesmo enquanto suspenso, o processo pende (Lacerda, 1999, p. 279). Assim, "salvo decisão judicial em contrário, a medida cautelar conservará a eficácia durante o período de suspensão do processo" (Código de Processo Civil, art. 807, parágrafo único).

O cotidiano forense revela que não raras vezes imprime-se o equivocado entendimento de que, deferida a medida liminarmente e ajuizada a demanda principal no prazo do art. 806, o feito cautelar não precisaria ter curso e, mais, que a medida conservaria sua eficácia na pendência do processo definitivo.

Ora, o requerido tem o direito de, no próprio processo cautelar, demonstrar a improcedência do pedido do requerente, de sorte a ver-se a salvo, o quanto antes, de uma medida que seja indevida. Desse modo, não é correto suspender-se o curso do processo cautelar durante o trâmite do feito principal; ambos podem e devem tramitar simultaneamente.

A segunda parte do art. 807 estabelece que as medidas cautelares "podem, a qualquer tempo, ser revogadas ou modificadas".

Neste trabalho, já se tratou do assunto quando se discorreu acerca das características da tutela cautelar (v. Capítulo 7, item 7.6) e, também, quando se cuidou da coisa julgada cautelar (v. Capítulo 29, item 29.2); mas é bom frisar, outra vez, que a revogação ou a modificação das medidas cautelares quando já preclusa a respectiva decisão ou sentença não é livre e incondicionada, como pode parecer da redação do art. 807. Para tanto é preciso que haja um quadro novo, fático ou jurídico, a justificar a revisão. Admitir o contrário seria abrir margem a freqüentes alterações no estado de coisas durante a discussão da causa, em manifesto prejuízo à segurança jurídica.

31.3. A CESSAÇÃO DA EFICÁCIA

De acordo com o art. 808, *caput*, do Código de Processo Civil:

> *cessa a eficácia da medida cautelar: I – se a parte não intentar a ação no prazo estabelecido no art. 806; II – se não for executada dentro de 30 (trinta) dias; III – se o juiz declarar extinto o processo principal, com ou sem julgamento do mérito.*

Ocorrida qualquer dessas situações, é de rigor a cessação da eficácia da medida, providência que o juiz pode tomar até mesmo de ofício. A cessação da eficácia dá-se por força da lei, cabendo ao juiz apenas **declarar** o fato (Theodoro Júnior, v. II, 2003, p. 405).

Quanto à previsão do inciso I, a questão que se coloca é a seguinte: decorrido o prazo de trinta dias, contados da efetivação da medida **liminar**, sem que o requerente ajuíze a demanda principal, o juiz deve revogar a medida e **extinguir o processo** cautelar sem exame do mérito? Ou deve revogar a medida e **dar curso** ao processo cautelar, podendo tornar a deferi-la quando da sentença?

A questão é polêmica. Na doutrina, há quem entenda que, não sendo proposta a demanda principal no prazo legal, "o juiz deverá declarar a ineficácia, sem nenhuma possibilidade de restauração da medida em sentença final, o que vai importar em extinção do processo cautelar, sem julgamento do mérito" (Fidélis dos Santos, 2006, p. 303); e, por outro lado, há quem sustente que "o fato de haver a liminar perdido a eficácia, pelo decurso *in albis* do prazo de trinta dias não acarreta, em princípio, a extinção do processo cautelar, que, normalmente, prosseguirá em direção à sentença" (Barbosa Moreira, 1989, p. 294-5).

Em sede doutrinária, o autor deste trabalho aderiu à segunda posição, que reputou correta, até porque a extinção do processo, sem resolução de mérito, deve ser reservada aos casos em que não seja possível o prosseguimento do feito rumo ao julgamento do pedido (Santos, 1997, p. 276-277); mas no exercício da jurisdição, atento à jurisprudência e visando a contribuir para a uniformização dos julgados, aplicou a solução contrária,[4] que, por sinal, veio a ser

---

[4] TRF/3ª Região, 2ª Turma, AC nº 647.368/SP, rel. Nelton dos Santos, j. 6/4/2004, DJU 14/5/2004, p. 414.

consagrada também pela Corte Especial do Superior Tribunal de Justiça, à unanimidade de votos.[5]

Quanto à situação prevista no inciso II, ressalte-se que a cessação da eficácia pela não-efetivação da medida dentro de trinta dias só tem sentido quando a demora puder ser atribuída ao **requerente**. Se o retardamento for de responsabilidade do juízo ou do requerido, não há razão para a cessação da eficácia (Baptista da Silva, 2006, p. 208).

No tocante à hipótese do inciso III, deve-se convir que a redação da lei não é das melhores. Diz o Código que cessa a eficácia da medida cautelar "se o juiz declarar extinto o processo principal, com ou sem julgamento do mérito".

Destaque-se, de pronto, que esse dispositivo foi redigido ao tempo em que a sentença era conceituada, pelo próprio legislador, como "o ato pelo qual o juiz põe termo ao processo, decidindo ou não o mérito da causa" (Código de Processo Civil, art. 162, § 1º, com redação anterior à Lei nº 11.232/2005). Atualmente, sentença "é o ato do juiz que implica alguma das situações previstas nos arts. 267 e 269" do Código, sendo certo que do segundo desses artigos foi extirpado, por força da mesma lei reformadora, exatamente o elemento extintivo do processo.

De qualquer modo, ainda que se tome o inciso III do art. 808 à luz da redação original do Código, não se pode deixar de criticar o legislador.

Deveras, a sentença de procedência do pedido também extinguia o processo e nem por isso se cogitava de que ela tivesse o condão de fazer cessar a eficácia da medida cautelar. Acolhido o pedido principal, a medida cautelar conserva sua eficácia enquanto for necessária para a efetivação do julgado. Na verdade, o que o legislador desejou dizer é que, sobrevindo causa extintiva do processo principal que seja **incompatível** com a preservação da eficácia da medida cautelar, esta deve cessar. É o que se dá, por exemplo, com as sentenças terminativas (Código de Processo Civil, art. 267), bem assim com a sentença definitiva de improcedência do pedido (Código de Processo Civil, art. 269, inciso I), com a que proclama a prescrição ou a decadência (Código de Processo Civil, art. 269, inciso IV), com a que homologa a renúncia ao direito sobre que se funda a ação (Código de Processo Civil, art. 269, inciso V) e, eventualmente, conforme os respectivos termos, com a que homologa a transação (Código de Processo Civil, art. 269, inciso III).

---

5 STJ, Corte Especial, EREsp nº 327.438/DF, rel. Min. Peçanha Martins, j. 30/6/2006, DJU 14/8/2006, p. 247.

Estabelece o Código, ainda, que "se por qualquer motivo cessar a medida, é defeso à parte repetir o pedido, salvo por novo fundamento" (Código de Processo Civil, art. 808, parágrafo único).

De fato, não teria qualquer sentido lógico fazer cessar a eficácia da medida e, paralelamente, permitir a repropositura da demanda cautelar pelo mesmo fundamento; mas também seria um despropósito impedir a reformulação do pedido com base em fundamento novo, como tal entendido não apenas aquele advindo de fato superveniente à cessação da eficácia, mas todo aquele que não fora invocado até então. A expressão "novo fundamento", portanto, há de ser compreendida como "fundamento diverso".

Capítulo 32
A responsabilidade civil do requerente

32.1. O DEVER DE PROCEDER COM LEALDADE E BOA-FÉ

Ainda que o processo litigioso envolva uma contenda, a lei impõe, ao demandante e ao demandado, o dever de procederem com **lealdade** e **boa-fé** (Código de Processo Civil, art. 14, inciso II).

Segundo o Código:

> *reputa-se litigante de má-fé aquele que: I – deduzir pretensão ou defesa contra texto expresso de lei ou fato incontroverso; II – alterar a verdade dos fatos; III – usar do processo para conseguir objetivo ilegal; IV – opuser resistência injustificada ao andamento do processo; V – proceder de modo temerário em qualquer incidente ou ato do processo; VI – provocar incidentes manifestamente infundados; VII – interpuser recurso com intuito manifestamente protelatório (Código de Processo Civil, art. 17).*

Aquele que pleitear de má-fé como autor, réu ou interveniente responde por **perdas e danos** (Código de Processo Civil, art. 16).

Trata-se, aqui, de **responsabilidade subjetiva** do litigante, não bastando a simples prova do dano e do nexo de causalidade.

Dúvida não há de que essas disposições legais **aplicam-se também aos feitos cautelares**, pois o dever de lealdade é exigência inerente a toda e qualquer espécie de processo.

32.2. RESPONSABILIDADE OBJETIVA DO REQUERENTE

A par da responsabilidade subjetiva decorrente da litigância desleal ou de má-fé, o Código de Processo Civil estabelece, no *caput* do art. 811, que:

> *o requerente do procedimento cautelar responde ao requerido pelo prejuízo que lhe causar a execução da medida: I – se a sentença no processo principal lhe for desfavorável; II – se, obtida liminarmente a medida no caso do art. 804 deste Código, não promover a citação do requerido dentro em 5 (cinco) dias; III – se ocorrer a cessação da eficácia da medida, em qualquer dos casos previstos no art. 808, deste Código; IV – se o juiz acolher, no procedimento cautelar, a alegação de decadência ou de prescrição do direito do autor (art. 810).*

A responsabilidade de que trata o art. 811 do Código é **objetiva**,[1] prescindindo de qualquer demonstração ou mesmo de cogitação de dolo ou culpa. A tutela cautelar é deferida sempre **por conta e risco** do requerente, de modo que, sobrevindo qualquer das situações previstas nos incisos do art. 811, o requerido faz jus ao ressarcimento dos prejuízos que houver sofrido por conta da efetivação da medida.

Assim, por exemplo, se a sentença no processo principal for de improcedência do pedido, evidenciando que o demandante não possuía o direito afirmado, a medida cautelar deve ser de imediato levantada e todos os prejuízos que o requerido houver sofrido serão considerados indevidos, merecendo reparação.

Também se amolda à previsão do inciso I do art. 811 a sentença de procedência dos embargos à execução. Exemplo: deferida medida cautelar de arresto em favor do suposto credor, posteriormente vêm a ser acolhidos os embargos opostos pelo executado, declarando-se por sentença a inexistência da dívida. Ainda que o processo de embargos não seja o feito principal em relação à cautelar de arresto, dúvida não há de que a sentença neles proferida, que dê pela inexistência do crédito, produzirá a extinção do feito executivo, em detrimento do interesse do requerente da medida cautelar.

O Código alude a "prejuízo que lhe causar a **execução** da medida", exigindo, portanto, que esta tenha sido efetivada. O mero deferimento da medida não basta à responsabilização do requerente, até porque os danos advêm do cumprimento da decisão (Theodoro Júnior, v. II, 2003, p. 412).

Anote-se, ainda, que a redação do inciso IV do art. 811 refere-se a "**alegação de decadência ou de prescrição**", mas é certo que responsabilidade haverá também quando o juiz pronunciá-las de ofício, valendo lembrar que, atualmente, isso é possível mesmo em se tratando de direitos patrimoniais (Código de Processo Civil, art. 219, § 5º, com a redação dada pela Lei nº 11.280/2006).

32.3. LIQUIDAÇÃO DOS DANOS

Cuidando-se de responsabilidade objetiva, não é necessário o ajuizamento de demanda autônoma, de natureza condenatória, para a formação de título executivo contra o requerente da medida cautelar. O parágrafo único do art. 811 estabelece que "a indenização será **liquidada** nos autos do procedimento cautelar".

---

1 STJ, 3ª Turma, Resp. nº 897.88/RJ, rel. Min. Waldemar Zveiter, j. 20/5/97, DJU 22/9/97, p. 46.443.

Isso significa que, reconhecida e proclamada qualquer das situações previstas no *caput* do art. 811, a responsabilização do requerente será inafastável, bastando apurar o **valor** da indenização.

Até o advento da Lei nº 11.232/2005, a liquidação era feita em **processo próprio**, ainda que nos mesmos autos da demanda cautelar. O processo de liquidação era encerrado por sentença, passível de apelação. Desde então, todavia, a liquidação ganhou natureza de **incidente** e passou a ser resolvida por meio de **decisão interlocutória**, impugnável, destarte, por agravo de instrumento (Código de Processo Civil, art. 475-H).

Parte II

Procedimentos Cautelares Específicos

Capítulo 33
Procedimentos cautelares específicos

33.1. MEDIDAS CAUTELARES NOMINADAS

Neste trabalho, precisamente no capítulo atinente à classificação das medidas cautelares (v. Capítulo 8), afirmou-se que do art. 798 do Código resultam duas espécies: a) as medidas **típicas**, também chamadas de **nominadas**; e b) as **atípicas** ou **inominadas**.

O mencionado dispositivo legal consagra o **poder geral de cautela**, que confere ao juiz a possibilidade de "determinar as medidas provisórias **que julgar adequadas**, quando houver fundado receio de que uma parte, antes do julgamento da lide, cause ao direito da outra lesão grave e de difícil reparação" (sobre o poder geral de cautela, v. Capítulo 9).

Por força desse poder geral, o juiz está autorizado a prestar a tutela cautelar sempre que presentes os requisitos do *fumus boni juris* e do *periculum in mora*, **independentemente** de expressa previsão legal da medida requerida.

Sem prejuízo do poder geral, o legislador previu uma série de **medidas cautelares típicas** ou **nominadas**, vale dizer, medidas expressamente previstas na lei e dispostas entre os arts. 813 e 888 do Código de Processo Civil. Poder-se-ia pensar que nem fosse necessário fazê-lo, já que, em princípio, bastaria a instituição do poder geral, cuja amplitude abarcaria toda e qualquer situação que reclamasse a tutela cautelar.

Ocorre que nem todas as medidas típicas ou nominadas possuem, de fato, natureza cautelar. Algumas, apesar do caráter contencioso, são essencialmente **satisfativas** e apenas "tomam emprestado" o **procedimento** cautelar; outras não envolvem sequer a existência de um litígio, configurando autênticos procedimentos de **jurisdição voluntária**; outras ainda são medidas de cunho **administrativo** e nem precisariam constar do rol de atribuições do juiz. Essa diversidade quanto à natureza dos vários procedimentos albergados no Livro III do Código justifica, de certa maneira, a opção do legislador por prevê-las expressamente, uma vez que nem todas restariam alcançadas pelo poder geral de cautela.

As medidas cautelares nominadas ou típicas são classificadas em duas espécies: a) **medidas cautelares com procedimento específico** (aquelas reguladas e descritas nos arts. 813 a 887); e b) **medidas cautelares sem procedimento específico** (aquelas que constam dos oito incisos do art. 888) (Marques, 1997, p. 399).

33.2. MEDIDAS CAUTELARES TÍPICAS COM PROCEDIMENTO ESPECÍFICO

São 14 as medidas cautelares com procedimento específico previstas no Capítulo II do Título Único do Livro III do Código de Processo Civil:

1. arresto (arts. 813 a 821);
2. seqüestro (arts. 822 a 825);
3. caução (arts. 826 a 838);
4. busca e apreensão (arts. 839 a 843);
5. exibição (arts. 844 e 845);
6. produção antecipada de provas (arts. 846 a 851);
7. alimentos provisionais (arts. 852 a 854);
8. arrolamento de bens (arts. 855 a 860);
9. justificação (arts. 861 a 866);
10. protestos, notificações e interpelações (arts. 867 a 873);
11. homologação do penhor legal (arts. 874 a 876);
12. posse em nome do nascituro (arts. 877 a 878);
13. atentado (arts. 879 a 881);
14. protesto e apreensão de títulos (arts. 882 a 887).

As medidas cautelares **com** procedimento específico seguem, evidentemente, as disposições que lhes são próprias. Não obstante isso, aplicam-se a tais medidas, **subsidiariamente**, as normas previstas no Capítulo I do mesmo Título, vale dizer, as de caráter geral e as concernentes ao procedimento cautelar comum (arts. 796 a 812). Em outras palavras, nas omissões das regras específicas, aplicam-se as de caráter geral, no que couberem.

33.3. MEDIDAS CAUTELARES TÍPICAS SEM PROCEDIMENTO ESPECÍFICO

As medidas cautelares típicas sem procedimento específico vêm relacionadas nos incisos do art. 888 do Código de Processo Civil, sob o título de "outras medidas provisionais":

1. obras de conservação em coisa litigiosa ou judicialmente apreendida (inciso I);
2. entrega de bens de uso pessoal do cônjuge e dos filhos (inciso II);
3. posse provisória dos filhos, em caso de separação judicial ou anulação de casamento (inciso III);
4. afastamento de menor autorizado a contrair casamento contra a vontade dos pais (inciso IV);
5. depósito de menores castigados imoderadamente por seus pais, tutores ou curadores, ou por eles induzidos à prática de atos contrários à lei ou à moral (inciso V);
6. afastamento temporário de um dos cônjuges da morada do casal (inciso VI);
7. guarda e educação dos filhos, regulado o direito de visita (inciso VII);
8. interdição ou demolição de prédio para resguardar a saúde, a segurança ou outro interesse público (inciso VIII).

A exemplo do que se dá no rol das medidas cautelares típicas **com** procedimento cautelar específico, também no das "outras medidas provisionais" vêem-se providências de caráter eminentemente **satisfativo**, como, *v. g.*, a entrega de bens de uso pessoal do cônjuge e dos filhos (inciso II) e o afastamento de menor autorizado a contrair casamento contra a vontade dos pais (inciso IV). Com efeito, tais medidas não servem a um processo principal, bastando-se por si mesmos às finalidades a que se destinam.

As medidas cautelares **sem** procedimento específico têm lugar em feitos de **procedimento cautelar comum**, como resulta claro do art. 889, *caput*, do Código de Processo Civil: "Na aplicação das medidas enumeradas no artigo antecedente observar-se-á o procedimento estabelecido nos arts. 801 a 803."

Note-se, ainda, que, diversamente do que se dá no art. 804 do Código de Processo Civil, o parágrafo único do art. 889 dispõe que "em caso de **urgência**, o juiz poderá autorizar ou ordenar as medidas, sem audiência do requerido". Isso significa que o deferimento da providência *inaudita altera parte* não pressupõe o risco de que o requerido, sendo citado, torne-a ineficaz. Basta a **urgência**, vale dizer, a necessidade oferecer com rapidez a tutela jurisdicional.

Capítulo 34
Arresto

34.1. NATUREZA JURÍDICA E FINALIDADE

Primeiro dos procedimentos cautelares típicos ou nominados, o **arresto** vem regulado no Código de Processo Civil entre os arts. 813 e 821.

A finalidade da medida é a de **assegurar** o resultado útil de futura execução por quantia certa, circunstância que revela sua natureza propriamente **cautelar**.

O arresto é medida **constritiva** de bens. Por meio dela, itens do patrimônio do devedor são **apreendidos** e **afetados**, isto é, ficam vinculados aos propósitos de futura execução.

Não se trata, pois, de medida expropriatória. O arresto não subtrai do devedor a propriedade dos bens, o que poderá ocorrer somente no processo principal, pela adjudicação, alienação por iniciativa particular ou alienação em hasta pública (Código de Processo Civil, art. 647, incisos I a III). O arresto é, sim, verdadeiro **instrumento de garantia**, que individualiza os bens visando à **futura** expropriação.

A medida cautelar em questão confere direito de seqüela em relação aos bens por ela alcançados, vale dizer, aquele em favor de quem foi estabelecida poderá persegui-los em qualquer lugar em que se encontrem e junto a qualquer pessoa em poder de quem estejam.

O arresto não impede que o devedor aliene o bem a terceiro. A venda do bem não é vedada e, sendo efetivada, de sua validade não se duvida. Daí não resulta, porém, a inutilidade da medida cautelar, pois eventuais atos de transferência da propriedade do bem serão **ineficazes** em relação ao requerente; o bem objeto da constrição continuará afetado, vinculado às finalidades da execução.

A efetivação do arresto poderá ou não importar o desapossamento do bem afetado, conforme fique este depositado em mãos do próprio devedor ou em mãos de terceiro. O depositário, seja o devedor ou outra pessoa, assume os encargos de guardar, zelar, conservar a coisa e restituí-la quando determinado pelo juiz.

Questão comumente formulada diz com a possibilidade ou não de o bem arrestado vir a ser utilizado pelo depositário. Por princípio, o bem deverá ficar **pro-**

tegido nas mãos de depositário, que assume a **detenção** da coisa e é incumbido de sua conservação. Assim, o depositário não poderá usar a coisa se do uso derivar risco à integridade dela ou, mesmo, de depreciação. É o que aconteceria, por exemplo, com veículos automotivos.

Conquanto possuam algumas características em comum, o arresto e a **penhora** não se confundem. Ambos são atos de constrição, de apreensão, de afetação e de individualização de bens, mas a penhora é medida de **execução**, diversamente do arresto, que, repita-se, possui natureza estritamente cautelar.

A penhora é ato preparatório da expropriação; o arresto, por sua vez, é medida que se toma quando há risco à infrutuosidade da execução; ele antecede a penhora e, no momento oportuno, nela é convertido.

Alude a doutrina a três modalidades de arresto: a) **preparatório**; b) **incidental**; e c) *ex officio* ou de **causa presumida** (Garrido de Paula, 2005, p. 2.329).

O **arresto preparatório** tem lugar no procedimento cautelar específico regulado entre os arts. 813 e 821. Trata-se de medida tomada em processo próprio, diverso do da execução. É a essa espécie que se dedica o presente capítulo.

O **arresto incidental** encontra abrigo no art. 615, incisos III, do Código de Processo Civil e é requerido na execução; prescinde da instauração de processo próprio, mas não da demonstração do justo receio de que há risco para a efetividade da execução.

Por sua vez, o **arresto** *ex officio*, ou de **causa presumida** está previsto no art. 653 do Código de Processo Civil; também é realizado na execução, precisamente quando o oficial de justiça não encontra o devedor para citação. Essa modalidade de arresto independe de requerimento e dispensa prova do *periculum in mora*; daí se chamar arresto *ex officio* ou de causa presumida.

34.2. CABIMENTO E REQUISITOS

O art. 813 do Código de Processo Civil enumera as situações em que se autoriza o arresto (*causae arresti*); são hipóteses que revelam risco de que o devedor procure furtar-se ao cumprimento de suas obrigações pecuniárias restem inadimplidas:

> Art. 813. O arresto tem lugar:
> I – *quando o devedor sem domicílio certo intenta ausentar-se ou alienar os bens que possui, ou deixa de pagar a obrigação principal no prazo estipulado;*
> II – *quando o devedor, que tem domicílio:*
> a) *se ausenta ou tenta ausentar-se furtivamente;*
> b) *caindo em insolvência, aliena ou tenta alienar bens que possui; contrai ou tenta contrair dívidas extraordinárias; põe ou tenta pôr os seus bens em nome de terceiros; ou comete outro qualquer artifício fraudulento, a fim de frustrar a execução ou lesar credores;*

III – quando o devedor, que possui bens de raiz, tenta aliená-los, hipotecá-los ou dá-los em anticrese, sem ficar com algum ou alguns, livres e desembargados, equivalentes às dívidas;
IV – nos demais casos expressos em lei.

Como se vê, a lei prevê **condutas do devedor**, capazes de produzir o **justo receio** de que a dívida não seja honrada. Não se trata de subjetivismo, de conjecturas ou de suposições; são sinais exteriorizados pelo devedor, reveladores do **fundado** risco de que a execução não alcance seus objetivos. Em outras palavras, o art. 813 do Código cuida de enumerar situações denotadoras do **perigo da infrutuosidade** do processo principal (*periculum in mora*).

Na hipótese do inciso I, a inexistência de domicílio certo do devedor deve ser combinada com uma das situações que se seguem, alternativamente: a) o intento de ausentar-se; b) o propósito de alienar os bens que possui; c) o inadimplemento da obrigação. Observe-se que, no último caso, bastam a inexistência de domicílio certo do devedor e o inadimplemento da obrigação, vale dizer, não é preciso que se demonstre qualquer intenção de sua parte de ausentar-se ou de alienar bens.

O inciso II alcança o devedor que tem domicílio certo, mas que, mesmo assim, coloca em risco a utilidade da execução.

A **ausência furtiva** do devedor como causa do arresto deve ser interpretada de forma restritiva. Se ele tem domicílio certo, só deve ser levada em conta a ausência – ou tentativa nesse sentido – **que efetivamente possa colocar em risco o crédito**. Não basta o afastamento eventual ou temporário do devedor.

A respeito da **insolvência**, não é necessária prova formal de sua ocorrência, bastando que o requerente apresente indícios de que o patrimônio do devedor não seja capaz de cobrir suas dívidas.

Note-se que, nos termos da alínea *b* do inciso II, todas as hipóteses ali previstas hão de combinar-se com a situação de insolvência.

Na situação contemplada no inciso III, o Código cria verdadeira presunção de risco, como decorrência do intento do devedor de alienar ou de estabelecer gravame sobre seu patrimônio imobiliário, sem reservar o suficiente ao pagamento das dívidas. Parte-se da premissa de que a existência de bens de raiz, livres e desembargados, demonstra o bom propósito do devedor quanto ao cumprimento de suas obrigações; e supõe-se que a prática das condutas ali previstas revela risco aos direitos de seus credores.

O último dispositivo inserto no rol de causas autorizadoras de arresto (inciso IV) demonstra que outras hipóteses podem vir contempladas na lei, como, por exemplo, a do art. 239 do Código Comercial (arresto para garantir pagamento de salários de operários de empreitada) e a dos arts. 136 e 137 do Código de Processo Penal (incidente sobre bens adquiridos com os proventos da infração penal).

Discute-se se o rol do art. 813 seria exaustivo ou exemplificativo. Apreciando tal questão, o Superior Tribunal de Justiça asseverou que "considerando que a medida cautelar de arresto tem a finalidade de assegurar o resultado prático e útil do processo principal, é de concluir-se que as hipóteses contempladas no art. 813, CPC, não são exaustivas, mas exemplificativas, bastando, para a concessão do arresto, o risco de dano e o perigo da demora".[1]

No mesmo sentido é o escólio de Humberto Theodoro Júnior: "para assegurar a eficiência que se espera da medida, deve-se entender que subsiste, tal como um princípio geral, a admissibilidade do arresto sempre que, antes da decisão, for provável a ocorrência de atos capazes de causar lesões de difícil e incerta reparação ao direito de uma das partes. Para atender aos fins que são específicos do arresto, o art. 812, na prática, deverá ser interpretado mais como portador de caráter exemplificativo do que taxativo" (Theodoro Júnior, 2006, p. 203).

A par das disposições do art. 813 do Código, o deferimento do pleito de arresto depende também da satisfação do requisito previsto no inciso I do art. 814 ou em seu parágrafo único:

> Art. 814. Para a concessão do arresto é essencial:
> I – prova literal de dívida líquida e certa;
> II – prova documental ou justificação de algum dos casos mencionados no artigo antecedente.
> Parágrafo único. Equipara-se à prova literal da dívida líquida e certa, para efeito de concessão de arresto, a sentença, líquida ou ilíquida, pendente de recurso, condenando o devedor ao pagamento de dinheiro ou de prestação que em dinheiro possa converter-se.

No inciso I e no parágrafo único, o art. 814 ocupa-se do crédito, disciplinando, portanto, o *fumus boni juris* exigido para o deferimento do arresto; e no inciso II (que remete ao art. 813) tem-se o *periculum in mora*.

Dúvida não há de que o *fumus boni juris* e o *periculum in mora* são exigidos de forma **cumulativa**. Originariamente, havia entre os dois incisos do art. 814 do Código o conectivo "e", subtraído pela Lei nº 5.925/1973 para simples efeito de melhora da linguagem, sem que tenha sido alterado o alcance da norma.

O crédito deve conter três atributos, quais sejam: a) **literalidade**; b) **liquidez**; e c) **certeza**.

---

1 STJ, 4ª Turma, Resp. nº 123.659/PR, rel. Min. Sálvio de Figueiredo Teixeira, j. 9/6/98, DJU 21/9/98, p. 175.

Com relação à **literalidade**, diz-se que o crédito deve ser demonstrado **documentalmente**. A prova oral pode ser produzida para a comprovação das alegações pertinentes ao art. 813; não, porém, para evidenciar a liquidez e a certeza do crédito, que exigem prova escrita.

O crédito será dotado de **certeza** quando não houver dúvida a respeito de sua **existência**; e contará com **liquidez** quando não houver dúvida acerca de seu **objeto** (Carnelutti, 1973, p. 271).

Por aí se percebe que o pedido de arresto deve vir instruído com um **título** capaz de ensejar a instauração de uma **execução**. Essa exigência é consentânea, aliás, com o que já se disse anteriormente: o arresto é medida cautelar tendente a assegurar o resultado útil de uma execução por quantia certa.

Parte da doutrina objeta que a **certeza** é exigência "impertinente", "pela razão tão simples quanto freqüentemente esquecida pelos processualistas de que, no momento da proteção cautelar, não pode haver qualquer certeza quanto à existência do direito protegido!" (Baptista da Silva, 2006, p. 264). Outros, porém, sustentam que a interpretação restritiva – sem título executivo inexiste causa para o arresto – está em consonância com os graves efeitos que decorrem da cautela: perda da posse, geração do direito de seqüela e estabelecimento, para o credor, do direito de preferência sobre o bem arrestado, concorrendo em igualdade de condições com a penhora (Garrido de Paula, 2005, p. 2.335).

Diante dos termos da lei, é difícil deixar de acompanhar a segunda posição, sem embargo do entendimento, já mencionado (v. Capítulo 9, item 9.3 deste trabalho), segundo o qual o juiz pode, por força do poder geral de cautela, deferir medida "com os mesmos efeitos do arresto", "para fins de assegurar a eficácia de futura decisão em ação de indenização", em caso de a "dívida não ser considerada líquida e certa (art. 814 do CPC)".[2]

Quanto à **liquidez**, impõe-se a indicação precisa, pela parte que propõe a medida cautelar, do valor que será exigido na ação principal. Registre-se, porém, mais uma vez a ressalva feita por parte da doutrina, no sentido de que, em se tratando de crédito ilíquido, nada impede que o arrestante promova liquidação judicial do crédito, de forma liminar, na ação de arresto (Baptista da Silva, 2006, p. 267).

O parágrafo único do art. 814 do Código traz exceção à regra estampada no inciso I do *caput*, equiparando à prova literal da dívida líquida e certa, para efeito de concessão de arresto, a sentença, líquida ou ilíquida, pendente de recurso,

---

[2] STJ, 5ª Turma, Resp. nº 753.788/AL, rel. Min. Felix Fischer, j. 4/10/2005, DJU 14/11/2005, p. 400.

que condene o devedor ao pagamento de dinheiro ou de prestação que em dinheiro possa converter-se.

Nesse particular, assinale-se que, desde o advento da Lei nº 11.232/2005, não só as sentenças **condenatórias** são títulos executivos; também as **declaratórias** o são, desde que reconheçam a existência da obrigação. Assim, há de compreender-se no âmbito do parágrafo único do art. 814 do Código a sentença que reconheça a existência da obrigação de pagar quantia em dinheiro.

Também é importante destacar que, para o deferimento do arresto, **não** é necessário que o título estampe a **exigibilidade** da obrigação. Desse modo, ainda que esta não se haja vencido, é viável a obtenção do arresto, o que, por sinal, se revela de todo acertado, pois a situação de risco à percepção do crédito pode surgir ainda na fluência do prazo para pagamento.

Por fim, outra questão que se coloca diz respeito às **obrigações condicionais**.

No caso de obrigação sujeita a condição **resolutiva**, é cabível o arresto, já que enquanto ela não sobrevier, subsiste em pleno vigor o negócio jurídico.

Cuidando-se, porém, de condição **suspensiva**, poder-se-ia dizer que enquanto a condição não se verificar não existe o direito, tampouco crédito líquido e certo, de sorte que não caberia o arresto. Reza o art. 130 do Código Civil, contudo, que "ao titular do direito eventual, nos casos de condição suspensiva ou resolutiva, é permitido praticar os atos destinados a conservá-lo", daí resultando ser possível que se postule a medida para garantir obrigações pendentes desse tipo de condição.

34.3. PROCEDIMENTO E DISPOSIÇÕES ESPECÍFICAS

O pedido de arresto, quando formulado em processo próprio, é processado pelo rito previsto entre os arts. 801 e 804 do Código, observadas as peculiaridades previstas entre os arts. 815 e 821. Em outras palavras, a base procedimental é a comum, mas ela é complementada por regras específicas para o arresto.

A medida deve ser requerida ao juízo competente para a causa principal (Código de Processo Civil, art. 800).

A petição inicial, elaborada e instruída com obediência aos arts. 282, 283 e 801 do Código, deve revelar os **requisitos específicos do arresto**, quais sejam a ocorrência de qualquer das situações do art. 813 e a prova literal da dívida líquida e certa, exigida pelo art. 814 do Código.

A liminar poderá ser deferida de imediato (*inaudita altera parte*) ou após justificação. Nos exatos termos do art. 815 do Código, "a justificação prévia, quando ao juiz parecer indispensável, far-se-á em segredo e de plano, reduzindo-se a termo o depoimento das testemunhas."

Dispõe o art. 816 que "o juiz concederá o arresto independentemente de justificação prévia: I – quando for requerido pela União, Estado ou Município, nos casos previstos em lei; II – se o credor prestar caução (art. 804)".

Na hipótese do inciso I, parte-se da premissa de que a Fazenda Pública atua na defesa do erário e, por conseguinte, visando ao interesse social. Além disso, ele conta com presunção de solvabilidade, de modo que o requerido não corre risco de não ser indenizado, se for o caso. Por essa razão, dispensa-se o Poder Público da prestação de caução para a obtenção do arresto.

Na situação prevista no inciso II, dispensa-se a justificação prévia em razão da prestação de **contracautela**, medida destinada a assegurar eventual ressarcimento de prejuízos sofridos pelo requerido.

É fundamental ressaltar que o art. 816 não dispensa o requerente da prova literal da dívida líquida e certa (Código de Processo Civil, art. 814, incisos I e parágrafo único), mas somente da alegação pertinente à situação de perigo (Código de Processo Civil, arts. 813 e 814, incisos II). Ademais, a norma só concerne à justificação prévia para a obtenção da **medida liminar**, ou seja, nem o Poder Público e tampouco o prestador de caução são dispensados de produzir, no decorrer do processo cautelar, a prova necessária ao acolhimento do pedido.

Deferida a medida, será ela efetivada por meio de mandado a ser cumprido por oficial de justiça: os bens serão individualizados, apreendidos e depositados, lavrando-se auto de arresto. São passíveis de arresto os bens **penhoráveis** (Código de Processo Civil, arts. 649 e 650), até porque tal medida cautelar destina-se à conversão em penhora.

Nesse particular, o art. 818 do Código estabelece que, "julgada procedente a ação principal, o arresto se resolve em penhora". A redação não é das melhores e peca pela falta de precisão. Na verdade, a conversão do arresto em penhora tem lugar na **execução**, em que não se verifica propriamente um julgamento de procedência do pedido.

Exatamente em função dessa estreita relação entre as mencionadas medidas, o legislador deixou expresso, no art. 821 do Código, que de regra se aplicam ao arresto as disposições referentes à penhora.

O ajuizamento da demanda principal deve dar-se no prazo de trinta dias, nos termos do que dispõe o art. 806 do Código de Processo Civil (v. Capítulo 31 deste trabalho). Quando, porém, a obrigação ainda não for exigível, esse prazo é contado da data do seu vencimento e não da efetivação da medida cautelar, como de regra. É que, enquanto não for exigível a obrigação, faltará interesse de agir à propositura da execução.

Nos termos do art. 819 do Código de Processo Civil, ficará suspensa a execução do arresto caso o devedor, tanto que intimado, pague, deposite em juízo ou garanta, por meio de fiador idôneo ou de prestação de caução, a importância da dívida, acrescida dos honorários advocatícios arbitrados e das custas processuais.

Tenha-se em conta que o oficial de justiça não intimará o devedor a pagar o débito ou oferecer garantia; apenas lhe dará ciência da realização do arresto, o que lhe abrirá o ensejo de tomar alguma daquelas providências.

A **cessação** do arresto, por sua vez, ocorre quando houver **pagamento, novação** ou **transação** (Código de Processo Civil, art. 820). Pagamento parcial ou dependente de compensação não tem o condão de fazer cessar a medida.

As hipóteses de cessação do arresto enumeradas no art. 820 do Código são meramente exemplificativas. Mesmo que não prevista nesse dispositivo legal, qualquer outra situação de direito material que fulmine a obrigação – renúncia, remissão etc. – terá o mesmo condão.

O art. 817 dispõe que, "ressalvado o disposto no art. 810, a sentença proferida no arresto não faz coisa julgada na ação principal". Nesse ponto, nada há a acrescentar ao que já foi consignado no Capítulo 29 deste trabalho.

Por fim, é importante lembrar que o arresto de determinados bens é passível de registro. É o que ocorre, por exemplo, com os imóveis (Lei nº 6.015/1973, art. 167, I, nº 5) e com os veículos. Com o registro, eventual adquirente não poderá alegar desconhecimento acerca da constrição e, por conseguinte, restará afastada sua boa-fé.

Capítulo 35
Seqüestro

35.1. NATUREZA JURÍDICA E FINALIDADE

O **seqüestro** é previsto no Código de Processo Civil entre os arts. 822 e 825.

A exemplo do arresto, o seqüestro também possui natureza **cautelar**, porquanto se trata de medida destinada a **assegurar** o resultado útil do processo principal.

A diferença fundamental que há entre as medidas é a de que, enquanto o arresto destina-se a garantir a utilidade de execução por quantia certa (obrigação de dinheiro), o **seqüestro** visa a assegurar a eficácia da prestação jurisdicional que resulte na imposição de **entregar determinado bem**, "exatamente aquele disputado pelas partes, aquele que se apresenta como objeto da demanda" (Theodoro Júnior, 2003, v. II, p. 426).

Em outras palavras, o que se pretende, com o seqüestro, é **preservar** a coisa litigiosa para garantia de sua entrega ao vencedor. Diversamente do arresto, o seqüestro não se converte em penhora; ele é mantido, assim como efetivado, até que seja dada a destinação final e definitiva do bem preservado.

O seqüestro também é medida **constritiva** e, por meio dela, a coisa litigiosa é **apreendida** e **depositada**. Não se trata de medida que produza a expropriação do bem; se o fosse, teria natureza satisfativa e não cautelar. O seqüestro é decretado com o fito de **conservar** a coisa até que, por meio de provimento jurisdicional definitivo, seja ela entregue a quem de direito.

O seqüestro cautelar disciplinado entre os arts. 822 e 825 do Código de Processo Civil não se confunde com o de que trata o art. 731, concebido no seio da execução contra a Fazenda Pública, *verbis*: "Se o credor for preterido no seu direito de preferência, o presidente do tribunal, que expediu a ordem, poderá, depois de ouvido o chefe do Ministério Público, ordenar o **seqüestro** da quantia necessária para satisfazer o débito".

A medida prevista no art. 731 do Código é nitidamente **satisfativa**, uma vez que não visa a assegurar a utilidade da execução contra a Fazenda Pública, mas a propiciar o **pagamento** da dívida em relação à qual não foi respeitada a ordem dos precatórios.

35.2. CABIMENTO E REQUISITOS

O art. 822 do Código estabelece as hipóteses em que o juiz pode decretar o seqüestro:

> Art. 822. O juiz, a requerimento da parte, pode decretar o seqüestro:
> I – de bens móveis, semoventes ou imóveis, quando lhes for disputada a propriedade ou a posse, havendo fundado receio de rixas ou danificações;
> II – dos frutos e rendimentos do imóvel reivindicando, se o réu, depois de condenado por sentença ainda sujeita a recurso, os dissipar;
> III – dos bens do casal, nas ações de desquite e de anulação de casamento, se o cônjuge os estiver dilapidando;
> IV – nos demais casos expressos em lei.

O inciso I do art. 822 alude a bens móveis, semoventes ou imóveis, mas daí não é dado concluir que esse rol seja exaustivo ou que deva ser interpretado de modo estrito. Diante da finalidade do seqüestro, a melhor interpretação a ser dada é a de que a medida pode recair sobre bens de outra natureza, como títulos de crédito, e inclusive sobre bens incorpóreos, como as cotas sociais de uma empresa. Nessa ordem de idéias o Superior Tribunal de Justiça já decidiu que "o seqüestro pode incidir sobre bens que constituam proveito do ilícito praticado pelos autores, dando-se **interpretação extensiva** ao conceito de coisa litigiosa (art. 822, inciso I, do CPC)".[1]

Ao referir-se a **rixas**, a lei processual civil não cuida do crime previsto no art. 137 do Código Penal, que pressupõe a luta violenta entre mais de duas pessoas, caracterizada por certa confusão e reciprocidade das agressões. O art. 822, inciso I, do Código Penal trata de tutelar as **pessoas** que, em razão da disputa do bem, se achem na iminência do confronto físico ou que revelem litigiosidade exagerada.

A expressão **receio de danificações**, por sua vez, deve ser entendida de modo amplo, compreendendo tanto a deterioração do bem quanto o desvio ou o desaparecimento.

A respeito desses dois pontos (receio de rixas e danificações), calha mencionar caso julgado pelo Superior Tribunal de Justiça, em que se afirmou que o vocábulo "*rixa* do art. 822, I, CPC refere-se a quaisquer confrontos físicos que possam envolver as partes do processo ou terceiros em disputa pelo imóvel", reputando-se presente o *periculum in mora* também em função da "possibilidade de luta armada entre os fazendeiros locais e os 'sem terra' e de parcelamento do solo e desmatamentos, desordenados, comprometendo a fauna, a

---

[1] STJ, 4ª Turma, Resp. nº 60.288/SP, rel. Min. Ruy Rosado de Aguiar, j. 21/6/95, DJU 2/10/95, p. 32.377.

flora e as nascentes d'água, além de revelar o grave conflito social pela ocupação do solo".[2]

Quanto ao inciso II do art. 822, observa a doutrina que o legislador disse menos do que deveria. Bem assinala Ovídio Baptista da Silva que a insuficiência da previsão legal é visível:

> Em tais casos, há de caber o seqüestro nem só nas ações reivindicatórias como em qualquer outra que contenha pretensão a haver a posse de coisa certa (execução *lato sensu* para entrega de coisa certa), especialmente nas ações possessórias de reintegração, nas fundadas em locação, comodato, depósito, mandato, comissão mercantil e outras análogas que contenham idêntica pretensão a haver coisa certa.

Além disso, o seqüestro será cabível:

> nem só depois da apelação, mas também durante a tramitação da causa em primeira instância; nem só durante o julgamento da apelação, enquanto a sentença não haja transitado em julgado, mas também depois do julgamento definitivo se, por qualquer contingência, não for ainda possível o depósito executório comum à execução para a entrega de coisa certa (Baptista da Silva, 2006, p. 312).

O inciso III alude aos bens do casal, nas ações de desquite e de anulação de casamento, se o cônjuge os estiver dilapidando. Desde o advento da Lei nº 6.515/1977 não se fala mais em "desquite", e sim em separação judicial. Além disso, a doutrina e a jurisprudência admitem o seqüestro também em ações de nulidade, divórcio e dissolução de união estável.

A expressão "bens do casal" não abrange apenas os que sejam comuns aos cônjuges, alcança também os particulares de um e de outro; e também aqui há de interpretar-se amplamente o conceito de dilapidação, de modo a abarcar toda e qualquer situação de perigo à conservação dos bens.

O inciso IV revela que outras situações podem ser previstas em lei. É o que se vê, por exemplo, no art. 16 da Lei nº 8.429/1992, que admite o seqüestro de bens do agente público ou de terceiro, havendo indícios de enriquecimento ilícito ou de dano ao patrimônio público em razão do exercício de mandato, cargo, emprego ou função na administração pública.

Por fim, destaque-se que o cabimento do seqüestro não se limita às ações fundadas em direito real. Ação pessoal que repercuta sobre direito a bens também pode ensejar a medida. Exemplo: ação de rescisão de contrato de compra e venda por inadimplemento da parte de quem deveria pagar o preço.

---

[2] STJ, 3ª Turma, Resp. nº 43.248/SP, rel. Min. Carlos Alberto Menezes Direito, j. 8/10/96, DJU 2/12/96, p. 47.670.

35.3. PROCEDIMENTO E DISPOSIÇÕES ESPECÍFICAS

O seqüestro pode ser requerido em caráter antecedente ou incidente, vale dizer, antes de instaurado o processo principal ou na sua pendência.

Nos termos do art. 822 do Código, o seqüestro é medida que se adota **a requerimento da parte**. Apesar disso, admite-se a decretação do seqüestro *ex officio*, pelo juiz, quando a lei assim autorizar ou quando necessário para a tutela de interesse público, como por exemplo no caso de rixa, em que se busca proteger a paz social e não o interesse exclusivamente patrimonial.

A petição inicial deverá observar o disposto no art. 801 do Código (v. Capítulo 18), combinado com o art. 822. Além disso, o requerente haverá de individualizar, tanto quanto possível, o bem sobre o qual haverá de incidir o seqüestro.

Requerida a medida, o feito tramitará pelo rito traçado pelos arts. 802 e seguintes do Código, inclusive no tocante à medida liminar (Código de Processo Civil, art. 804). Aplica-se, também, no que couber, o que o Código dispõe acerca do arresto (Código de Processo Civil, art. 823).

Com relação ao depositário, em princípio é nomeado pelo juiz, dentre pessoas de sua confiança. Podem as partes, todavia, indicar terceiro que assuma o encargo (Código de Processo Civil, art. 824, inciso I), hipótese em que o juiz só não o nomeará se houver relevante razão impeditiva. A escolha poderá recair, também, em uma das partes, desde que ofereça maiores garantias e preste caução idônea (Código de Processo Civil, art. 824, inciso II).

A expressão "maiores garantias" há de ser entendida no sentido de que assumirá o encargo a parte que apresentar "condições mais favoráveis à preservação do bem", sem olvidar-se do fato de que, ainda assim, ela deverá oferecer garantia idônea (contracautela).

Por fim, ressalte-se que, nos termos do art. 825 do Código, "a entrega dos bens ao depositário far-se-á logo depois que este assinar o compromisso"; e "se houver resistência, o depositário solicitará ao juiz a requisição de força policial".

Capítulo 36
Caução

36.1. CONCEITO E ESPÉCIES

Caução significa cautela, precaução, segurança e, mais especificamente, é qualquer forma de garantia do cumprimento de uma obrigação. Há caução quando o responsável por uma prestação coloca à disposição do credor um bem jurídico que, no caso de inadimplemento, possa cobrir o valor da obrigação (Theodoro Júnior, 2003, v. II, p. 434).

A caução pode ter como **fonte** o **direito material** (Código Civil, arts. 1.280 e 1.305, parágrafo único, *v. g.*) ou o **direito processual** (Código de Processo Civil, arts. 475-O, inciso III e 690, *caput*, *v. g.*).

Quanto à **origem**, a caução pode ser **negocial** ou **legal**, conforme resulte da vontade das partes ou de previsão de lei.

O fato de tratar-se de caução legal não significa, porém, que ela seja sempre obrigatória. A caução legal pode ser **obrigatória** ou **facultativa**. É que às vezes a caução é exigida pela lei sem margem para deliberação judicial em contrário, como por exemplo a imposta ao arrematante que pretender efetuar o pagamento a prazo (Código de Processo Civil, art. 690, *caput*); outras vezes a lei permite ao juiz exigi-la ou não, como a caução de que trata o art. 804 do Código.

Quanto à **sede processual** em que é prestada, a caução pode ser **incidental** ou **autônoma**. A caução incidental é a que resulta de imposição acessória adotada no curso de qualquer processo (caução na execução provisória ou para a obtenção de liminar cautelar), ao passo que a autônoma constitui o objeto de um processo próprio (Garrido de Paula, 2005, p. 2.348).

Consoante o critério do **objeto**, a caução pode ser **real** ou **fidejussória** (Código de Processo Civil, art. 826). A caução real é a que recai sobre um bem, móvel ou imóvel (penhor e hipoteca, *v. g.*). A fidejussória – também chamada de caução **pessoal** – consiste em uma fiança prestada por terceiro como garantia do cumprimento da obrigação. Quando a lei não determinar a espécie de caução, esta poderá ser prestada mediante depósito em dinheiro, papéis de crédito, títulos da União ou dos Estados, pedras e metais preciosos, hipoteca, penhor e fiança (Código de Processo Civil, art. 827).

36.2. NATUREZA JURÍDICA

A caução é medida preventiva (Lopes da Costa, 1958, p. 127). Não obstante isso, nem sempre ela terá natureza cautelar.

Com efeito, casos há em que o direito do autor esgota-se na efetivação da caução, hipótese em que guardará natureza **satisfativa**. É o que se tem na situação trazida pelo parágrafo único do art. 1.305 do Código Civil: "Se a parede divisória pertencer a um dos vizinhos, e não tiver capacidade para ser travejada pelo outro, não poderá este fazer-lhe alicerce ao pé sem prestar caução àquele, pelo risco a que expõe a construção anterior".

Terá natureza **cautelar**, sim, a caução que se destinar a assegurar o resultado útil de prestação jurisdicional de conhecimento, de execução ou mesmo cautelar. A caução exigida como contracautela (Código de Processo Civil, art. 804), por exemplo, tem evidente natureza acautelatória. Diga-se o mesmo da caução prestada como medida substitutiva de outro provimento cautelar (Código de Processo Civil, art. 805).

As cauções cautelares – também chamadas de processuais – não são regidas pelo rito específico dos arts. 826 e seguintes do Código de Processo Civil. Elas são oferecidas (ou exigidas) e prestadas nos próprios autos do processo cujo resultado útil visam a assegurar; não ensejam, pois, um procedimento autônomo e são deferidas com base no poder geral de cautela, diante dos requisitos do *fumus boni juris* e do *periculum in mora*.

O procedimento específico disciplinado entre os arts. 826 e 835 destina-se às cauções **satisfativas**, para cujo deferimento não se cogita de *fumus boni juris* ou de *periculum in mora*. Também em função de sua natureza, a eficácia dessa modalidade de caução não depende do ajuizamento de demanda principal no prazo de trinta dias, como ocorre com as medidas cautelares constritivas em geral (Código de Processo Civil, art. 806). De rigor, portanto, os procedimentos autônomos de caução situar-se-iam melhor no Livro IV do Código de Processo Civil, como ritos especiais do processo de conhecimento. Optou, porém, o legislador pela utilização do **procedimento** cautelar, o que conduz à aplicação das disposições do art. 803 do Código, como se demonstrará a seguir.

36.3. PROCEDIMENTOS E DISPOSIÇÕES ESPECÍFICAS

O Código de Processo Civil distingue duas situações, conforme o pedido seja formulado por quem **for obrigado a prestar caução** (art. 829) ou por aquele **em cujo favor há de ser dada** (art. 830).

O art. 829 do Código disciplina o oferecimento de caução por aquele que está obrigado a prestá-la, de sorte a proteger-se de indevida recusa por parte do credor e a afastar a incidência das sanções legais ou contratuais decorrentes de sua não-prestação.

Nessa hipótese, a petição inicial deverá conter, além dos requisitos dos arts. 282 e 283 do Código, a indicação: a) do valor a caucionar; b) do modo pelo qual a caução vai ser prestada; c) da estimativa dos bens; e d) da prova da suficiência da caução ou da idoneidade do fiador.

O demandante deve requerer a citação do demandado para que este, no prazo de cinco dias, a aceite ou conteste o pedido (Código de Processo Civil, art. 831). Em sua defesa, o requerido poderá alegar, por exemplo, a inidoneidade ou a insuficiência da caução oferecida e, de um modo geral, tudo aquilo que puder conduzir à rejeição do pedido inicial.

O art. 830, por sua vez, autoriza a instauração do procedimento de caução a pedido daquele em cujo favor ela há de ser dada.

Nesse caso, o demandado será citado para, no prazo de cinco dias: a) prestar a caução, sob pena de incorrer na sanção que a lei ou o contrato cominar para a falta; ou b) contestar o pedido (Código de Processo Civil, arts. 830 e 831). Na contestação, o requerido poderá aduzir, por exemplo, a inexistência da obrigação de prestar a garantia.

Além da contestação, o demandado poderá oferecer exceções de incompetência, de suspeição e de impedimento. Reconvenção, contudo, não caberá, porquanto incompatível com a celeridade que se espera do procedimento cautelar (v. Capítulo 21).

O art. 832 do Código traz regra de julgamento antecipado do pedido. Segundo a determinação legal, o juiz proferirá imediatamente a sentença se: a) o requerido não contestar; b) a caução oferecida ou prestada for aceita; ou c) a matéria for somente de direito ou, sendo de direito e de fato, já não houver necessidade de outra prova.

Na hipótese de o requerido não contestar o oferecimento ou o pedido de prestação de caução, em princípio presumir-se-ão aceitos como verdadeiros os fatos alegados pelo requerente. Produzidos os efeitos da revelia, o juiz deverá proferir sentença no prazo de cinco dias, acolhendo o pedido inicial (Código de Processo Civil, arts. 803 e 319).

Sendo, porém, necessária a colheita de outras provas, o juiz determinará a respectiva produção, designando audiência de instrução e julgamento, se necessário (Código de Processo Civil, arts. 833 e 803, parágrafo único; v. também o Capítulo 23 deste trabalho).

Julgando procedente o pedido, o juiz determinará a caução e assinará o prazo em que deve ser prestada, cumprindo-se as diligências que forem determinadas (Código de Processo Civil, art. 834, *caput*). É certo que a caução pode ser prestada pelo interessado ou por terceiro (Código de Processo Civil, art. 828).

Cuidando-se de pedido formulado por aquele em cujo favor há de ser dada a caução, o sentenciante deverá cominar a sanção aplicável para a hipótese de não ser prestada.

A sentença de procedência ou de improcedência do pedido resolve o mérito da causa (Código de Processo Civil, art. 269, inciso I), dela cabendo apelação sem efeito suspensivo (Código de Processo Civil, art. 520, inciso IV).

Se o requerido não cumprir a sentença no prazo estabelecido, o juiz declarará: a) no caso do art. 829, não prestada a caução; b) no caso do art. 830, efetivada a sanção que cominou (Código de Processo Civil, art. 834, parágrafo único).

Os provimentos jurisdicionais exarados em cumprimento ao parágrafo único do art. 834 do Código têm, ambos, natureza de **sentença**, tanto a declaração de que a caução não foi prestada (inciso I) quanto a imposição da sanção cominada (inciso II).

Na primeira hipótese, além da declaração de que a caução não foi prestada, o juiz haverá de inverter os ônus da sucumbência (Garrido de Paula, 2005, p. 2.355).

Na segunda situação, do mesmo modo, não há como prescindir-se da prolação de sentença, até porque seria um despropósito imporem-se, via decisão interlocutória, penalidades como a rescisão do contrato ou a perda do direito do usufrutuário de administrar o usufruto (Código Civil, art. 1.401).

Conferindo-se natureza de sentença a tais provimentos, tem-se que o recurso cabível é o de apelação, se bem que desprovido de efeito suspensivo (Código de Processo Civil, arts. 513 e 520, inciso IV). Outra conclusão daí resultante é a de que tais provimentos são aptos a produzirem coisa julgada material.

Conquanto não seja a regra em nosso sistema, o fato de haver uma segunda sentença de conhecimento no mesmo processo não deve gerar perplexidade. Nosso sistema não é incompatível com tal situação, havendo outros casos em que isso ocorre, como, *v. g.*, as ações de prestação de contas (Código de Processo Civil, arts. 914 e segs.) e de divisão e de demarcação de terras particulares (Código de Processo Civil, arts. 946 e segs.).

Saliente-se, outrossim, que, com a redação dada pela Lei nº 11.232/2005 ao § 1º do art. 162 do Código de Processo Civil, restou bem mais confortável a admissão de uma segunda sentença de conhecimento na mesma relação processual, uma vez que atualmente já não consta do conceito de sentença o elemento extintivo do processo.

Sem embargo de tudo isso, na doutrina há vozes autorizadas que sugerem a supressão do contido no parágrafo único do art. 834. Ovídio Baptista da Silva, por exemplo, sustenta que, "de *lege ferenda*, seria possível evitar o segundo pronunciamento judicial previsto no parágrafo único do art. 834, dando-se as conseqüências da nova decisão que aí se prevê como um resultado automático do transcurso do prazo assinado pelo juiz. Este não foi, no entanto, o caminho seguido pelo legislador, o que torna necessária uma nova decisão para que o juiz declare não prestada a caução, ou efetivada a sanção por ele próprio cominada na sentença" (Baptista da Silva, 2006, p. 236).

O art. 835 do Código cuida da **caução às custas:** "O autor, nacional ou estrangeiro, que residir fora do Brasil ou dele se ausentar na pendência da demanda, deverá prestar, nas ações que intentar, caução suficiente às custas e honorários de advogado da parte contrária, se não tiver no Brasil bens imóveis que lhes assegurem o pagamento".

Referida caução – que não demanda a instauração de procedimento autônomo – servirá para garantir a execução de futura e eventual condenação ao pagamento das verbas decorrentes de sucumbência. A prestação da caução é, nesse caso, pressuposto de regularidade do processo e seu não-oferecimento acarretará a extinção do feito, nos termos do inciso IV do art. 267 do Código. Se o demandante não a oferecer espontaneamente, o demandado poderá, na contestação, antes de discutir o mérito, ou mesmo posteriormente argüir a **questão preliminar** prevista no inciso XI do art. 301 do Código: "falta de caução ou de outra prestação, que a lei exige como preliminar."

Não se exigirá a caução, porém, "na execução fundada em título extrajudicial" e "na reconvenção" (Código de Processo Civil, art. 836): na primeira hipótese, porque o título executivo porta elevado grau de probabilidade da existência do crédito; na segunda, porque a instauração do processo não se deu por iniciativa do réu-reconvinte, mas do autor-reconvindo.

Também não se pode exigir a caução do beneficiário da justiça gratuita, ainda que ausente ou residente fora do país e mesmo que não tenha bens imóveis no Brasil.

Ressalte-se, por fim, que não será exigida a caução às custas em caso de execução fundada em titulo extrajudicial, bem como na reconvenção. Na primeira hipótese, porque o titulo extrajudicial traz implícito elevado grau de probabilidade de existência de direito do autor; na segunda porque não foi o residente fora do país quem propôs a ação originária.

A primeira parte do art. 837 do Código versa sobre a necessidade de **reforço de caução**: "Verificando-se no curso do processo que se desfalcou a garantia, poderá o interessado exigir reforço da caução." Trata-se de caso em que a garantia anteriormente prestada desvalorizou-se ou deixou de servir às suas finalidades. A regra aplica-se não apenas à caução às custas, mas às cauções em geral.

Na segunda parte do mesmo artigo, o Código estabelece que: "Na petição inicial, o requerente justificará o pedido, indicando a depreciação do bem dado em garantia e a importância do reforço que pretende obter".

Tal pedido será processado na conformidade das mesmas regras atinentes à imposição da caução, ou seja, o requerido será citado para, em cinco dias, prestar a caução ou apresentar contestação.

Julgado procedente o pedido, o juiz assinará prazo para que o obrigado reforce a caução. Não sendo cumprida a sentença, cessarão os efeitos da caução anteriormente prestada. Cuidando-se de caução processual, a falta do reforço fará presumir a desistência da ação ou do recurso, conforme o caso (Código de Processo Civil, art. 838).

Capítulo 37
Busca e apreensão

37.1. CONCEITO E PREVISÕES LEGAIS

Busca é procura, pesquisa, cata. **Apreensão**, por sua vez, é o ato de apreender, vocábulo que significa pegar, segurar, agarrar, prender.

A expressão **busca e apreensão** – ou, eventualmente, o termo **apreensão** – é encontrada em diversas passagens do Código de Processo Civil e da legislação extravagante.

No art. 362 do Código de Processo Civil, a busca e apreensão é medida adotada para o cumprimento da decisão ou sentença que impõe a terceiro o dever de exibir documento ou coisa.

No art. 461 do Código – que trata das obrigações de fazer e de não fazer – a busca e apreensão é medida prevista no § 5º e tende à "efetivação da tutela específica" ou à "obtenção do resultado prático equivalente", ou seja, é instrumento do qual se utiliza o juiz para proporcionar, ao jurisdicionado, tudo aquilo e precisamente aquilo a que este faz jus. Suponha-se, por exemplo, que decisão ou sentença imponha ao demandado um dever de abstenção, consistente em não expor ao público determinada escultura. Sendo necessário para alcançar-se o objetivo colimado, o juiz pode ordenar a busca e apreensão da obra de arte.

No § 2º do art. 461-A, a busca e apreensão é forma de efetivação do comando jurisdicional, antecipado ou final. Referido dispositivo legal cuida das demandas que tenham por objeto obrigações de entregar coisa; e a busca e apreensão é ali prevista como medida destinada à satisfação do direito do credor. Efetivada a providência, a coisa apreendida – móvel ou semovente – é entregue a quem de direito. Não é outra a finalidade do art. 625 do Código, aplicável às execuções para entrega de coisa fundadas em título extrajudicial.

No art. 672, a apreensão – que pode ser antecedida de busca – de letra de câmbio, nota promissória, duplicata, cheque ou outros títulos visa a aperfeiçoar a penhora do crédito que tais documentos representam.

No art. 885, a medida destina-se à apreensão de título não restituído ou sonegado pelo emitente, sacado ou aceitante.

No art. 905, a busca e apreensão, além de proporcionar a satisfação do direito do credor mediante a restituição da coisa depositada, faz cessar a prisão civil do depositário.

No art. 936, é prevista a apreensão, em ação de nunciação de obra nova, de materiais e produtos já retirados.

No art. 998, a medida tem por escopo retirar, das mãos do inventariante removido, os bens móveis pertencentes ao espólio, a fim de transferi-los à administração de seu substituto.

No art. 1.071, é prevista a possibilidade de apreensão da coisa vendida a crédito com reserva de domínio, quando provada a mora do comprador mediante o protesto do título.

No parágrafo único do art. 1.129, tem-se a busca e apreensão do testamento, providência a ser tomada quando descumprida a ordem judicial de exibição ao detentor do documento.

A legislação extravagante também contempla medidas de busca e apreensão. Somente a título ilustrativo, lembre-se do Decreto-lei nº 911/1969, que "estabelece normas de processo sobre alienação fiduciária". Precisamente no § 8º do art. 3º estabelece-se que a mencionada busca e apreensão "constitui processo autônomo e independente de qualquer procedimento posterior".

A par de tudo isso, interessa, aqui e agora, tratar do procedimento de busca e apreensão disciplinado entre os arts. 839 e 843 do Código de Processo Civil.

Essa espécie de **busca e apreensão** consiste na procura de **pessoas** ou **coisas** (Código de Processo Civil, art. 839), seguida da respectiva constrição judicial. Efetivada a medida, a pessoa ou coisa encontrada e apreendida passa à esfera de disponibilidade do Estado-juiz, que, no momento oportuno, lhe dará a devida e definitiva destinação.

37.2. NATUREZA JURÍDICA E REQUISITOS

As várias hipóteses de busca e apreensão previstas na lei permitem que se perceba a existência de medidas com naturezas jurídicas diversas.

Como visto, boa parte das buscas e apreensões possui natureza **satisfativa**, pois elas visam a proporcionar a **entrega**, em caráter definitivo, do bem da vida disputado ao detentor do direito considerado subordinante. É o caso, por exemplo, das medidas previstas no § 2º do art. 461-A e no art. 625 do Código de Processo Civil, bem assim no Decreto-lei nº 911/1969.

A busca e apreensão pode, contudo, possuir natureza **cautelar**. Suponha-se, por exemplo, que determinada emissora de rádio divulgue parecer jurídico dado por pessoa que se haja apresentado como advogado. Informada de que referida pessoa não seria inscrita em seus quadros e invocando sua atribuição fiscalizadora, a Ordem dos Advogados do Brasil insta a emissora a entregar cópia da fita em que foi gravado o parecer. Diante da recusa da emissora e do perigo de iminente destruição da gravação, a entidade requer em juízo medida de busca e apreensão da fita, visando a conservá-la e preservá-la até que se decida, em definitivo, sobre seu direito à entrega.

Note-se que não se trata de medida **satisfativa**, mas meramente **conservativa**.

De outra parte, em tal hipótese não caberá arresto e, de rigor, tampouco seqüestro. Afigura-se adequada, portanto, a busca e apreensão, cuja previsão fora dos limites habituais do arresto e do seqüestro presta-se a completar o instrumental do juízo cautelar, pois há casos em que certos bens não se enquadram no âmbito de nenhuma daquelas medidas, mas há evidente necessidade de sua apreensão judicial (Theodoro Júnior, 2003, v. II, p. 442).

Nas varas de família, não são raros os pedidos de busca e apreensão de filho incapaz que, tendo sido entregue ao pai para com este permanecer durante um feriado, não é devolvido à mãe na data aprazada. Com freqüência, a questão da posse dos filhos é acertada na sentença proferida no processo de separação judicial. Transitada em julgado a sentença e vindo a ser descumprido o comando nela contido, a busca e apreensão não terá natureza cautelar, mas eminentemente satisfativa.

Deveras, uma vez cumprida a medida e restituído o incapaz à mãe, esta não haverá de ajuizar demanda principal alguma, uma vez que seu direito terá sido plenamente satisfeito. Não se trata de medida conservativa, que tenda a assegurar o resultado útil de futuro provimento definitivo. A própria entrega do incapaz à mãe consiste no provimento definitivo. Não obstante isso, a praxe forense consagrou o uso do **procedimento** previsto entre os arts. 839 e 843, dotado da agilidade e da celeridade necessárias ao perfeito atendimento da situação.

Cumpre destacar, porém, que o procedimento de busca e apreensão regulado pelos mencionados artigos do Código não se presta a pedidos de acertamento do próprio direito à posse do incapaz. Caberá, aí, ao interessado o ajuizamento de demanda de conhecimento, sob rito comum ordinário.

Tratando-se de medida cautelar, seu deferimento depende do concurso do *fumus boni juris* e do *periculum in mora*, vale dizer, da plausibilidade do direito sustentado e do fundado receio de que, em função do tempo necessário para prestar-se a tutela jurisdicional definitiva, esta possa perder sua utilidade.

37.3. PROCEDIMENTO E DISPOSIÇÕES ESPECÍFICAS

A petição inicial deverá atender aos requisitos dos arts. 282, 283 e 801 do Código de Processo Civil e, nos termos do art. 840, nela o requerente exporá as razões justificativas da medida e da ciência de estar a pessoa ou a coisa no lugar designado.

Não basta, pois, a exposição dos fatos dos quais emergiria a verossimilhança do risco. O dispositivo impõe seja indicado o local onde possa ser encontrada a coisa ou a pessoa que se pretende apreender.

Certo é que, demonstrado o direito à obtenção da busca e apreensão e não indicado o local onde possa a coisa ou pessoa ser encontrada, não será caso de indeferimento da medida e tampouco de extinção do processo sem resolução do mérito. A melhor solução será a de deferir-se a providência requerida, suspendendo-se apenas a expedição do mandado, de sorte que, vindo a ser descoberto, posteriormente, o local onde se encontra a pessoa ou coisa, bastará medo pedido de prosseguimento do feito (Garrido de Paula, 2005, p. 2.361).

O deferimento da medida liminar submete-se às regras gerais do sistema (Código de Processo Civil, art. 804), inclusive no que concerne à justificação prévia, que será feita em **segredo de justiça**, se for indispensável (v. Capítulo 19 deste trabalho). O sigilo será necessário quando a publicidade puder comprometer a eficácia da medida.

No mandado de busca e apreensão constarão: a) a indicação da casa ou do lugar em que deve efetuar-se a diligência; b) a descrição da pessoa ou da coisa procurada e o destino a lhe dar; e c) a assinatura do juiz de quem emanar a ordem (Código de Processo Civil, art. 841). Quanto a este último aspecto, a expressa disposição legal no sentido de que o mandado será assinado **pelo juiz** afasta a viabilidade de conferir-se tal mister ao escrivão, ainda que autorizado por portaria ou provimento administrativo.

O mandado de busca e apreensão deve ser cumprido por **dois oficiais de justiça**, na presença de **duas testemunhas** (Código de Processo Civil, art. 842, *caput* e § 2º). Essas formalidades justificam-se plenamente, dada a gravidade que a medida quase sempre porta, efetivada muitas vezes em meio a tensão ou comoção. Não há lugar, portanto, para a ressalva feita pelo art. 143, inciso I, do Código, segundo o qual a diligência será realizada, "sempre que possível", na presença de duas testemunhas.

Um dos oficiais de justiça lerá o mandado ao morador, intimando-o a abrir as portas. Não atendidos, os oficiais de justiça arrombarão as portas e quaisquer móveis onde presumam que esteja oculta a pessoa ou a coisa procurada (Código de Processo Civil, art. 842, § 1º), podendo contar com reforço policial. É de rigor que o arrombamento seja precedido da leitura do mandado e da intimação para abertura das portas, formalidades cuja falta configura desrespeito à casa do requerido e verdadeiro abuso de poder.

Concluída a diligência, os oficiais de justiça lavrarão **auto circunstanciado**, firmando-o com as testemunhas (Código de Processo Civil, art. 844). Nele deverá constar relato pormenorizado do ocorrido, formalidade que também decorre da gravidade da medida.

Quanto ao mais, o procedimento não difere do cautelar comum, previsto nos arts. 802 e seguintes do Código.

Importa destacar, por fim, que, cuidando-se a busca e apreensão de medida cautelar e constritiva, o requerente deverá propor a demanda principal no prazo do art. 806 do Código, sob pena de ser tornada ineficaz a providência tomada (Código de Processo Civil, art. 808, inciso I).

Capítulo 38
Exibição

38.1. ESPÉCIES E NATUREZA JURÍDICA

Aquele que pretender a **exibição** de documento ou coisa em poder de outrem poderá pedi-la em juízo. O sistema processual brasileiro admite **três espécies** de exibição: a) **ação de exibição principal**; b) **exibição incidental**; e c) **ação cautelar de exibição**.

I. **Ação de exibição principal**: também chamada de **ação exibitória**, funda-se no direito material à exibição de documento ou coisa. Dito direito pode decorrer de contrato ou da lei. Cuida-se de ação de **conhecimento** cujo objetivo se esgota na exibição em si, sem qualquer exigência de que se demonstre a necessidade de propositura de futura ação. Exemplo: o cliente de um banco firma contrato de crédito rotativo (cheque especial), mas não recebe uma via do instrumento; solicita-a ao banco, mas este recusa-se a fornecê-la. É direito do correntista obter a exibição, independentemente da existência de qualquer litígio pertinente ao cumprimento do contrato.

Essa demanda, desprendida de qualquer litígio ou pretensão futura, tramita pelo rito comum, ordinário ou sumário, conforme o caso.

A sentença que julgar procedente o pedido inicial imporá ao demandado a pretendida exibição; trata-se de uma obrigação de fazer, passível de cumprimento forçado nos termos do art. 461 do Código de Processo Civil.

II. **Exibição incidental**: prevista entre os arts. 355 e 363 e 381 e 382 do Código de Processo Civil, consiste em **atividade de instrução probatória** efetuada no curso de um processo principal.

Assim, aquele que, tendo formulado no processo determinada alegação de fato, pretender comprová-la por meio de documento ou coisa que se ache em poder da parte contrária ou de terceiro, poderá requerer ao juiz que imponha a respectiva exibição. Tanto o autor quanto o réu podem valer-se desse meio de prova.

Quando um dos litigantes pedir a exibição de documento ou coisa que esteja em poder da **parte contrária**, esta será **intimada** para responder em **cinco** dias (Código de Processo Civil, art. 357). Se o requerido não efetuar a exibição, não fizer qualquer declaração ou tiver sua recusa havida por ilegítima, o juiz **admitirá como verdadeiros** os fatos que, por meio do documento ou da coisa, o requerente pretendia provar. Vê-se, pois, que o requerido tem o **ônus** de exibir; se não o fizer, sofrerá a aludida conseqüência.

O pedido de exibição, nessa hipótese, consiste em mera **atividade probatória** e é processado nos próprios autos do feito principal, aplicando-se na respectiva **sentença** a sanção pelo descumprimento.

Cuidando-se, porém, de pedido de exibição de documento ou coisa que esteja em poder de **terceiro**, este será **citado** para responder no prazo de **dez** dias (Código de Processo Civil, art. 360). Se o terceiro, sem justo motivo, se recusar a efetuar a exibição, o juiz lhe **ordenará** que proceda ao respectivo depósito em cartório ou noutro lugar designado, no prazo de cinco dias, impondo ao requerente que o embolse das despesas que tiver; e se o terceiro descumprir a ordem, o juiz expedirá mandado de apreensão, requisitando, se necessário, força policial, tudo sem prejuízo da responsabilidade por crime de desobediência (Código de Processo Civil, art. 362).

Tem-se, aqui, como se vê, uma autêntica **ação**, de natureza claramente **mandamental**, a qual dá ensejo à formação de uma relação processual própria – entre o requerente da exibição, o juiz e o terceiro em poder de quem se encontre o documento ou a coisa – e de um procedimento autônomo. Daí se afirmar, com total acerto, que o juiz deve proferir **sentença**, passível de recurso de apelação.

É evidente que, cuidando-se de documento ou coisa em poder de terceiro, a não-exibição não poderá acarretar, em detrimento de qualquer das partes do processo principal, a presunção de veracidade dos fatos alegados por seu *ex adverso*. O terceiro tem o **dever** de exibir o documento e por isso o Código dispõe que, descumprida a **ordem**, será expedido mandado de apreensão do documento ou da coisa e o terceiro estará sujeito à responsabilização criminal.

Acrescente-se, ainda, que, nos termos do art. 381 do Código, o juiz pode ordenar, **a requerimento da parte**, a exibição **integral** dos livros comerciais e dos documentos do arquivo: a) na liquidação de sociedade; b) na sucessão por morte de sócio; c) quando e como determinar a lei. E, na conformidade do art. 382, o juiz pode, **de ofício**, ordenar à parte a exibição **parcial** dos livros e documentos, extraindo-se deles a suma que interessar ao litígio, bem como reproduções autenticadas.

III. **Ação cautelar de exibição**: a terceira espécie de exibição tem por finalidade "a constatação de um fato sobre a coisa com interesse probatório futuro ou para ensejar a propositura de outra ação principal" (Greco Filho, 2003, v. 3, p. 182);

está prevista nos arts. 844 e 845 do Código de Processo Civil e, portanto, acha-se entre os procedimentos cautelares específicos.

O fato de vir regulada no Livro III do Código não significa que se tenha, aí, uma medida propriamente cautelar. Embora consista, em princípio, numa providência **preparatória** ou **antecedente** de um processo principal, isso não conduz à conclusão de que se trate de uma medida cautelar.

Com efeito, a exibição, nesse caso, não tem o escopo de assegurar a utilidade de um provimento jurisdicional futuro. Ademais, uma vez efetivada a exibição, nem sempre se seguirá o ajuizamento de uma demanda principal. Por isso, é dado afirmar que a exibição prevista nos arts. 844 e 845 do Código configura uma **cautelar imprópria** (Garrido de Paula, 2005, p. 2.365).

É dessa modalidade que se tratará na seqüência deste capítulo.

38.2. CABIMENTO

O art. 844 do Código de Processo Civil estabelece:

> Art. 844. Tem lugar, como procedimento preparatório, a exibição judicial:
> I – de coisa móvel em poder de outrem e que o requerente repute sua ou tenha interesse em conhecer;
> II – de documento próprio ou comum, em poder de co-interessado, sócio, condômino, credor ou devedor; ou em poder de terceiro que o tenha em sua guarda, como inventariante, testamenteiro, depositário ou administrador de bens alheios;
> III – da escrituração comercial por inteiro, balanços e documentos de arquivo, nos casos expressos em lei.

O *caput* do art. 844 deixa claro que a exibição em questão tem lugar como procedimento **preparatório**, ou seja, é requerida antes do ajuizamento da demanda principal. Nessas condições, a medida será postulada quando o requerente possuir interesse na exibição como forma de haurir os elementos necessários à elaboração da petição inicial do feito principal. Em outras palavras, a exibição afigura-se útil ou importante para a formulação das alegações e do pedido definitivo.

Convém reprisar que à exibição **nem sempre** se seguirá um processo principal. Pode ocorrer, por exemplo, que, embora inicialmente imbuído do propósito de litigar em juízo, o requerente acabe por não o fazer, em razão mesmo do que lhe veio ao conhecimento por meio da exibição.

De outra parte, se o interessado já houver ajuizado a demanda principal e pretender a exibição simplesmente com o intuito de provar alegações já formuladas, não será caso de valer-se do procedimento cautelar preparatório, devendo, sim, fazer uso da **exibição incidental** regulada entre os arts. 355 e 363 do Código (v. item 38.1).

O inciso I do art. 844 trata da exibição de **coisa móvel** e admite-a quando o requerente invocar direito a havê-la para si ou interesse em conhecê-la ou em avaliar suas condições.

O inciso II, por sua vez, cuida de **documento** que já pertence ao requerente, de forma exclusiva (próprio) ou conjunta (comum). Pertencendo-lhe o documento, o requerente possui direito material à exibição.

O inciso III, por fim, diz respeito à exibição de **escrituração mercantil**, cabendo ao requerente comprovar seu interesse jurídico na exibição.

As três hipóteses previstas podem ensejar ações de exibição **principal** ou ações **cautelares** de exibição. Na concepção original do Código de Processo Civil, não havia previsão ampla de antecipação da tutela satisfativa (art. 273) e, por isso, dizia-se que a exibição teria natureza cautelar quando presente o *periculum in mora* e natureza satisfativa quando ausente situação de premência a justificar a adoção do rito mais célere.

Hoje, porém, a explicação perdeu atualidade. O que se pode dizer, sim, é que cabe a adoção do rito cautelar quando o requerente postular a exibição como medida preparatória de outra demanda, principal, ainda que isso não venha a ocorrer efetivamente; mas quando a medida for postulada unicamente com base no direito material à exibição, sem qualquer vinculação instrumental a outra demanda, o requerente deverá valer-se do rito comum, podendo pleitear, em caso de urgência, a antecipação dos efeitos da tutela.

38.3. PROCEDIMENTO

No que diz respeito ao procedimento, o art. 845 do Código de Processo Civil estabelece que se deve observar, no que couber, "o disposto nos arts. 355 a 363, e 381 e 382".

Desse modo e adequando-se o disposto no art. 356 do Código, o pedido de exibição cautelar (ou, mais propriamente, preparatório ou antecedente) conterá, além dos requisitos inerentes às petições iniciais em geral: a) a individuação, tão completa quanto possível, do documento ou da coisa; b) as razões que levam o requerente a postular a exibição; c) as circunstâncias em que se funda o requerente para afirmar que o documento ou a coisa existe e se acha em poder do requerido.

Ao apontar as razões que o levam a postular a exibição, o requerente haverá de indicar, ainda que sucintamente, em que consiste o litígio que pretende levar à apreciação do Judiciário no processo principal.

Se pretender obter liminarmente a exibição, o requerente haverá, também, de demonstrar o fundado receio de que, em função da demora, a medida pode tornar-se ineficaz.

A propósito da liminar, é importante destacar que, especificamente em relação à exibição, os requisitos do *fumus boni juris* e do *periculum in mora* adquirem contornos mais nítidos do que para as cautelares em geral.

De fato, a liminar de exibição é **irreversível**, uma vez que, efetivada a medida, de nada adiantará rejeitar o pedido a final: não haverá como restabelecer-se o *status quo ante*. Assim, para que se determine a exibição liminar, é mister que se demonstre mais do que mera plausibilidade ou verossimilhança, exigindo-se forte evidência do direito do requerente. Além disso, é preciso que se tenha uma clara situação de perigo, ou seja, um quadro que revele a maior probabilidade de que a sentença seja ineficaz.

Nessas condições, quando o requerente não conseguir demonstrar, com tintas tão fortes, seu direito e o risco de dano, o melhor que o juiz tem a fazer é, em vez de deferir a própria exibição, determinar apenas a **apreensão** da coisa ou do documento, conservando-a para, no futuro, exibi-la ao requerente ou restituí-la ao requerido. A apreensão, em tal caso, pode ser determinada com base no poder geral de cautela ou compreendida no pedido de exibição.

Quando o pedido de exibição cautelar for formulado em face daquele que haverá de figurar no processo principal como demandado, este será **citado** para responder em **cinco dias** (Código de Processo Civil, art. 357). O caso é, mesmo, de citação, haja vista tratar-se do chamamento inicial do requerido.

Quando, porém, o pedido for ajuizado em face de terceiro (pessoa que não constará como demandado no feito principal), ele será **citado** para responder em **dez dias** (Código de Processo Civil, art. 360) (Theodoro Júnior, 2003, v. II, p. 454). Esse entendimento afigura-se correto e decorre da ressalva constante do art. 845 do Código. Não há, porém, consenso na doutrina, merecendo registro a posição segundo a qual o prazo de dez dias seria incompatível com o rito cautelar, adotado pelo legislador (Gajardoni, 2006, p. 104).

Na resposta, o requerido poderá: a) negar que possua o documento ou a coisa; ou b) recusar a obrigação de proceder à exibição.

O juiz não admitirá a recusa: a) se o requerido tiver a obrigação legal de exibir; b) se o requerido aludiu ao documento ou à coisa, no processo, com o intuito de constituir prova; c) se o documento, por seu conteúdo, for comum às partes (Código de Processo Civil, art. 358).

Diversamente do que ocorre na exibição incidental, na exibição cautelar não se cogita de presumirem-se verdadeiros os fatos que, por meio do documento ou da coisa, a parte pretendia provar (Código de Processo Civil, art. 359).

Ora, se a exibição cautelar é requerida exatamente com o intuito de obterem-se elementos e informações úteis ou necessárias à formulação da demanda principal, não há como aplicar-se o disposto no art. 359 do Código.

Assim, acolhida, em face do futuro adversário na demanda principal, a pretensão exibitória preparatória, o juiz haverá de emitir provimento continente de obrigação de fazer, a ser cumprida nos termos do art. 461 do Código de Processo Civil, ou seja, poderá estabelecer multa cominatória e expedir mandado de apreensão.

Destaque-se, ainda, que, tratando-se de exibição de livros comerciais e documentos do arquivo de sociedade, aplica-se também, no que couber, o disposto nos arts. 381 e 382 do Código. Cumpre ressalvar, todavia, que o juiz só pode agir de ofício em processo já instaurado, não possuindo poder de iniciativa bastante a ensejar a formação de nova relação processual, porquanto sujeito ao princípio da inércia (Código de Processo Civil, art. 2º).

Não se tratando de medida constritiva, a exibição cautelar não perde sua eficácia se a demanda principal não for ajuizada no prazo do art. 806 do Código. Sendo, porém, aforada a causa principal, esta haverá de ser distribuída por dependência, em face da prevenção do juízo. A ação de exibição principal, por sua vez, não torna prevento o juízo.

Capítulo 39
Produção antecipada de provas

39.1. ESPÉCIES E NATUREZA JURÍDICA

Os procedimentos cognitivos, tendentes a uma sentença, são pela doutrina divididos em **fases lógicas**: a postulatória, a de ordenamento ou saneamento, a instrutória ou probatória e, por fim, a decisória.

A prova **documental** é produzida já na fase **postulatória**, como resulta do art. 396 do Código de Processo Civil: "Compete à parte instruir a petição inicial (art. 283), ou a resposta (art. 297), com os documentos destinados a provar-lhe as alegações." Já as provas **pericial** e **oral** são produzidas na fase **instrutória**; e é natural que assim o seja, uma vez que, antes de cogitar-se da colheita dessas provas, importa identificar qual será seu objeto. Em outras palavras, primeiramente se instala a controvérsia e posteriormente se realizam a perícia e as inquirições.

Casos há, todavia, em que se precisa **antecipar** a colheita da prova, isto é, situações em que se percebe a necessidade de tomá-la a juízo antes do momento próprio, que seria, repita-se, a fase instrutória do processo ao qual se destina.

Dentre esses casos, distinguem-se duas situações: (a) as em que a produção da prova precisa ser **assegurada**; e (b) as em que a produção da prova há de ser propriamente **antecipada**.

Com efeito, não são raras as situações em que, **antes da instauração** do processo, se constata a necessidade de **garantir-se** a produção da prova, vale dizer, assegurar-se que, no processo e no momento próprios, ela possa ser produzida. De outra parte, há situações em que, **já instaurada** a relação processual e estando em curso o procedimento, verifica-se a necessidade de produzir-se a prova antes da ocasião própria.

Na primeira hipótese, a medida terá natureza cautelar, uma vez que por meio dela se visa a assegurar o oportuno exercício do direito de produzir prova; na segunda, trata-se de medida de aceleração probatória, ou seja, a prova já é produzida, embora em momento anterior àquele de ordinário previsto na lei processual. Aqui a natureza é evidentemente satisfativa, ainda que a antecipação justifique-se no risco de perecimento da prova.

Em síntese, é mister distinguir: uma coisa é assegurar a produção de provas, as quais são de pronto colhidas para serem futuramente produzidas; outra é antecipar seu momento de produção em um processo já em andamento. O Código de Processo Civil não faz essa distinção, no que é criticado por respeitada doutrina (Baptista da Silva, 2006, p. 387).

39.2. OBJETO E REQUISITOS

O art. 846 do Código de Processo Civil estabelece que "a produção antecipada da prova pode consistir em **interrogatório da parte**, **inquirição de testemunhas** e **exame pericial**".

Quanto ao primeiro, cabe lembrar, de início, a conhecida distinção entre **interrogatório** e **depoimento pessoal**. Dentre outras diferenças que a doutrina aponta, diz-se que por meio do interrogatório o juiz visa a obter esclarecimentos sobre os fatos da causa, ao passo que pelo depoimento pessoal uma das partes busca provocar a confissão da outra.

Nessa ordem de idéias, parece correta a alusão, no art. 846 do Código, ao **interrogatório**, não havendo lugar, no procedimento cautelar de produção antecipada de provas, para o depoimento pessoal, propriamente dito. É que, nesse rito cautelar, não há, ainda, alegações definitivas a serem provadas e, por conseguinte, não se cogita de provocar-se a confissão. Nada impede, porém, que, em meio ao interrogatório, o depoente acabe por admitir a verdade de um fato contrário ao seu interesse e favorável ao adversário, situação que configura confissão (Código de Processo Civil, art. 348); mas não é esse o objetivo perseguido na produção antecipada de provas.

De outra parte, ressalte-se que o interessado na realização do interrogatório haverá de postulá-lo em relação ao futuro adversário, ou seja, àquele em face de quem litigará na demanda principal. Não há sentido em pedir-se a realização do próprio interrogatório, até porque não há lógica em pedir-se esclarecimento a si mesmo.

Quando, porém, a pessoa a ser ouvida é **distinta** dos sujeitos da futura relação processual principal, sua qualidade será de **testemunha**. Trata-se de terceiro que, tendo conhecimento dos fatos, é chamado a juízo para trazer elementos de informação e de convicção ao julgador, com vistas ao futuro julgamento.

A prova testemunhal é produzida, de regra, na audiência de instrução e julgamento (Código de Processo Civil, art. 410). Casos há, todavia, em que não é possível, sem risco de perecimento da prova, aguardar-se o momento próprio para sua produção. Exemplo: a testemunha gravemente enferma, bastante idosa ou que esteja na iminência de ausentar-se do país por tempo indeterminado deve ser inquirida antecipadamente, porquanto fundado o receio de que, no tempo oportuno, não seja possível praticar o ato. Ocorrendo situações como essas, justifica-se a colheita da prova testemunhal antes mesmo da instauração do processo principal, configurando-se aí uma das exceções à regra de que a testemunha deve ser ouvida na audiência de instrução (Código de Processo Civil, art. 410, inciso I).

Quanto à **perícia**, de ordinário ela é feita na fase instrutória, entre a audiência preliminar e a de instrução e julgamento. Freqüentemente, porém, se vê a necessidade de realizá-la com brevidade ou mesmo urgência. A perícia pode consistir em **exame**, **vistoria** ou **avaliação** (Código de Processo Civil, art. 420). O exame é a inspeção feita sobre pessoa, coisa ou semovente, para verificação de fato ou circunstância que interessa à causa. Vistoria é a inspeção de imóveis. Avaliação, por sua vez, é a estimativa de valor, em moeda, de coisas, direitos ou obrigações (Amaral Santos, 2004, p. 488).

Os casos mais comuns de perícia antecipada cautelarmente são os de vistorias sobre imóveis, a fim de aferir-se e documentar-se seu estado atual, de modo a preservar a memória da coisa (vistorias *ad perpetuam rei memoriam*). Exemplo: o locatário abandona o imóvel em estado deplorável; o locatário, com o objetivo de instruir futura demanda indenizatória, requer, em caráter antecedente, a realização de vistoria, a fim de evidenciar com precisão os estragos existentes.

Além do interrogatório da parte, da inquirição de testemunhas e da perícia, nada impede que se realize, em caráter cautelar, a **inspeção judicial** (Código de Processo Civil, arts. 440 e segs.), se não por interpretação ao art. 846 do Código, por força do poder geral de cautela (Código de Processo Civil, arts. 798 e 799). A prova documental, contudo, haverá de ser objeto de **exibição** ou, eventualmente, de **busca e apreensão**.

Para que se defira a colheita cautelar da prova, é necessário o concurso do *fumus boni juris* e do *periculum in mora*. Um mínimo de plausibilidade do direito afirmado e a demonstração do risco de perecimento da prova são exigidos para que se justifique a quebra da regra geral de oportunidade antes mencionada. À míngua de urgência, mas desejando-se documentar um depoimento testemunhal, por exemplo, não será caso de produção antecipada de prova, mas de **justificação** (Código de Processo Civil, arts. 861 e segs.).

39.3. PROCEDIMENTO E DISPOSIÇÕES ESPECÍFICAS

Ainda que, no mais das vezes, o requerente da produção antecipada de provas seja aquele que proporá a futura demanda principal, não se tem aí regra absoluta. De fato, nada impede que alguém requeira a medida com o fito de exercer, no futuro e eventualmente, o direito de defesa.

A medida, como se disse, pode ser requerida **antes** ou na **pendência** do feito principal. O art. 847 do Código de Processo Civil é claro nesse sentido: "Far-se-á o interrogatório da parte ou a inquirição das testemunhas antes da propositura da ação, ou na pendência desta, mas antes da audiência de instrução."

Cumpre ao interessado, na petição inicial, justificar sumariamente a necessidade da antecipação e mencionar com precisão os fatos sobre os quais haverá de recair a prova (Código de Processo Civil, art. 848).

Demonstrada de plano ou em justificação a urgência em colher-se a prova, o juiz deferirá a medida liminarmente.

O requerido deve ser sempre **citado**, podendo oferecer sua resposta no prazo de cinco dias. A ele não cabe contestar o fato que constitui o objeto da prova cuja colheita se pretende; isso terá lugar no processo principal. No feito cautelar de produção antecipada de provas, o requerido poderá contestar, sim, a necessidade de colhê-las antes do momento próprio. Além dessa defesa – pertinente ao mérito cautelar –, o demandado poderá suscitar questões preliminares, como, por exemplo, o defeito de representação e a ilegitimidade *ad causam*.

A importância da citação é inquestionável, uma vez que, além de oportunizar o contraditório acerca da necessidade da antecipação, permite que o requerido **acompanhe**, **fiscalize** e **participe** dos atos de colheita da prova. Trata-se de formalidade essencial, sem a qual a prova não poderá ser oposta ao requerido no processo principal.

Com efeito, a produção antecipada de provas é feita em juízo e sob o contraditório exatamente para que possa produzir, entre as partes, exatamente os mesmos efeitos que produziria se colhida no feito principal e no momento oportuno.

Assim, os mesmos direitos que a parte teria se a prova fosse colhida no processo principal ela os terá no cautelar: contraditar a testemunha, formular reperguntas, indicar assistente técnico, formular quesitos ao perito etc. No tocante à perícia, aliás, há expressa norma legal a rezar que a prova se realizará "conforme o disposto nos arts. 420 a 439" (Código de Processo Civil, art. 850).

Importa ressalvar, contudo, que, em casos de extremada urgência, o juiz poderá determinar que a própria colheita da prova seja feita *inaudita altera parte*; e se desconhecido o requerido, sugere a doutrina que o juiz nomeie curador especial (Baptista da Silva, 2006, p. 403).

Colhida e documentada a prova, as partes haverão de ter oportunidade para manifestarem-se acerca da observância dos requisitos formais e, na seqüência, verificada a regularidade dos atos praticados, o juiz proferirá sentença.

Note-se que o debate entre as partes, travado no feito cautelar, não alcança o conteúdo e tampouco a força de convencimento da prova. Do mesmo modo, o juiz, na sentença, não emite qualquer juízo de valor acerca do objeto da oitiva ou da perícia. Trata-se de sentença que se limita a **homologar** a regularidade do procedimento, tendente a proclamar sua aptidão para servir como prova no feito principal. A valoração da prova será feita somente na sentença a ser prolatada no processo definitivo.

Encerrado o procedimento, "os autos permanecerão em cartório, sendo lícito aos interessados solicitar as certidões que quiserem" (Código de Processo Civil, art. 851).

No regime do Código de Processo Civil de 1939, os autos eram entregues ao interessado. O Código atual, diversamente, determina a permanência dos autos em cartório, de sorte que deles possa servir-se também o demandado. Assim, consagra-se o **princípio da comunhão da prova**, segundo o qual, uma vez colhida, ela pertence ao processo e não a quem a requereu ou promoveu.

Discute-se, na jurisprudência, se a permanência dos autos em cartório significaria que o juízo da produção antecipada de provas ficaria prevento para a demanda principal, vale dizer, esta haveria de ser distribuída por dependência àquela.

O extinto Tribunal Federal de Recursos chegou a sumular a matéria: "**Súmula nº 263**. A produção antecipada de prova, por si só, **não previne** a competência da ação principal." Na mesma linha de entendimento há julgados do Superior Tribunal de Justiça, como, por exemplo, o seguinte: "As medidas cautelares meramente conservativas de direito, como a notificação, a interpelação, o protesto e a **produção antecipada de provas**, por não possuírem natureza contenciosa, não previnem a competência para a ação principal."[1]

Em decisões mais recentes, todavia, o Superior Tribunal de Justiça vem flexibilizando tal entendimento, admitindo a prevenção quando o feito cautelar de produção antecipada de provas ainda estiver em curso ou em razão de peculiaridades outras. Apenas a título de exemplo, cite-se julgado no qual a 3ª Turma daquele Tribunal Superior afirmou que, "estando ainda em curso a ação cautelar de produção antecipada de prova, sequer concluído o laudo pericial, deve ser reco-

---

1 STJ, 6ª Turma, Resp. nº 59.238/PR, rel. Min. Vicente Leal, j. 9/4/97, DJU 5/5/97, p. 17.130, *RSTJ* 96/422.

nhecida a prevenção para o ajuizamento da ação principal".[2] Em outro caso submetido a julgamento do Superior Tribunal de Justiça, também aqui mencionado apenas como ilustração, entendeu-se que, embora a regra seja a de a produção antecipada de provas **não prevenir** o juízo para a demanda principal,

> a depender da modalidade de prova requerida, mormente se verificada a intervenção do magistrado no feito, com a nomeação de *expert* de sua confiança, **inegável a prevenção** do juízo da ação preparatória para exame da principal. Na espécie, tendo em vista que a prova pericial requerida pela autora, ora recorrente, demandou a designação de perito do juízo para averiguação do efetivo adimplemento do objeto contratual pela empresa prestadora do serviço de impermeabilização contratado, e considerando-se que o laudo pericial produzido será utilizado como elemento probatório nos autos da ação de rescisão contratual c/c perdas e danos, **recomenda-se a prevenção** do juízo que conheceu da primeira ação.[3]

No regime legal anterior – em que, como se disse, os autos eram entregues à parte –, justificava-se o afastamento da prevenção. No sistema em vigor, porém – em que os autos permanecem em cartório –, a melhor solução seria a de que o juízo da demanda cautelar ficasse prevento para o feito principal, até mesmo porque inegável a conveniência de que sentencie o processo o juiz que houver procedido à colheita da prova.

Ademais, resulta dos arts. 800 e 809 do Código de Processo Civil que o juiz da causa cautelar fica prevento para a principal, de modo que, havendo fundada dúvida, o recomendável seria a consagração, e não a negação da regra.

Outra questão que não pode ser olvidada diz respeito a aplicabilidade ou não, à produção antecipada de provas, do disposto no inciso I do art. 808 do Código, segundo o qual cessa a eficácia da medida cautelar "se a parte não intentar a ação [principal] no prazo estabelecido no art. 806" (v. Capítulo 31 deste trabalho). Aqui não há lugar para divergência, sendo pacífico, na doutrina, o entendimento de que, por não se tratar de medida constritiva ou restritiva de direitos, a produção antecipada de provas **não se sujeita** ao prazo do art. 806, isto é, o fato de não se ajuizar a demanda principal em 30 dias, contados da efetivação da medida, não produz a cessação da eficácia da medida (por todos, Greco Filho, v. 3, 2003, p. 184). Dessa orientação não se distancia a jurisprudência do Superior Tribunal de Justiça: "Ao interpretar o art. 806, do

---

2 STJ, 3ª Turma, Resp. nº 712.999/SP, rel. Min. Carlos Alberto Menezes Direito, j. 12/4/2005, DJU 13/6/2005, p. 305.
3 STJ, 2ª Turma, Resp. nº 487.730/SP, rel. Min. Franciulli Netto, j. 21/8/2003, DJU 28/6/2004, p. 245.

CPC, a doutrina e a jurisprudência pátrias têm se posicionado no sentido de que este prazo extintivo não seria aplicável à ação cautelar de produção antecipada de provas, tendo em vista a sua finalidade apenas de produção e resguardo da prova, não gerando, em tese, quaisquer restrições aos direitos da parte contrária."[4]

---

[4] STJ, 1ª Turma, Resp. nº 641.665/DF, rel. Min. Luiz Fux, j. 8/3/2005, DJU 4/4/2005, p. 200.

Capítulo 40
Alimentos provisionais

40.1. OBJETO E NATUREZA JURÍDICA

Em sentido jurídico, **alimentos** compreendem tudo o que uma pessoa tem direito a receber de outra para atender a suas necessidades **físicas**, **morais** e **jurídicas** (Theodoro Júnior, 2003, v. II, p. 465).

Denominam-se **alimentos naturais** os que se destinam à preservação da vida; **alimentos civis** (ou **côngruos**), por sua vez, compreendem a habitação, o vestuário, a educação, a instrução, o lazer e, de modo geral, a manutenção da condição social do indivíduo. Há, ainda, os *alimenta litis*, ou seja, a provisão *ad litem*, o dinheiro necessário a cobrir as despesas processuais (Lopes da Costa, 1958, p. 110).

A prestação alimentícia é, por natureza, urgente, de sorte que sua satisfação não pode ficar subordinada ao encerramento do processo judicial de que constitua o objeto principal ou subsidiário. Por isso, concebeu o legislador a figura dos **alimentos provisionais**, que a parte pede para seu sustento e para os gastos processuais, **enquanto durar a demanda**. Nas palavras de abalizada doutrina, "destinam-se eles a atender às necessidades do pretenso credor de alimentos, enquanto se discute, na demanda ordinária, a própria relação jurídica de que deriva a obrigação alimentar" (Baptista da Silva, 2006, p. 414).

O art. 852, parágrafo único, do Código de Processo Civil estabelece que os alimentos provisionais abrangem, além do que o requerente "necessita para sustento, habitação e vestuário, as despesas para custear a demanda", ou seja, abarcam tanto os alimentos naturais quanto os civis e, ainda, os *ad litem* ou *expensa litis*.

Os alimentos provisionais não possuem natureza cautelar, pois não visam a assegurar o resultado útil do provimento jurisdicional definitivo. Trata-se de providência **satisfativa**, que desde logo realiza a pretensão. A inserção da medida dentre os procedimentos cautelares explica-se pelo fato de que, ao tempo em que foi concebido, o Código de Processo Civil ainda não havia sistematizado a antecipação da tutela, o que viria a ocorrer somente com a Lei nº 8.952/1994, que deu nova redação ao art. 273. Nesse sentido é a lição de Humberto Theodoro

Júnior: "Na visão atual que o Código tem da tutela preventiva, os alimentos provisionais devem, portanto, ser tratados como tutela antecipada e não mais como tutela cautelar" (Theodoro Júnior, 2003, v. II, p. 466).

40.2. CABIMENTO E REQUISITOS

O art. 852, *caput*, do Código de Processo Civil dispõe que é lícito pedir alimentos provisionais: a) nas ações de desquite e de anulação de casamento, desde que estejam separados os cônjuges; b) nas ações de alimentos, desde o despacho da petição inicial; c) nos demais casos expressos em lei.

Hoje não se fala mais em "desquite", mas em **separação judicial**; e, embora o Código aluda apenas à ação de **anulação** de casamento, não há como negar que possam caber alimentos provisionais relacionados à ação de **nulidade** de casamento. Além disso, a legislação civil vigente estabelece, expressamente, que o **companheiro** pode fazer jus a alimentos (Código Civil, art. 1.694), de sorte que é viável tal pretensão também em relação às demandas que versem sobre a **união estável**.

No que concerne à **ação de alimentos**, vale lembrar que, havendo prova pré-constituída do parentesco ou da obrigação alimentar, terá aplicação o rito especial e sumário previsto na Lei nº 5.478/1968, cujo art. 4º prevê medida liminar passível de concessão até mesmo de ofício pelo juiz: "Ao despachar o pedido, o juiz fixará desde logo os **alimentos provisórios** a serem pagos pelo devedor, salvo se o credor expressamente declarar que deles não necessita." Nesse caso, não há lugar para o procedimento "cautelar" de alimentos provisionais, evidentemente desnecessário e, por conseguinte, descabido.

Abra-se, aqui, um espaço para distinguirem-se os **alimentos provisórios** dos **alimentos provisionais**. Os primeiros são os alimentos deferidos liminarmente, na ação regulada pela Lei nº 5.478/1968; os últimos constituem o objeto do procedimento "cautelar" específico previsto nos arts. 852 a 854 do Código de Processo Civil.

À falta de prova pré-constituída do parentesco ou da obrigação alimentar, caberá ação de alimentos pelo **rito comum ordinário**, que, atualmente, também admite medida de caráter antecipatório, *ex vi* do art. 273 do Código de Processo Civil, com a redação dada pela Lei nº 8.952/1994.

Assim, o que se percebe é que, com o advento da mencionada lei, perdeu sentido o disposto no inciso II do art. 852. É que tanto a ação de alimentos regida pela Lei nº 5.478/1968 quanto a que tramita pelo rito comum ordinário admitem, em última análise, a adoção de providências de índole antecipatória, tomadas na própria relação processual definitiva.

O art. 852, inciso III, do Código de Processo Civil dispõe, por fim, que cabem alimentos provisionais "nos demais casos previstos em lei". A hipótese mais comum é a da **ação de investigação de paternidade**, mas, de um modo geral, pode-se afirmar que cabem no âmbito desse inciso quaisquer outras ações em que se intente obter alimentos. Ressalte-se, todavia, que é viável a cumulação dos pedidos de investigação e de alimentos, nada impedindo que, em relação a estes, se peça a antecipação da tutela no bojo do processo principal.

De julgados do Superior Tribunal de Justiça colhe-se que também em relação à **ação de inventário e partilha** cabe o pedido de alimentos provisionais. Em determinado processo, assentou-se que "o filho menor tem o direito de promover ação cautelar para obter alimentos provisionais do espólio do pai, enquanto se processa o inventário. Interpretação do art. 23 da Lei nº 6.215/1977. Art. 402 do Civil" [de 1916].[1] Em outro feito, asseverou-se, no mesmo sentido, que:

> O espólio tem a obrigação de prestar alimentos àquele a quem o *de cujus* devia, mesmo vencidos após a sua morte. Enquanto não encerrado o inventário e pagas as quotas devidas aos sucessores, o autor da ação de alimentos e presumível herdeiro não pode ficar sem condições de subsistência no decorrer do processo. Exegese do art. 1.700 do novo Código Civil.[2]

Para o deferimento do pedido de alimentos provisionais, faz-se necessário o concurso do *fumus boni juris* e do *periculum in mora*, ou seja, a plausibilidade da pretensão e a urgência em obter a prestação.

A plausibilidade do direito afirmado resultará da demonstração, ainda que por indícios, da relação jurídica apta a produzir a obrigação alimentícia. Além disso, também integra o *fumus boni juris* a comprovação sumária das **necessidades** do alimentando e das **possibilidades** do alimentante (Código de Processo Civil, art. 854; Código Civil, art. 1.694, § 1º).

A **necessidade** consiste na incapacidade de o indivíduo prover seu sustento por meios próprios e subsiste ainda que o alimentando tenha patrimônio, se deste ele não conseguir extrair os necessários frutos. A necessidade pode ser presumida, como no caso de **filhos menores**. Tal presunção decorre, aliás, do dever de assistência materna e paterna.

---

[1] STJ, 4ª Turma, Resp. nº 60.635/RS, rel. Min. Ruy Rosado de Aguiar, j. 3/2/2000, DJU 30/10/2000, p. 159, *LEXSTJ* 140/82, *RT* 788/196.

[2] STJ, 2ª Seção, Resp. nº 219.199/PB, rel. p/ acórdão Min. Fernando Gonçalves, j. 10/12/2003, DJU 3/5/2004, p. 91.

Já a **possibilidade** de prestar alimentos estará configurada se o alimentante puder arcar com a prestação alimentícia sem prejuízo da própria manutenção.

O *periculum in mora*, por sua vez, evidencia-se pela própria natureza da prestação. A manutenção da pessoa pressupõe a satisfação de necessidades cotidianas e continuadas que evidentemente não podem aguardar a solução final do processo.

40.3. COMPETÊNCIA E PROCEDIMENTO

Dispõe o art. 100, inciso II, do Código de Processo Civil que é competente o foro "do domicílio ou da residência do alimentando, para a ação em que se pedem alimentos".

Essa regra diz respeito à ação de alimentos **definitivos** e, consoante pacífica jurisprudência do Superior Tribunal de Justiça, aplica-se também aos casos em que se cumula pedido de investigação de paternidade.[3]

O pedido de alimentos provisionais, por sua vez, deve ser formulado ao juízo competente para a demanda principal (Código de Processo Civil, art. 800, *caput*). Distribuída a medida antecedente a determinado juízo, ficará ele prevento para o processo definitivo.

Regra especial de competência é encontrada no art. 853 do Código de Processo Civil: "Ainda que a causa principal penda de julgamento no tribunal, processar-se-á no primeiro grau de jurisdição o pedido de alimentos provisionais." Tem-se, aí, exceção à regra do art. 800, parágrafo único, do Código.

O **procedimento** de alimentos provisionais é inaugurado por **petição inicial**, sujeita à observância dos requisitos previstos nos arts. 282 e 801 do Código de Processo Civil, cumprindo ao requerente afirmar, especialmente, o concurso dos requisitos necessários ao acolhimento da pretensão (v. item anterior deste capítulo).

Admite o parágrafo único do art. 854 do Código que o requerente peça "que o juiz, ao despachar a petição inicial e sem audiência do requerido, lhe arbitre desde logo uma mensalidade para mantença". Trata-se de pedido de liminar que poderá ser concedido *inaudita altera parte* ou após a justificação prévia prevista no art. 804 do Código. Em qualquer desses casos, os alimentos provisionais serão devidos a partir da **citação**.

Deferida a medida, o requerente deverá aforar a demanda principal no prazo do art. 806 do Código de Processo Civil, que, nesse caso, correrá da data do primeiro pagamento feito pelo requerido (Theodoro Júnior, 2003, v. II, p. 467).

---

[3] Súmula n.º 1 do STJ: "O foro do domicílio ou da residência do alimentando é o competente para a ação de investigação de paternidade, quando cumulada com a de alimentos."

O rito a ser observado é o comum das cautelares, previsto nos arts. 802 e seguintes do Código.

A execução da sentença ou da decisão que impõe a prestação de alimentos provisionais dá-se, em princípio, nos termos do art. 733 do Código de Processo Civil, segundo o qual o juiz mandará citar o devedor para, em 3 (três) dias, efetuar o pagamento, provar que o fez ou justificar a impossibilidade de efetuá-lo. Se o devedor não pagar, nem se escusar, o juiz decretar-lhe-á a prisão pelo prazo de 1 (um) a 3 (três) meses.

A prisão, nesse caso, tem caráter coercitivo e não punitivo ou executório. A medida visa a compelir o devedor ao cumprimento da obrigação. Assim, a permanência na prisão pelo tempo estipulado pelo juiz não exime o devedor do pagamento das prestações vencidas e vincendas. Por outro lado, paga a prestação alimentícia, o juiz suspenderá o cumprimento da ordem de prisão (Código de Processo Civil, art. 733, §§ 2º e 3º).

Dispõe o art. 735 do Código de Processo Civil, outrossim, que "se o devedor não pagar os alimentos provisionais a que foi condenado, pode o credor promover a execução da sentença, observando-se o procedimento estabelecido no Capítulo IV deste Título" (execução por quantia certa contra devedor solvente).

Ao credor da prestação alimentícia é dado optar entre o **rito de prisão** (Código de Processo Civil, arts. 733 a 735) e o **rito de penhora** (Código de Processo Civil, arts. 646 e seguintes). Ocorre que, com a superveniência das Leis nº 11.232/2005 e 11.382/2006, a execução da obrigação de pagar quantia certa constante de título **judicial** passou a ser regida pelas disposições dos arts. 475-I a 475-R do Código de Processo Civil, enquanto a fundada em título **extrajudicial** é regulada pelos arts. 646 e seguintes.

No caso dos alimentos provisionais, o título é, evidentemente, **judicial**, mas a referência ao Capítulo IV do Título II do Livro II remete à execução por quantia certa baseada em título **extrajudicial**.

Interpretação sistemática das reformas autoriza a conclusão de que restou superada a alusão ao Capítulo IV do Título II do Livro II do Código. Originariamente, a execução da obrigação de pagar quantia certa contra devedor solvente era sempre regida por tal capítulo, fosse judicial, fosse extrajudicial o título executivo. Agora, a execução fundada em título judicial é, repita-se, disciplinada no âmbito do Livro I.

A *ratio* do art. 735 do Código de Processo Civil é a de permitir ao credor valer-se do rito de penhora quando necessário ou conveniente; e isso não é negado pela aplicação dos arts. 475-I e seguintes. A sentença que impõe o pagamento de alimentos provisionais é, por essência, título judicial e como tal deve ser cumprida nos termos dos arts. 733 a 735 do Código de Processo Civil ou, por opção do credor, na conformidade dos arts. 475-I a 475-R.

Entenda-se, pois, que a manutenção, no Livro II do Código, da disciplina da execução da prestação alimentícia não significa que o legislador tenha equiparado a respectiva sentença aos títulos extrajudiciais, tampouco que haja desejado subtrair do credor importantes instrumentos de efetividade da jurisdição, como, por exemplo, a multa prevista no art. 475-J. Só o que se pode extrair daí é que o legislador pretendeu preservar a possibilidade de o credor optar pelo rito de prisão.

Capítulo 41
Arrolamento de bens

41.1. OBJETO E NATUREZA JURÍDICA

O Código de Processo Civil de 1939, no art. 676, inciso IX, previa, dentre as medidas preventivas, o "**arrolamento** e descrições de bens do casal e dos próprios de cada cônjuge, para servir de base a ulterior inventário, nos casos de desquite, nulidade ou anulação de casamento".

Referida medida destinava-se à "segurança de prova, não se falando em constrição ou depósito dos bens" (Pedrassi, 1988, p. 79); acessória das ações matrimoniais, destinava-se a relacionar, individualizar e descrever bens. Havendo necessidade de constrição, ao arrolamento poderia seguir-se o **seqüestro** (Americano, 1960, p. 29).

O Código de Processo Civil de 1973, todavia, deu outro perfil à figura. Previsto entre os arts. 855 e 860 do Código, o **arrolamento de bens** consiste em medida que, indo além dos propósitos do ordenamento anterior, deságua no **depósito** dos bens (Código de Processo Civil, art. 858).

Diante disso, parte da doutrina aponta dificuldades em distinguir-se o arrolamento do seqüestro (por todos, Baptista da Silva, 2006, p. 445). De fato, cotejando-se os dispositivos legais atinentes ao seqüestro (Código de Processo Civil, art. 822) e os que regulam o arrolamento (Código de Processo Civil, arts. 855 e 856), percebe-se não ser singela a tarefa de verificar a adequação desta ou daquela medida, haja vista que ambas têm caráter constritivo e destinam-se à conservação de bens que corram risco de dissipação, extravio, dilapidação ou danificação.

Pode-se, porém, afirmar que, cuidando-se de bens **determinados**, caberá **seqüestro**. Se, porém, os bens forem **indeterminados**, carecendo de prévia identificação, individualização e listagem, será o **arrolamento** a providência adequada. É que o arrolamento recai sobre uma **universalidade** de bens, como, *v. g.*, a meação do cônjuge e a herança.

Paralelamente a isso, alguns doutrinadores entendem que o arrolamento pode não contar com eficácia constritiva, limitando-se à documentação da existência e do estado dos bens (Greco Filho, 2003, v. 3, p. 186), nos moldes em que previsto no Código de Processo Civil de 1939. Outros processualistas, mesmo admitindo tal possibilidade, sustentam que se teria, aí, uma medida cautelar **inominada**, subordinada ao procedimento comum das cautelares (Fidélis dos Santos, 2006, v. 2, p. 341). De um modo ou de outro, é dado concluir que, inexistindo interesse de que se realize constrição sobre os bens, não se cogitará de seqüestro.

Quanto à **natureza**, o arrolamento é medida propriamente **cautelar**. Seja com o propósito de conservar os bens (constrição), seja com o fito de segurança de prova (documentação), a providência não é, jamais, definitiva e tampouco satisfativa, visando, sim, a garantir a utilidade do provimento jurisdicional a ser exarado no processo principal.

41.2. CABIMENTO E REQUISITOS

Nos termos dos arts. 855 e 856 do Código de Processo Civil, "procede-se ao **arrolamento** sempre que há fundado receio de extravio ou de dissipação de bens", podendo requerê-lo "todo aquele que tem interesse na conservação dos bens". Exemplos: o arrolamento de bens da sociedade, que estejam em poder de outro sócio; ou dos bens do casal, que estejam na posse do outro cônjuge.

A par disso, o § 1º do art. 856 do Código reza que "o interesse do requerente pode resultar de direito já constituído ou que deva ser declarado em ação própria". Ilustra bem a segunda parte desse dispositivo legal o arrolamento como medida cautelar relacionada a ação de investigação de paternidade cumulada com petição de herança. Ainda na pendência dessa demanda ou mesmo antes de sua instauração, mostra-se viável o arrolamento dos bens integrantes do espólio.

Como se constata, mais amplamente do que ocorria na vigência do Código anterior, atualmente o arrolamento não cabe apenas aos cônjuges nas ações matrimoniais, mas a qualquer interessado nos bens, inclusive credores, em outras ações patrimoniais (Theodoro Júnior, 2003, v. II, p. 473).

Ressalve-se, todavia, que, especificamente em relação aos credores, "só é permitido requerer arrolamento nos casos em que tenha lugar a arrecadação de herança" (Código de Processo Civil, art. 856, § 2º). Essa restrição justifica-se porque, de ordinário, se exige que o requerente do arrolamento possua relação direta com os bens. Assim, afora a hipótese da herança jacente, aos credores em geral restarão outras medidas constritivas, como o arresto, por exemplo.

Dada a natureza cautelar do arrolamento, seu deferimento pressupõe o concurso do *fumus boni juris* e do *periculum in mora*.

O *fumus boni juris* consiste na demonstração sumária do interesse do requerente na conservação dos bens, nos termos do art. 856 do Código, já referido. O *periculum in mora*, por sua vez, é traduzido na lei pela expressão "fundado receio de extravio ou de dissipação dos bens" (Código de Processo Civil, art. 855), abrangente de qualquer ação ou omissão que coloque em risco os direitos sobre tais bens (alienação, destruição, abandono, ocultação, rixas, negócios ruinosos etc.).

41.3. PROCEDIMENTO

O procedimento de arrolamento de bens tem início por **petição inicial**, que deve ser elaborada mediante a satisfação dos requisitos previstos nos arts. 282 e 801 e, ainda, do disposto no art. 857 do Código de Processo Civil: "Na petição inicial exporá o requerente: I – o seu direito aos bens; II – os fatos em que funda o receio de extravio ou de dissipação dos bens" (v. item anterior deste capítulo).

Nos termos do art. 858, *caput*, do Código, "produzidas as provas em justificação prévia, o juiz, convencendo-se de que o interesse do requerente corre sério risco, deferirá a medida, nomeando depositário dos bens".

À primeira vista, tem-se a impressão de que o deferimento da medida dependeria de prévia **audiência** de justificação. Não é essa, porém, a interpretação que se deve dar ao dispositivo em questão. Satisfatoriamente comprovadas, por documentos, as alegações do requerente, a medida liminar pode ser deferida de plano, ou seja, independentemente de audiência de justificação.

A regra constante da segunda parte do art. 804 do Código de Processo Civil encontra plena aplicabilidade no arrolamento de bens, ou seja, o juiz pode deferir a medida sem ouvir o réu (*inaudita altera parte*), quando verificar que este, sendo citado, poderá torná-la ineficaz, caso em que poderá determinar que o requerente preste caução real ou fidejussória de ressarcir os danos que o requerido possa vir a sofrer.

Sem prejuízo dessa norma, a lei estabelece outra, de caráter complementar, no sentido de que "o possuidor ou detentor dos bens será ouvido se a audiência não comprometer a finalidade da medida" (Código de Processo Civil, art. 858, parágrafo único). É que os bens podem estar na posse ou na detenção de terceiro, que do pedido deverá ser **intimado**, inclusive em caráter prévio, se dessa ciência não advier risco à efetividade da medida. Havendo tal risco, dita intimação será feita *a posteriori*.

Intimado, o mero possuidor ou detentor – não, portanto, o requerido – não terá oportunidade para manifestar-se no próprio feito de arrolamento; sua ciência, contudo, propiciar-lhe-á a oposição de embargos de terceiro (Código de Processo Civil, art. 1.046).

O requerido, por sua vez, exerça ou não a posse do bem, haverá de ser **citado**, podendo oferecer sua resposta no prazo de cinco dias, *ex vi* do art. 802 do Código.

Deferida a medida, o depositário nomeado lavrará auto, descrevendo minuciosamente todos os bens e registrando quaisquer ocorrências que tenham interesse para a sua conservação. Diferentemente do que se dá no mais das vezes, o auto de arrolamento é lavrado pelo depositário nomeado e não pelo oficial de justiça (Código de Processo Civil, art. 859). Não sendo possível efetuar desde logo o arrolamento ou concluí-lo no dia em que foi iniciado, apor-se-ão selos nas portas da casa ou nos móveis em que estejam os bens, continuando-se a diligência no dia que for designado (Código de Processo Civil, art. 860).

Ouvidas as partes acerca do auto, o juiz proferirá sentença homologatória do arrolamento (Theodoro Júnior, 2003, v. II, p. 476).

Por fim, anote-se que, cuidando-se de medida também constritiva, o arrolamento de bens exige o aforamento da demanda principal no prazo de 30 dias, contados da efetivação da medida, sob pena de cessação da respectiva eficácia, nos termos dos arts. 806 e 808 do Código de Processo Civil. Quando, porém, o arrolamento destinar-se unicamente à documentação da existência e do estado dos bens, evidentemente não há lugar para tal exigência e tampouco para aludida conseqüência.

Capítulo 42
Justificação

42.1. OBJETO E NATUREZA JURÍDICA

A **justificação** é medida de caráter **não contencioso** que se destina a **documentar** a existência de fato ou relação jurídica, seja para servir de prova em processo judicial, seja para fins pessoais ou administrativos (Código de Processo Civil, art. 861).

Nos termos da primeira parte do art. 863 do Código, "a justificação consistirá na **inquirição de testemunhas** sobre os fatos alegados".

Não se trata, propriamente, de **produção** de prova testemunhal, mas, repita-se, de mera **documentação**, para utilização futura. Certo é que referida documentação deve ser feita mediante o cumprimento das formalidades próprias das inquirições, até mesmo para que seja apta a produzir os efeitos almejados.

A ausência de litigiosidade remete o procedimento de justificação para o âmbito da **jurisdição voluntária** (Theodoro Júnior, 2003, v. II, p. 478). O requerente exerce o direito de ação e um processo é instaurado, mas não há pretensão resistida, não há lugar para debate, não se valora a prova, não se realiza julgamento acerca dos fatos alegados.

Sem qualquer vocação assecuratória, a medida **não possui natureza cautelar**. Não se cogita de risco de perecimento da prova, tampouco de urgência em documentá-la. A inserção do procedimento no âmbito do Livro III do Código de Processo Civil revela equívoco do julgador, pois a finalidade da justificação não é, de modo algum, a de assegurar o resultado útil de um processo principal, e nem a de conservar uma prova que esteja em vias de não poder ser colhida.

Precisamente nesse ponto verifica-se a distinção entre o procedimento de **justificação** e o de **produção antecipada de provas**. Neste último, pressupõe-se o risco de que, em função do tempo necessário para chegar-se à fase instrutória do processo principal, a prova possa desaparecer ou de qualquer modo o interessado não a consiga produzir. Esse perigo não é exigido para o deferimento da justificação.

42.2. REQUISITOS

Embora não pressuponha urgência ou risco, o pedido de justificação não está a salvo da demonstração de um mínimo de plausibilidade e de razoabilidade. Não se pode, pois, pretender inquirir testemunhas sobre fatos evidentemente inverossímeis ou que nem sequer em tese tenham a aptidão de produzir o efeito jurídico desejado.

Nesse sentido, ensina Ovídio Araújo Baptista da Silva que não se pode dispensar "a prova do **legítimo interesse** que todo pedido de tutela jurisdicional pressupõe", de modo que, "se a inutilidade da prova que se quer constituir for de tal evidência que o juiz possa desde logo constatá-la", será caso de indeferir a medida (Baptista da Silva, 2006, p. 471).

Haverá interesse legítimo, por exemplo, no pedido de justificação feito por mulher que, após conviver maritalmente com um homem e vindo este a falecer, pretende comprovar a existência da união estável para fins de percepção de benefício previdenciário. Documentada a prova testemunhal, a interessada poderá apresentá-la junto ao órgão previdenciário e postular a obtenção de pensão; e, caso o pleito não seja atendido, poderá valer-se da mesma justificação como prova em processo judicial, de índole contenciosa, tendente a compelir o instituto ao adimplemento da prestação.

Outro exemplo de admissibilidade da justificação, por sinal previsto expressamente em lei, é encontrado no art. 88 da Lei nº 6.015/1973 (Lei dos Registros Públicos): "Poderão os juízes togados admitir **justificação** para o assento de óbito de pessoas desaparecidas em naufrágio, inundação, incêndio, terremoto ou qualquer outra catástrofe, quando estiver provada a sua presença no local do desastre e não for possível encontrar-se o cadáver para exame."

Inexistirá legítimo interesse, contudo, no pedido de justificação da convivência entre uma pessoa e um animal irracional, para fins de adoção. Por ser inviável a constituição de parentesco entre o ser humano e os animais irracionais, não se deferirá pedido de justificação tendente a tal absurdo jurídico.

Também não se pode deferir pedido de justificação da condição de médico ou de advogado, profissões cujo exercício não depende apenas do domínio das respectivas técnicas, mas de habilitação legal obtida mediante a satisfação de certos requisitos insuscetíveis de demonstração por meio de testemunhas.

42.3. COMPETÊNCIA

Autorizada doutrina sustenta que, se a justificação se destina a servir de prova em processo futuro, a competência será a do juiz da causa principal, segundo a regra da acessoriedade; e que, se o caso é simplesmente de documentação particular para o promovente, será competente o juízo do domicílio ou residência do requerente ou o da situação de fato (Theodoro Júnior, 2003, v. II, p. 479).

Quanto à primeira assertiva, não há ressalvas a fazer. Se o requerente externar seu propósito de que a justificação sirva de prova em **processo judicial**, o ideal é que se observe, para aquela, a regra de competência aplicável a este. Assim, no exemplo da companheira que busca justificar sua condição para fins de instruir futura demanda judicial tendente à obtenção de benefício previdenciário, a medida deve ser requerida ao juízo competente para a futura demanda satisfativa.

Já a segunda assertiva merece reflexão. Tratando-se de justificação **desvinculada de futura demanda judicial** e, mais, produzida em **caráter unilateral** – sem citação de interessados, porque inexistentes ou indeterminados –, será competente o juízo do domicílio ou da residência do requerente ou o da ocorrência do fato a ser objeto da inquirição, podendo-se admitir, ainda, que o pleito seja formulado perante o foro em que residam as testemunhas a serem ouvidas. Se, contudo, a justificação, conquanto desprendida de qualquer processo judicial futuro, exigir a **citação de interessados**, a competência haverá de recair sobre o foro do **domicílio de qualquer destes**, nos termos do art. 94, *caput* e § 4º, do Código de Processo Civil.

Com efeito, diante da autonomia do procedimento de justificação nessa última hipótese, a regra aplicável de competência deverá ser a que facilite o acompanhamento, a fiscalização e a participação processual do interessado citado. Não é sequer razoável que, em tal situação, privilegie-se o requerente e imponha-se ao citado o ônus de deslocar-se de seu domicílio para poder exercer as faculdades processuais asseguradas por lei.

Note-se que, cuidando-se de competência de foro, as respectivas regras não são absolutas e, por isso, ela se prorroga quando não for oposta exceção (Código de Processo Civil, art. 114). Casos há, todavia, em que é absoluta e, portanto, improrrogável a competência para processar a justificação. Exemplo: a justificação de fato relativo a contrato de trabalho terá lugar na Justiça do Trabalho (Baptista da Silva, 2006, p. 477).

Cumpre destacar, nesse particular, que o art. 15, inciso II, da Lei nº 5.010/1966, amparado pelo § 3º do art. 109 da Constituição Federal, estabelece exceção à competência da Justiça Federal em tema de justificação: nas comarcas do interior onde não funciona vara da Justiça Federal, os juízes estaduais são competentes para processar e julgar as justificações destinadas a fazer prova perante a administração federal, centralizada ou autárquica, quando o requerente for domiciliado na comarca.

Também é fundamental ressaltar que, em qualquer caso, o juízo perante o qual se processar a justificação **não ficará prevento** para o futuro processo satisfativo (Baptista da Silva, 2006, p. 476).

42.4. PROCEDIMENTO

O **procedimento** de justificação é regulado pelos arts. 861 a 866 do Código de Processo Civil.

A **petição inicial** deverá: a) expor os motivos pelos quais o requerente pretende ver inquiridas testemunhas; b) descrever os fatos ou a relação jurídica sobre os quais haverão de recair os depoimentos; c) indicar os interessados a serem citados; e d) apresentar o rol das testemunhas cuja oitiva se pretende.

O pedido poderá vir instruído com documentos que possam de qualquer modo orientar a boa colheita da prova (Código de Processo Civil, art. 863, *in fine*).

Ao despachar a inicial, o juiz, deferindo o pedido, designará data e horário para a inquirição das testemunhas ou, conforme o caso, determinará a expedição de carta. Além disso, ordenará a citação dos interessados e a intimação do requerente.

Salvo nos casos expressos em lei, é essencial a **citação** dos interessados (Código de Processo Civil, art. 862). Não se trata de chamamento para fins de apresentação de defesa, mas de ato de comunicação tendente a oportunizar ao interessado que acompanhe, fiscalize e participe da colheita da prova. Nessa ordem de idéias, dispõe a lei processual que "ao interessado é lícito contraditar as testemunhas, reinquiri-las e manifestar-se sobre os documentos, dos quais terá vista em cartório por 24 (vinte e quatro) horas" (Código de Processo Civil, art. 864).

Convém ressaltar que o fato de ser citado o interessado não o força a tomar como provado o fato objeto da justificação, até porque, repita-se, o procedimento não possui caráter contencioso, não envolve a emissão de juízo de valor acerca da prova e não resulta em qualquer comando imperativo e inexorável.

O parágrafo único do art. 862 dispõe que, "se o interessado não puder ser citado pessoalmente, intervirá no processo o **Ministério Público**". A doutrina ressalva, contudo, que somente se justifica a intervenção do *parquet* quando a prova ou relação jurídica estiver relacionada a interesse determinante de sua atuação, à luz dos arts. 127 da Constituição Federal e 82 do Código de Processo Civil (Garrido de Paula, 2005, p. 2.384).

Assim, não sendo possível a citação pessoal do interessado, caberá chamá-lo por edital ou com hora certa, conforme o caso; e, na hipótese de não comparecer ao processo, em seu favor será nomeado **curador especial**, *ex vi* do art. 9º, inciso II, do Código de Processo Civil. A função de curador especial, porém, é própria de defensoria e não do Ministério Público.

De outra parte, há circunstâncias em que a justificação é **unilateral** e, portanto, não se exige a citação de qualquer interessado. Mesmo assim não se exigirá a intervenção do Ministério Público, salvo se existente interesse público primário, revelado pela qualidade da parte ou natureza da lide. A questão, porém, não é pacífica; parte da doutrina sustenta que o *parquet* intervirá quando a justificação for unilateral e quando houver interesse de repartições públicas (Theodoro Júnior, 2003, v. II, p. 480).

Às testemunhas aplicam-se, naturalmente, as regras de incapacidade, de impedimento e de suspeição previstas no art. 405 do Código de Processo Civil; e no tocante à forma de inquirição, devem ser observadas as disposições dos arts. 410 a 419.

Frise-se, mais uma vez, que no procedimento de justificação não há espaço para oferecimento de defesa (Código de Processo Civil, art. 865, primeira parte). Também não há lugar para debate acerca das provas colhidas e tampouco para qualquer juízo a respeito de sua força probante.

Deveras, a atividade cognitiva do magistrado limita-se à apreciação da regularidade formal do procedimento, que terá fim com a prolação de sentença homologatória. Cumpre ao juiz, destarte, verificar a higidez da colheita da prova, mas ele não emitirá conclusão a respeito de ter ou não ter restado provado o fato alegado na petição inicial (Código de Processo Civil, art. 866, parágrafo único).

Nos termos do art. 865, *in fine*, do Código de Processo Civil, não se admite recurso no processo de justificação. Essa regra deve ser interpretada em termos. Da sentença homologatória da justificação de fato não há por que se admitir recurso; mas se a petição inicial for indeferida, não há como excluir o cabimento de apelação.

Prolatada a sentença e intimados os interessados, os autos permanecerão em cartório por 48 horas, tempo destinado a que se requeiram certidões. Vencido tal interregno e efetuadas as devidas anotações, os autos serão entregues ao requerente, independentemente de traslado, mediante recibo.

Como se vê, os autos não são arquivados, mas de ordinário permanecem em cartório, em livros próprios, os registros da audiência e da sentença prolatada, de sorte que, a qualquer tempo, poderão os interessados obter certidões do que ali constar.

Por fim, anote-se que, desprovido o procedimento de justificação de qualquer caráter constritivo, sua eficácia não se subordina ao prazo do art. 806 do Código.

Capítulo 43
Protestos, notificações e interpelações

43.1. OBJETO E NATUREZA JURÍDICA

Entre os arts. 867 e 873, o Código de Processo Civil disciplina os **protestos**, as **notificações** e as **interpelações**.

Trata-se de procedimentos de que se vale o interessado para dirigir a outrem, por via judicial, uma **manifestação formal de vontade**, seja com o fito de prevenir responsabilidade, seja para prover a conservação e ressalva de direitos, seja, simplesmente, para comunicar qualquer intenção.

Os termos em análise – protestos, notificações e interpelações – não são utilizados com rigor semântico, de sorte que eventual impropriedade ou inadequação terminológica não afeta de qualquer modo a eficácia do ato. A própria doutrina, aliás, não é uniforme a respeito do sentido que se deve conferir a cada um desses vocábulos.

> Assim, sem maior preocupação com a precisão da nomenclatura, autorizada doutrina afirma que, "grosso modo, **protesto** constituiria providência genérica; **interpelação** como designativo da comunicação de inadimplência com exigência, ainda que implícita, de satisfação da obrigação, tendo o condão de constituir em mora o requerido; **notificação** assinalaria o conhecimento de qualquer intenção do requerente que repute juridicamente relevante" (Garrido de Paula, 2005, p. 2.387).

A noção de que o protesto pode ser tido como gênero do qual a notificação e a interpelação são espécies é verificada também na lição de outros consagrados processualistas (por todos, Theodoro Júnior, 2003, v. II, p. 483).

Apesar disso, as preferências do legislador e a tradição no uso de determinado termo para esta ou aquela situação permitem que se fale em: a) **protesto** contra a alienação de bens (Código de Processo Civil, art. 870, parágrafo único); b) **protesto** interruptivo de prescrição (Código Civil, art. 202, inciso II); c) **notificação** do devedor a respeito da cessão do crédito (Código Civil, art. 290); d) **interpelação** para cumprimento de obrigação, sob pena de constituição em mora (Código Civil, art. 397, parágrafo único).

Todas essas medidas são **unilaterais, não contenciosas** e absolutamente **desprovidas de cautelaridade**; são tidas como providências de **jurisdição voluntária** ou, mesmo, de índole estritamente administrativa.

A unilateralidade e a não-contenciosidade são sentidas claramente na medida em que se sabe que, nesses procedimentos, o juiz não emite qualquer comando ao requerido, que, por sua vez, não dispõe de oportunidade de defesa; as ordens judiciais exaradas nos autos dirigem-se unicamente aos servidores (escrivão, oficial de justiça etc.), para que façam chegar ao conhecimento do destinatário o protesto, a notificação ou a interpelação.

A ausência de cautelaridade também é facilmente percebida, já que o requerente visa apenas a manifestar uma vontade, não a garantir a utilidade de um futuro provimento jurisdicional satisfativo. Ademais, não se cogita de qualquer situação de urgência; cuida-se de medidas que, por sinal, prescindem de *periculum in mora*.

Acrescente-se, ainda, que os protestos, notificações e interpelações não criam qualquer direito para o promovente, somente conservam ou preservam aqueles que eventualmente existam. O protesto contra a alienação de bens, por exemplo, não impede a venda e tampouco torna ineficaz a transação; apenas torna inequívoco que alguém está em desacordo com a alienação por reputar possuir direito sobre ditos bens ou a anular o eventual negócio (Greco Filho, 2003, v. 3, p. 187).

A intervenção judicial se justifica, portanto, apenas para conferir a segurança de que a manifestação de vontade tenha sido fielmente comunicada ao destinatário. Note-se que segurança equivalente é obtida mediante o envio de protesto, notificação ou interpelação por meio do cartório de títulos e documentos, unidade do foro extrajudicial cujos oficiais e determinados auxiliares possuem fé pública.

43.2. REQUISITOS

Não se tratando de medidas cautelares, os protestos, as notificações e as interpelações não se subordinam à demonstração de *fumus boni juris* ou de *periculum in mora*.

Mesmo assim, "o juiz indeferirá o pedido, quando o requerente não houver demonstrado legítimo interesse e o protesto, dando causa a dúvidas e incertezas, possa impedir a formação de contrato ou a realização de negócio lícito" (Código de Processo Civil, art. 869).

Com amparo nesse dispositivo legal, a doutrina afirma que essas medidas devem ser utilizadas sem olvidar os princípios básicos do direito processual, que reclamam o interesse como condição de pleitear em juízo e que coíbem o abuso do direito de ação (Theodoro Júnior, 2003, v. II, p. 484). Em outras palavras, o deferimento da medida pressupõe o **legítimo interesse** e a **não-nocividade** efetiva da medida (Pontes de Miranda, 2003, p. 242).

Faltará, destarte, legítimo interesse ao requerente que, sem demonstrar a relação contratual de locação ou comodato, pretender notificar o requerido para desocupação do imóvel.

Também não se deferirá o protesto contra a alienação de bens se o requerente não justificar, satisfatoriamente, sua discordância à celebração do negócio, evidenciando apenas o gratuito propósito de impedir ou dificultar sua realização.

43.3. COMPETÊNCIA E PROCEDIMENTO

Desprovidas de natureza cautelar, as medidas em questão não se subordinam à regra de competência prevista no *caput* do art. 800 do Código de Processo Civil, mesmo porque pode nem haver uma posterior demanda principal. Lembre-se, por exemplo, da notificação de revogação de mandato. Uma vez efetivada a comunicação ao mandatário e seguida, por este, a vontade do mandante de não mais praticar atos em nome deste, poderá não haver qualquer litígio a ser resolvido no futuro.

Desse modo, aos protestos, interpelações e notificações aplicam-se as regras gerais de competência (Código de Processo Civil, arts. 94 e seguintes), valendo ressaltar que o juízo ao qual forem distribuídas **não ficará prevento** para eventual demanda satisfativa subseqüente.

O procedimento é inaugurado por **petição inicial**, na qual o requerente exporá os fatos e os fundamentos do protesto (Código de Processo Civil, art. 868).

Deferida a medida, o juiz determinará a expedição de mandado ou carta ao requerido, nada impedindo que o ato de comunicação seja feito com hora certa, por aplicação analógica dos arts. 227 a 229 do Código.

Não se tratando o requerido de pessoa incapaz ou de pessoa jurídica de direito público e não havendo oposição do requerente, o ato pode ser praticado pela via postal (Código de Processo Civil, art. 222, alíneas *b*, *c* e *f*).

O requerente poderá pedir a publicação de editais: a) se o protesto for para conhecimento do público em geral, nos casos previstos em lei, ou quando a publicidade seja essencial para que o protesto, notificação ou interpelação atinja seus fins; b) se o requerido for desconhecido, incerto ou estiver em lugar ignorado ou de difícil acesso; c) se a demora da comunicação pessoal puder prejudicar os efeitos da interpelação ou do protesto (Código de Processo Civil, art. 870).

O procedimento **não admite defesa ou contraprotesto** nos autos, mas nesse último caso o requerido poderá valer-se de feito distinto (Código de Processo Civil, art. 871).

Especificamente em relação ao **protesto contra a alienação de bens**, pode o juiz ouvir, em três dias, aquele contra quem foi dirigido, desde que lhe pareça haver no pedido ato emulativo, tentativa de extorsão, ou qualquer outro fim ilícito, decidindo em seguida sobre o pedido de publicação de editais (Código de Processo Civil, art. 870, parágrafo único). Trata-se de exceção à regra da unilateralidade, justificada pela circunstância de que a publicação poderá dificultar negócios lícitos, devendo o juiz perquirir com mais cuidado a respeito da razoabilidade da pretensão do requerente.

Também não há como falar em recurso, salvo apelação contra a sentença que indeferir o pedido (Código de Processo Civil, arts. 295 e 513). É certo, outrossim, que, havendo obscuridade, omissão ou contradição na sentença, o interessado pode opor embargos de declaração (Código de Processo Civil, art. 535).

Cumpridos os atos de comunicação e de publicidade, o juiz determinará que, pagas as custas e decorridas 48 horas, sejam os autos entregues ao requerente, independentemente de traslado (Código de Processo Civil, art. 872). Esse prazo, que corre em cartório, destina-se a que quaisquer interessados possam obter a extração de cópias; uma vez decorrido o interregno, os autos não são arquivados, mas entregues, no original, ao requerente, mediante recibo e efetivadas as anotações necessárias.

Por último, saliente-se que, não contando com qualquer efeito constritivo, os protestos, as notificações e as interpelações não perdem a eficácia se não for ajuizada demanda principal no prazo do art. 806 do Código de Processo Civil.

Capítulo 44
Homologação do penhor legal

44.1. PENHOR LEGAL

Nos termos do art. 1.431 do Código Civil, "constitui-se o penhor pela transferência efetiva da posse que, em garantia do débito ao credor ou a quem o represente, faz o devedor, ou alguém por ele, de uma coisa móvel, suscetível de alienação".

Em outras palavras, como direito real de garantia que é, o penhor consiste na tradição de coisa móvel, a fim de assegurar o pagamento de um débito; pode ser constituído de forma convencional ou legal, conforme resulte de contrato ou de disposição de lei.

O **penhor legal** vem disciplinado entre os arts. 1.467 e 1.471 do Código Civil. Trata-se de garantia instituída por lei, mediante transferência de posse de determinados bens, com a finalidade de salvaguardar direitos: a) dos hospedeiros, ou fornecedores de pousada ou alimento, sobre as bagagens, móveis, jóias ou dinheiro que os seus consumidores ou fregueses tiverem consigo nas respectivas casas ou estabelecimentos, pelas despesas ou consumo que aí tiverem feito; e b) do dono do prédio rústico ou urbano, sobre os bens móveis que o rendeiro ou inquilino tiver guarnecendo o mesmo prédio, pelos aluguéis ou rendas (Código Civil, art. 1.467).

Em tais casos e havendo urgência, o credor poderá tomar em garantia um ou mais objetos, até o valor da dívida, independentemente de autorização judicial ou de concordância do devedor. O credor exercerá verdadeira **autotutela** em face do devedor, o qual, todavia, fará jus a obter comprovante dos bens que forem retidos. Tomado o penhor, requererá o credor, ato contínuo, a sua homologação judicial.

44.2. OBJETO E NATUREZA JURÍDICA

O procedimento de **homologação de penhor legal** visa a formalizar a garantia e a posse, constituídas no momento da tomada ou retenção. A constituição do penhor legal dá-se no momento da tradição da coisa, mas a homologação judicial é necessária para que o credor possa exercer os direitos de excutir a coisa empenhada e de preferência de pagamento sobre outros credores.

Controverte a doutrina acerca da **natureza jurídica** da homologação de penhor legal. Parcela de processualistas entende que se trata de medida **satisfativa**, que nada tem em comum com as ações cautelares, pois tenderia, na verdade, a assegurar a satisfação de um direito e não garantir interesses processuais ante o *periculum in mora*. Outros juristas, contudo, afirmam a natureza **cautelar** da medida, aduzindo que, sob certo aspecto, ela garante a eficácia, ainda que parcial, de uma eventual execução por quantia certa, a ser iniciada em razão da dívida deixada pelo requerido.

Dentre as duas posições, afigura-se melhor a primeira, pois o provimento judicial exarado não vai além de **homologar** o penhor, que é direito real de garantia e, portanto, figura de direito material. A garantia recai sobre o crédito e é proporcionada pelo penhor em si, não pela sentença, que, como se disse, apenas chancela o ato de direito civil praticado pelo credor.

Sob outro enfoque, dúvida não há de que o procedimento em questão é de natureza **contenciosa**, porquanto continente de um conflito de interesses entre o credor e o devedor.

44.3. COMPETÊNCIA E PROCEDIMENTO

Cuidando-se de demanda fundada em direito real sobre bens móveis, a homologação do penhor legal haverá de ser requerida no **foro do domicílio do réu** (Código de Processo Civil, art. 94, *caput*). Não é caso, porém, de competência absoluta, de sorte que ela se prorroga à falta de oposição de exceção (Código de Processo Civil, art. 114).

Quanto ao procedimento, a lei estabelece que, "na petição inicial, instruída com a conta pormenorizada das despesas, a tabela dos preços e a relação dos objetos retidos, pedirá a citação do devedor para, em 24 (vinte e quatro) horas, pagar ou alegar defesa" (Código de Processo Civil, art. 874, *caput*).

O parágrafo único do art. 874 do Código, por sua vez, dispõe que, "estando suficientemente provado o pedido nos termos deste artigo, o juiz poderá homologar de plano o penhor legal".

Interpretação literal desse dispositivo poderia conduzir à conclusão de que, em tal hipótese, o juiz acolheria de imediato o pedido, proferindo sentença independentemente de citação. Adverte a doutrina, porém, que isso implicaria flagrante ofensa ao princípio constitucional do contraditório (Oliveira, 1988, p. 541-42).

Assim, há de entender-se que, suficientemente provadas as alegações do requerente, o juiz pode, *inaudita altera parte*, proferir decisão liminar, de índole provisória e dependente de confirmação por sentença final.

O Código limita a resposta do requerido às seguintes alegações: a) nulidade do processo; b) extinção da obrigação; c) não estar a dívida compreendida entre as previstas em lei ou não estarem os bens sujeitos a penhor legal (Código de Processo Civil, art. 875). Apesar disso, a garantia constitucional da ampla defesa (Constituição Federal, art. 5º, inciso LV) permite a argüição de preliminares processuais em geral e, de resto, de outras questões que possam, de qualquer modo, conduzir ao não-acolhimento da pretensão inicial.

A expressão "em seguida", constante da primeira parte do art. 876 do Código de Processo Civil, sugere que não haveria espaço para dilação probatória nesse procedimento. Não é verdade. Sendo necessária a colheita de outras provas, o juiz haverá de proceder à instrução do feito, sob pena de indevido cerceamento dos direitos processuais dos litigantes.

Acolhido o pedido inicial, o juiz **homologará** o penhor e determinará que, decorridas 48 horas, os autos sejam entregues ao requerente, independentemente de traslado (Código de Processo Civil, art. 876, primeira parte). Essa circunstância, pertinente à entrega dos autos, aliada à natureza não-cautelar da medida, conduz à conclusão de que o juízo que homologar o penhor **não ficará prevento** para a demanda de cobrança.

Cumpre observar que da sentença cabe apelação, de sorte que o aludido prazo de 48 horas correrá somente após o **trânsito em julgado**.

Se dúvida havia a respeito da força executiva dessa sentença para fins de cobrança do crédito, não há mais razão para questionamentos. É que, desde o advento da Lei nº 11.232/2005, constitui título executivo judicial a sentença que **reconhecer** a existência de obrigação de pagar quantia (Código de Processo Civil, art. 475-N, inciso I). Assim, já não se exige que a sentença seja **condenatória**, pois também as **declaratórias** ensejam, nas condições da mencionada lei, a instauração da fase executiva.

Se, porém, o pedido for julgado **improcedente**, os bens serão entregues ao requerido, sem prejuízo de poder o requerente cobrar a conta em processo próprio (Código de Processo Civil, art. 876). Quanto à restituição da coisa ao requerido, a sentença de improcedência é executiva *lato sensu*, de modo que não se faz necessário o ajuizamento de demanda própria para que ele alcance tal resultado prático.

Também é importante destacar que o credor pignoratício tem direito a promover a venda antecipada, mediante prévia autorização judicial, sempre que haja receio fundado de que a coisa empenhada se perca ou deteriore, devendo o preço ser depositado. Dita venda não se efetuará se o devedor substituir a coisa ou oferecer caução suficiente para o pagamento do credor (Código Civil, art. 1.433, inciso VI).

Nada obsta que toda essa atividade processual – venda antecipada, depósito do preço e oferecimento de caução – tenha lugar nos próprios autos do procedimento de homologação de penhor legal.

Por fim, ressalte-se que, apesar da natureza não-cautelar da homologação do penhor legal, a maior parte dos nossos doutrinadores assinala que a medida perderá sua eficácia se não for aforada a demanda principal no prazo previsto no art. 806 do Código de Processo Civil. A questão, porém, não é pacífica, merecendo realce, pela consistência da argumentação expendida, a posição sustentada por Victor A. A. Bomfim Marins, segundo quem o penhor homologado deve seguir as regras inerentes aos direitos materiais e, "obedecendo à categoria a que pertence (direito real de garantia), aplicam-se ao penhor legal homologado, em termos de propositura da ação inerente ao direito garantido, princípios compatíveis com a sua classe, como se dá com a hipoteca ou a anticrese. Seria, com efeito, muito oneroso para o credor e cômodo para o devedor impor àquele o ônus de ajuizar a ação para haver o crédito no exíguo prazo do art. 806" (Marins, 2004, p. 362). Sugere o autor, portanto, que o penhor legal está sujeito aos prazos prescricionais ou decadenciais compatíveis apenas com a classe da garantia tomada.

Capítulo 45
Posse em nome do nascituro

45.1. OBJETO

A personalidade civil da pessoa começa do nascimento com vida; mas a lei põe a salvo, desde a concepção, os direitos do nascituro (Código Civil, art. 2º). De fato, o nascituro pode, dentre outros direitos, receber doação (Código Civil, art. 542) e herança (Código Civil, arts. 1.798 e 1.799, inciso I).

Assim, embora tenha seus direitos ressalvados desde a concepção, o nascituro, por ser despido de personalidade civil, não possui legitimidade própria para defendê-los.

A lei confere preferencialmente à mãe o papel de tutelar os direitos do filho ainda não nascido. Para tanto, o art. 877, *caput*, do Código de Processo Civil estabelece que "a mulher que, para garantia dos direitos do filho nascituro, quiser provar seu estado de gravidez, requererá ao juiz que, ouvido o órgão do Ministério Público, mande examiná-la por um médico de sua nomeação".

O procedimento denominado **posse em nome do nascituro**, portanto, destina-se a investir a mulher grávida na posse dos **direitos** que assistem a seu filho, para que possa melhor protegê-los. Ao evitar menção à posse de **bens**, o legislador evidenciou que a medida concerne à legitimação para a defesa de **interesses** do nascituro, não importando conseqüente busca e apreensão de qualquer bem que esteja na posse de terceiro (Garrido de Paula, 2005, p. 2.398).

Não há, nesse procedimento, qualquer decisão com relação à paternidade. Atestada a gravidez por meio de laudo pericial, o juiz apenas reconhece tal fato e declara a requerente investida na posse dos direitos a que faz jus o nascituro, de forma que ela passa a ter legitimidade para geri-los até o nascimento da criança.

O exemplo mais comum na praxe forense é, sem dúvida, o do pai que morre durante o período de gestação, ou seja, antes do nascimento do filho. Nessa hipótese, à mãe pode interessar a comprovação, em juízo, do estado de gravidez para investir-se nos direitos do nascituro e, destarte, para poder adotar as medidas de preservação que se fizerem necessárias.

Trata-se de medida transitória, que durará apenas enquanto durar a gravidez. Com o nascimento com vida da criança cessam os efeitos dessa medida.

45.2. NATUREZA JURÍDICA

Apesar de inserido dentre os procedimentos cautelares específicos, a posse em nome de nascituro prescinde de demonstração de *periculum in mora* e não é medida que se destine a assegurar o resultado útil de um futuro provimento jurisdicional satisfativo.

Trata-se, na verdade, de procedimento de **jurisdição voluntária**, ou seja, sem litigiosidade e nitidamente satisfativo, porquanto se esgota na pretensão da grávida de investir-se nos direitos do filho nascituro, para que possa defendê-los se e quando necessário.

45.3. COMPETÊNCIA E PROCEDIMENTO

Por tratar-se de procedimento de jurisdição voluntária e não cautelar, a posse em nome do nascituro não segue a regra do art. 800 do Código de Processo Civil, até porque não pressupõe o ajuizamento de qualquer demanda dita principal. Assim, a medida poderá ser requerida no foro do domicílio da promovente.

Também não há como falar em prevenção do juízo para futuras postulações, cautelares ou satisfativas, as quais deverão ser apresentadas com observância de regras próprias de competência.

Na petição inicial, a requerente alegará seu estado de gravidez, requererá a nomeação de um médico que a examine e pedirá que, a final, seja investida na posse dos direitos do nascituro. Não é necessário que esses direitos venham explicitados com precisão.

Excepcionalmente, a medida pode ser requerida pelo pai do nascituro, como, por exemplo, se este último foi beneficiado por doação ou testamento.

Sendo o caso, o requerimento será instruído com certidão de óbito da pessoa, de quem, segundo a requerente, o nascituro é sucessor (Código de Processo Civil, art. 877, § 1º).

No despacho inicial, o juiz determinará a abertura de vista ao Ministério Público e a citação dos interessados (herdeiro, doador ou testamenteiro). Quanto à citação, controverte a doutrina acerca de sua necessidade, mas, mesmo tratando-se de procedimento de jurisdição voluntária, revela-se necessária a providência, *ex vi* do art. 1.105 do Código de Processo Civil.

A despeito de sua natureza jurídica, a medida segue o **rito** das cautelares, de sorte que eventual resposta dos interessados deverá ser apresentada no prazo de cinco dias (Código de Processo Civil, art. 802).

Segue-se, então, a nomeação de médico para a realização do exame, salvo se os requeridos aceitarem a declaração da requerente. Em caso algum a falta do exame prejudicará os direitos do nascituro (Código de Processo Civil, art. 877, §§ 2º e 3º). Conquanto não haja previsão legal e não seja sequer comum nesse tipo de procedimento, é admissível, em tese, a indicação de assistentes técnicos pelas partes.

Constatada a gravidez, o juiz reconhecerá o fato por sentença e declarará a requerente investida na posse dos direitos que assistam ao nascituro (Código de Processo Civil, art. 878, *caput*). Se a ela não couber o exercício do poder familiar, o magistrado nomeará curador ao nascituro (Código de Processo Civil, art. 878, parágrafo único).

Note-se, de outra parte, que, não se tratando de medida constritiva de bens ou restritiva de direitos, a posse em nome do nascituro não tem sua eficácia subordinada ao cumprimento do prazo previsto no art. 806 do Código de Processo Civil.

Por fim, observe-se que a utilidade do procedimento em análise pode verdadeiramente desaparecer na medida em que se consolidar o entendimento jurisprudencial de que o nascituro, apesar de não contar com personalidade civil, possui capacidade de ser parte.[1]

---

1 TJSP, 1ª Câm. Cív. de Férias, Ap. cível n. 193.648-1/5, Indaiatuba, rel. Des. Renan Lotufo, DJ 14.9.93, *RT* 703/60-63.

Capítulo 46
Atentado

46.1. OBJETO E NATUREZA JURÍDICA

Nos termos do art. 879 do Código de Processo Civil, "comete **atentado** a parte que no curso do processo: I – viola penhora, arresto, seqüestro ou imissão na posse; II – prossegue em obra embargada; III – pratica outra qualquer inovação ilegal no estado de fato".

Sem que haja efetiva tradição, não caracteriza atentado a simples venda de bem penhorado, arrestado ou seqüestrado. É que não basta a alteração na situação **jurídica**, exigindo-se, para a configuração do atentado, a inovação ilegal no estado **de fato**, como se extrai do próprio dispositivo legal destacado. Assim, são exemplos de atentado a **subtração**, a **danificação** e a **ocultação** de bem apreendido por ato judicial.

Por meio da **demanda de atentado**, um dos litigantes busca, no curso do processo, o **restabelecimento fático** de estado anterior à inovação ilegal praticada pelo outro e, eventualmente, também a **condenação** ao ressarcimento das perdas e danos decorrentes do atentado.

Trata-se de providência anacrônica e em desuso, uma vez que, atualmente, o juiz dispõe de instrumentos ágeis e eficazes, dos quais pode valer-se até mesmo de ofício, inteiramente aptos à produção do mesmo efeito restaurador aqui visado (Código de Processo Civil, arts. 461, §§ 5º e 6º, e 461-A, § 3º).

De outra parte, não há consenso na doutrina acerca da **natureza jurídica** da demanda de atentado. Para alguns, cuida-se de medida **cautelar**, uma vez que, ao restaurar-se o estado fático anterior, se preserva a utilidade da prestação jurisdicional definitiva. Para outros, o que o requerente busca é um provimento **satisfativo** que valide seu direito, seja mediante a recomposição das coisas ao estado pretérito, seja mediante a imposição de indenização.

Merece destaque, nesse ponto, a posição segundo a qual haveria, na demanda de atentado, "o cúmulo de duas ações: uma, processual, de natureza cautelar, tendente à restituição ao *status quo*; outra material, relativa ao ressarcimento do dano causado". Ter-se-ia, aí, uma pluralidade de efeitos decorrentes do mesmo ato, conferindo **natureza mista** à demanda: processual, de reposição; e material, de ressarcimento. O restabelecimento objetivaria assegurar o resultado útil do provimento jurisdicional principal (providência cautelar); e a condenação visaria à reparação do dano (medida satisfativa) (Oliveira, 1988, p. 576).

46.2. REQUISITOS

Do texto do art. 879 do Código de Processo Civil extrai-se o conjunto de requisitos exigidos para o acolhimento da demanda de atentado: a) a pendência de um processo; b) a inovação ilegal no estado de fato, mediante a prática de alguma das condutas previstas nos incisos do aludido artigo de lei; e c) um prejuízo, mesmo que potencial, ao requerente.

A exigência de que se tenha um processo **em curso** revela que a demanda de atentado é sempre aforada em caráter **incidental**, jamais antecedente e tampouco quando já esgotada, em definitivo, a prestação jurisdicional satisfativa.

Ressalte-se que o atentado pode ocorrer em qualquer espécie de processo ou procedimento, inclusive nos feitos cautelares.

Quanto à inovação ilegal no estado de fato, é preciso que se impute ao requerido uma prática **dolosa** ou, pelo menos, **culposa**. No atentado, não há espaço para a responsabilidade objetiva.

O inciso I do art. 879 do Código de Processo Civil abrange a violação de medidas constritivas de bens, destinadas a assegurar a utilidade e a eficácia de futura execução. O rol é exemplificativo, não havendo razão que justifique, por exemplo, a não-inclusão da **busca e apreensão**.

A previsão do inciso II do art. 879 diz respeito à chamada **ação de nunciação de obra nova** (Código de Processo Civil, arts. 934 a 940). Nesse particular, observe-se que não configura atentado a inovação operada no período de vigência do embargo **extrajudicial** da obra (Código de Processo Civil, art. 935), dada a inexistência de processo em curso. Ademais, é importante anotar que o nunciado poderá, a qualquer tempo e em qualquer grau de jurisdição, requerer o prosseguimento da obra, desde que preste caução e demonstre prejuízo resultante da suspensão dela (Código de Processo Civil, art. 940, *caput*). Em tal hipótese, restará afastada a configuração do atentado.

O inciso III do art. 879, por sua vez, é regra de extensão, a contemplar todas as outras modificações no objeto do processo ou nas provas fundamentais para seu deslinde (Gajardoni, 2006, p. 143).

É mister, ainda, que o atentado tenha a aptidão de provocar – ou haja efetivamente provocado – prejuízo ao requerente. Inovação inócua ou que não possa atingir de qualquer modo a esfera de direitos do requerente não autoriza a proteção jurisdicional em questão.

46.3. COMPETÊNCIA E PROCEDIMENTO

Possuindo, sempre, caráter incidental, a demanda de atentado será dirigida ao juiz da causa. A petição inicial será distribuída por dependência e autuada em separado, seguindo-se o apensamento dos feitos (Código de Processo Civil, art. 809).

Nos termos do art. 880, parágrafo único, do Código de Processo Civil, a demanda de atentado será processada e julgada pelo juiz que conheceu originariamente da causa principal, ainda que esta se encontre no tribunal.

Na petição inicial, o requerente descreverá a inovação fática e a conduta ilícita imputada ao requerido; além disso, poderá formular pedido de condenação ao ressarcimento de perdas e danos que houver sofrido em conseqüência do atentado (Código de Processo Civil, art. 881, parágrafo único).

O requerido será citado para, no prazo de cinco dias, contestar o pedido, indicando as eventuais provas que queira produzir (Código de Processo Civil, art. 802).

Não há consenso na doutrina acerca da possibilidade de deferimento liminar da medida. Deve prevalecer, todavia, a posição que admite a aplicação do art. 804 do Código de Processo Civil ao procedimento de atentado, seja porque incumbe ao juiz obstar a prática de ato que objetive fim vedado em lei, seja porque é seu dever repelir até mesmo de ofício a litigância de má-fé (Oliveira, 1998, p. 596). Além disso, deve o magistrado preservar a dignidade da justiça e a honorabilidade de suas decisões, violadas por qualquer das partes do processo (Garrido de Paula, 2005, p. 2.401).

A sentença que julgar procedente o pedido ordenará o restabelecimento do estado anterior, suspenderá o processo principal e proibirá o requerido de falar nos autos até a purgação do atentado (Código de Processo Civil, art. 881, *caput*); poderá, ainda, condenar o demandado a ressarcir as perdas e os danos decorrentes do atentado (Código de Processo Civil, art. 881, parágrafo único).

É certo que a suspensão do feito principal só terá sentido se não prejudicar o requerente.

Quanto à interdição de falar no processo, trata-se de medida que não representa ofensa aos princípios do contraditório e da ampla defesa, uma vez que o interessado poderá recobrar tal faculdade tão logo desfaça o ato ilegal que praticou.

Por fim, lembre-se de que, mesmo na parte atinente à reparação de danos, a sentença haverá de ser cumprida na mesma relação processual em que prolatada, nos termos da Lei nº 11.232/2005.

Capítulo 47
Protesto e apreensão de títulos

47.1. PROTESTO DE TÍTULOS

Embora tratados em uma única Seção do Capítulo atinente aos procedimentos cautelares específicos, o **protesto** e a **apreensão** de títulos são institutos diversos, que demandam abordagem em separado.

O art. 882 do Código estabelece que "o protesto de títulos e contas judicialmente verificadas far-se-á nos casos e com observância da lei especial".

A par de disposições inseridas na legislação relativa aos títulos de crédito, a matéria vem disciplinada especialmente pela Lei nº 9.492/1997, que define competência, regulamenta os serviços concernentes ao protesto de títulos e outros documentos de dívida e dá outras providências.

O **protesto** é, em verdade, ato **extrajudicial** e não jurisdicional, indevidamente inserido no rol de procedimentos cautelares. Trata-se de ato formal e solene pelo qual se prova a **inadimplência** e o **descumprimento** de obrigação originada em títulos ou outros documentos de dívida (Lei nº 9.492/1997, art. 1º); é ato praticado pelo credor, perante o competente cartório, para fins de incorporar ao título de crédito a prova de fato relevante para as relações cambiais, como, por exemplo, a falta de aceite ou de pagamento da letra de câmbio (Ulhoa Coelho, 2004, p. 423).

O protesto cambial tem diversas finalidades, sobretudo a de documentar a impontualidade do devedor e comprovar sua mora no adimplemento da obrigação, de forma a legitimar o credor à propositura das chamadas **ações cambiais**, isto é, as **execuções** (Código de Processo Civil, art. 585, inciso I); é, também, indispensável ao requerimento de **falência** (Lei nº 11.101/2005, art. 94, inciso I).

A expressão "contas judicialmente verificadas", constante do art. 882 do Código de Processo Civil, retrata o anacronismo da lei, como bem demonstra Ovídio A. Baptista da Silva ao explicar que tais contas diziam respeito às antigas duplicatas mercantis cambiarizadas pela Lei nº 187, de 1936, e das chamadas ações especiais de cobrança denominadas *assinação de dez dias*, que não têm mais relevância e sequer existência nas relações comerciais atuais (Baptista da Silva, 2006, p. 568).

A forma de intimação do devedor, para ter ciência do protesto, vinha regulada pelo art. 883 do Código de Processo Civil, mas foi derrogado pelos arts. 14 e 15 da Lei nº 9.492/1997.

As dúvidas ou dificuldades opostas pelo oficial do registro devem ser submetidas ao juízo competente, conforme a organização judiciária local. É o que resulta tanto do art. 884 do Código de Processo Civil quanto do art. 18 da Lei nº 9.492/1997, valendo destacar que tanto o interessado na efetivação do registro quanto o oficial de protestos podem suscitar a dúvida.

47.2. APREENSÃO DE TÍTULOS

Determinados títulos cambiários, como a duplicata e a letra de câmbio, são submetidas a **aceite**, pelo devedor. Se, tendo recebido títulos para aceite, o devedor sonegá-los ou não os restituir, terá ensejo a medida de **apreensão** prevista entre os arts. 885 e 887 do Código de Processo Civil.

De fato, reza o art. 885, *caput*, do Código que "o juiz poderá ordenar a **apreensão** de título não restituído ou sonegado pelo emitente, sacado ou aceitante; mas só decretará a **prisão** de quem o recebeu para firmar aceite ou efetuar pagamento, se o portador provar, com justificação ou por documento, a entrega do título e a recusa da devolução".

A medida **não possui natureza cautelar**, porquanto tutela o direito material do credor à posse do título. Não se exige, destarte, a propositura de qualquer demanda principal, de sorte que é inaplicável a regra do art. 806 do Código de Processo Civil.

Competente para processar e julgar o pedido será o juízo do lugar onde a obrigação (de restituir o título) deve ser satisfeita (Código de Processo Civil, art. 100, inciso IV, alínea *d*). Cuida-se, porém, de competência relativa, de sorte que ela se prorroga se, ajuizada a demanda em outro foro, o requerido não opuser exceção (Código de Processo Civil, art. 114).

Para obter a apreensão, ao requerente bastará comprovar sua condição de credor e, é claro, o envio do título. Não há como falar, destarte, em *fumus boni juris* ou em *periculum in mora*.

No tocante à prisão, predomina, na doutrina, o entendimento de que a segunda parte do art. 885, *caput*, do Código não foi recepcionada pela Constituição Federal de 1988, que permite a prisão civil por dívida apenas em casos de infidelidade de depósito e de inadimplemento voluntário e inescusável de prestação alimentícia (Constituição Federal, art. 5º, inciso LXVII). Por conseguinte, restam inócuas as disposições dos arts. 886 e 887 do Código.

O pedido de apreensão de títulos segue o rito comum das cautelares (Código de Processo Civil, arts. 802 e seguintes), nada obstando que a medida seja deferida liminarmente, contanto que satisfeitos os requisitos próprios.

Na contestação, o requerido pode suscitar questões preliminares, mas, no tocante ao mérito, sua defesa restringe-se à alegação de que não está na posse do título ou de que não tem o dever de entregá-lo ao requerente.

Acolhendo o pedido, o juiz determinará a apreensão do título, podendo valer-se também de instrumentos de coerção, como a imposição de multa (Código de Processo Civil, art. 461, § 5º).

Capítulo 48
Outras medidas provisionais

48.1. ROL EXEMPLIFICATIVO

Encerrando o Livro III do Código de Processo Civil, os arts. 888 e 889 tratam de **outras medidas provisionais** que podem ser adotadas pelo juiz. Estabelece, pois, o art. 888:

> Art. 888. O juiz poderá ordenar ou autorizar, na pendência da ação principal ou antes de sua propositura:
> I – obras de conservação em coisa litigiosa ou judicialmente apreendida;
> II – a entrega de bens de uso pessoal do cônjuge e dos filhos;
> III – a posse provisória dos filhos, nos casos de separação judicial ou anulação de casamento;
> IV – o afastamento do menor autorizado a contrair casamento contra a vontade dos pais;
> V – o depósito de menores ou incapazes castigados imoderadamente por seus pais, tutores ou curadores, ou por eles induzidos à prática de atos contrários à lei ou à moral;
> VI – o afastamento temporário de um dos cônjuges da morada do casal;
> VII – a guarda e a educação dos filhos, regulado o direito de visita;
> VIII – a interdição ou a demolição de prédio para resguardar a saúde, a segurança ou outro interesse público.

Esse rol é **exemplificativo**, pois o poder geral de cautela (v. Capítulo 9) autoriza o juiz a "determinar as medidas provisórias que julgar adequadas, quando houver fundado receio de que uma parte, antes do julgamento da lide, cause ao direito da outra lesão grave e de difícil reparação" (Código de Processo Civil, art. 798).

48.2. NATUREZA JURÍDICA

Dentre as medidas relacionadas no art. 888 do Código de Processo Civil, algumas são propriamente cautelares e outras, tipicamente satisfativas. Bem examinado dito rol, pode-se afirmar que a maior parte das providências não é cautelar.

Pode-se dizer que se afigura **cautelar**, por exemplo, o **depósito de menores ou incapazes** castigados imoderadamente por seus pais, tutores ou curadores, ou por eles induzidos à prática de atos contrários à lei ou à moral (inciso V). Nessa hipótese, a medida destina-se a preservar **pessoas** e tem por escopo assegurar que elas possam vir a ser colocadas, nas melhores condições possíveis, em família substituta que não necessariamente a do depositário.

Também se revelam **cautelares** as obras de conservação em coisa litigiosa ou judicialmente apreendida (inciso I), providência que se destina a garantir que o futuro provimento jurisdicional definitivo seja útil e eficaz.

Já a **entrega de bens** de uso pessoal do cônjuge e dos filhos (inciso II) quase sempre tem natureza **satisfativa**. É o que ocorre, por exemplo, no pedido formulado por filho maior que, expulso do lar familiar e não pretendendo a ele retornar, precisa de seus pertences pessoais para a satisfação de suas necessidades básicas urgentes.

Também é tipicamente **satisfativa** a medida de **afastamento do menor autorizado a contrair casamento contra a vontade dos pais** (inciso IV). Cumprida a medida e realizado o matrimônio, não há qualquer outra pretensão a satisfazer e tampouco a assegurar.

48.3. COMPETÊNCIA E PROCEDIMENTO

As medidas que, conquanto relacionadas no art. 888 do Código de Processo Civil, não possuírem natureza cautelar devem ser requeridas ao juiz que for competente de acordo com as normas gerais, merecendo destaque, dentre estas, a do art. 94 do Código, segundo a qual "a ação fundada em direito pessoal e a ação fundada em direito real sobre bens móveis serão propostas, em regra, no foro do domicílio do réu".

As providências propriamente cautelares, por sua vez, serão requeridas ao juiz da causa principal; quando antecedentes, ao juiz competente para conhecer da demanda principal; e se já houver sido interposto recurso, diretamente ao tribunal (Código de Processo Civil, art. 800, *caput* e parágrafo único).

A todas as situações previstas no art. 888 do Código aplica-se o **procedimento** estabelecido nos arts. 801 a 803. Nesse sentido é expresso o art. 889.

Por último e também com fundamento no texto do art. 889 do Código, renove-se a anotação de que, para o deferimento de medida liminar, não se exige a situação prevista no art. 804 do Código – risco de ineficácia em razão da prévia citação; basta que se delineie quadro de **urgência**, isto é, a necessidade de oferecer com rapidez a tutela jurisdicional.

Bibliografia

AMARAL SANTOS, Moacyr. *Primeiras linhas de direito processual civil*. 24ª ed. São Paulo: Saraiva, 2005, v. 1, 381 p.

_____. *Primeiras linhas de direito processual civil*. 23ª ed. São Paulo: Saraiva, 2004, v. 2, 519 p.

AMERICANO, Jorge. *Comentários ao Código de Processo Civil do Brasil*. 2ª ed. São Paulo: Saraiva, 1960, v. 3, 363 p.

ANDRADE NERY. Rosa Maria de. *Código de Processo Civil comentado*. Em coop. 9ª ed. São Paulo: Revista dos Tribunais, 2006, 1.535 p.

BAPTISTA DA SILVA, Ovídio A. *Do processo cautelar*. Rio de Janeiro: Forense, 2006, 626 p.

_____. *Curso de processo civil*. 4ª ed. São Paulo: Revista dos Tribunais, 1998, v. 1, 543 p.

BARBOSA MOREIRA, José Carlos. *O novo processo civil brasileiro*. 22ª ed. Rio de Janeiro: Forense, 2002, 345 p.

_____. Medida cautelar liminarmente concedida e omissão do requerente em propor a tempo a ação principal. *Temas de direito processual: quarta série*. São Paulo: Saraiva, 1989, p. 291-97.

BUENO, Cassio Scarpinella. *Execução provisória e antecipação da tutela: dinâmica do efeito suspensivo da apelação e da execução provisória: conserto para a efetividade do processo*. São Paulo: Saraiva, 1999, 432 p.

CALAMANDREI, Piero. Introduzione allo studio sistematico dei provvedimenti cautelari. *Opere giuridiche*. Napoli: Morano, 1983, p. 157-254.

CALMON DE PASSOS, José Joaquim. *Comentários ao Código de Processo Civil*. 8ª ed. Rio de Janeiro: Forense, 1998, v. III, 496 p.

_____. *Comentários ao Código de Processo Civil*. São Paulo: Revista dos Tribunais, 1984, v. X, t. I, 288 p.

_____. Em torno das condições da ação – a possibilidade jurídica. *Revista de direito processual civil*. São Paulo: Saraiva, jul.-dez. 1961, 1964, v. 4, p. 57-66.

CARNELUTTI, Francesco. *Instituciones del proceso civil*. Trad. Santiago Sentis Melendo. Buenos Aires: EJEA, 1973, v. I, 557 p.

CHIOVENDA, Giuseppe. *Instituições de direito processual civil*. 3ª ed. Trad. J. Guimarães Menegale. São Paulo: Saraiva, 1969, v. I, 429 p.

CARMONA, Carlos Alberto. *A arbitragem no processo civil brasileiro*. São Paulo: Malheiros, 1993, 166 p.

CARVALHO FILHO, Milton Paulo de. *Processo civil: processo cautelar*. 2ª ed. São Paulo: Atlas, 2006, 182 p.

CINTRA, Antonio Carlos de Araujo. *Teoria geral do processo*. Em coop. 22ª ed. São Paulo: Malheiros, 2006, 383 p.

COUTURE, Eduardo. *Fundamentos del derecho procesal civil*. 3ª ed. (póstuma) Buenos Aires: Depalma, 1987, 524 p.

CRUZ E TUCCI, José Rogério. *Tempo e processo*. São Paulo: Revista dos Tribunais, 1997, 168 p.

CUNHA, Alcides Munhoz da. *Comentários ao Código de Processo Civil*. São Paulo: Revista dos Tribunais, 2001, v. 11, 811 p.

DESTEFFENI, Marcos. *Curso de processo civil*. São Paulo: Saraiva, 2006, v. 3, 168 p.

DINAMARCO, Cândido Rangel. *Teoria geral do processo*. Em coop. 22ª ed. São Paulo: Malheiros, 2006, 383 p.

_____. *A reforma da reforma*. 5ª ed. São Paulo: Malheiros, 2003, 304 p.

_____. O conceito de mérito. *Fundamentos do processo civil moderno*. São Paulo: Malheiros, 2001, v. I, p. 232-76.

_____. *A reforma do Código de Processo Civil*. 5ª ed. São Paulo: Malheiros, 2001, 430 p.

_____. *Instituições de direito processual civil*. São Paulo: Malheiros, 2003, v. III, 898 p.

FIDÉLIS DOS SANTOS, Ernane. *Manual de direito processual civil*. 10ª ed. São Paulo: Saraiva, 2006, v. 2, 476 p.

FORNACIARI JÚNIOR, Clito. *Da reconvenção no direito processual civil brasileiro*. 2ª ed. São Paulo: Saraiva, 1983, 231 p.

GAJARDONI, Fernando da Fonseca. *Direito processual civil IV: processo cautelar*. São Paulo: Revista dos Tribunais, 2006, 191 p.

GARRIDO DE PAULA, Paulo Afonso. *Código de Processo Civil interpretado*. Em coop. 2ª ed. São Paulo: Atlas, 2005, 2.838 p.

GIANESINI, Rita. *Da revelia no processo civil brasileiro*. São Paulo: Revista dos Tribunais, 1977, 190 p.

GRECO FILHO, Vicente. *Direito processual civil brasileiro*. 16ª ed. São Paulo: Saraiva, 2003, v. 2, 442 p.

_____. *Direito processual civil brasileiro*. 16ª ed. São Paulo: Saraiva, 2003, v. 3. 381 p.

GRINOVER, Ada Pellegrini. *Teoria geral do processo*. Em coop. 22ª ed. São Paulo: Malheiros, 2006, 383 p.

HOFFMAN, Paulo. *Razoável duração do processo*. São Paulo: Quartier Latin, 2006, 239 p.

LACERDA, Galeno. *Comentários ao Código de Processo Civil*. 8ª ed. Rio de Janeiro: Forense, 1999, v. VIII, t. I, 342 p.

_____. e OLIVEIRA, Carlos Alberto Álvaro de. *Comentários ao Código de Processo Civil*. Rio de Janeiro: Forense, 1988, v. VIII, t. II.

LARA, Betina Rizzato. *Liminares no processo civil*. São Paulo: Revista dos Tribunais, 1993, 254 p.

LIEBMAN, Enrico Tullio. *Manual de direito processual civil*. 2ª ed. bras. Trad. e notas de Cândido Rangel Dinamarco. Rio de Janeiro: Forense, 1985, 319 p.

LOPES DA COSTA, Alfredo de Araújo. *Medidas preventivas: medidas preparatórias, medidas de conservação*. 2ª ed. Belo Horizonte: Bernardo Álvares, 1958, 236 p.

MAIA JÚNIOR, Mairan Gonçalves. Revogabilidade das medidas cautelares. *Revista de processo*. São Paulo: Revista dos Tribunais, jan.-mar. 1993, v. 69, p. 200-13.

MARCATO, Antonio Carlos. *Código de Processo Civil interpretado*. Em coop. 2ª ed. São Paulo: Atlas, 2005, 2.838 p.

MARINONI, Luiz Guilherme. *Tutela cautelar e tutela antecipatória*. 1ª ed. 2ª tir. São Paulo: Revista dos Tribunais, 1994, 153 p.

MARINS, Victor A. A. Bomfim. *Comentários ao Código de Processo Civil*. 2ª ed. São Paulo: Revista dos Tribunais, 2004, v. 12.

MARQUES, José Frederico. *Manual de direito processual civil*. Campinas: Bookseller, 1997, v. IV, p. 461.

_____. *Instituições de direito processual civil*. 4ª ed. Rio de Janeiro: Forense, 1971, v. II, 395 p.

MIRANDA, Gilson Delgado. *Código de Processo Civil interpretado*. Em coop. 2ª ed. São Paulo: Atlas, 2005, 2.838 p.

MONIZ DE ARAGÃO, Egas Dirceu. Medidas cautelares inominadas. *Revista Brasileira de Direito Processual*. Rio de Janeiro: Forense, nº 57, p. 33-90, 1988.

NERY JUNIOR, Nelson. *Código de Processo Civil comentado*. Em coop. 9ª ed. São Paulo: Revista dos Tribunais, 2006, 1.535 p.

OLIVEIRA, Carlos Alberto Alvaro de; e LACERDA, Galeno. *Comentários ao Código de Processo Civil*. Rio de Janeiro: Forense, 1988, v. VIII, t. II, 705 p.

PEDRASSI, Cláudio. Ação cautelar de arrolamento de bens. *Revista de processo*. São Paulo: Revista dos Tribunais, nº 52, p. 78-114.

PONTES DE MIRANDA, Francisco Cavalcanti. *Comentários ao Código de Processo Civil: tomo I – arts. 1º a 45*. 4ª ed. Rio de Janeiro: Forense, 1995, 497 p.

_____. *Comentários ao Código de Processo Civil: tomo XII – arts. 796 a 889*. 2ª ed. Rio de Janeiro: Forense, 2003, 420 p.

REZENDE FILHO, Gabriel. *Curso de direito processual civil*. 6ª ed. São Paulo: Saraiva, 1963, v. 2, 312 p.

SANTOS, Nelton Agnaldo Moraes dos. *Código de Processo Civil interpretado*. Em coop. 2ª ed. São Paulo: Atlas, 2005, 2.838 p.

_____. *A técnica de elaboração da sentença civil*. 2ª ed. São Paulo: Saraiva, 1997, 318 p.

SHIMURA, Sérgio Seiji. *Arresto cautelar*. São Paulo: Revista dos Tribunais, 1993, 355 p.

SOUZA, Gelson Amaro de. Da revelia. *Revista de processo*. São Paulo: Revista dos Tribunais, out.-dez. 1995, v. 80, p. 186-97.

THEODORO JÚNIOR, Humberto. *Curso de direito processual civil*. 35ª ed. Rio de Janeiro, v. II, 2003, 676 p.

TUCCI, Rogério Lauria. *Curso de direito processual civil*. São Paulo: Saraiva, v. 2, 1989, 542 p.

ULHOA COELHO, Fabio. *Curso de Direito Comercial*. 8ª ed. São Paulo: Saraiva, 2004, v. I, 507 p.

WATANABE, Kazuo. *Da cognição no processo civil*. São Paulo: Revista dos Tribunais, 1987, 136 p.

YARSHELL, Flávio Luiz. *Tutela jurisdicional*. 2ª ed. São Paulo: DPJ Editora, 2006, 216 p.

Cadastre-se e receba informações sobre nossos lançamentos, novidades e promoções.

Para obter informações sobre lançamentos e novidades da Campus/Elsevier, dentro dos assuntos do seu interesse, basta cadastrar-se no nosso site. É rápido e fácil. Além do catálogo completo on-line, nosso site possui avançado sistema de buscas para consultas, por autor, título ou assunto. Você vai ter acesso às mais importantes publicações sobre Profissional Negócios, Profissional Tecnologia, Universitários, Educação/Referência e Desenvolvimento Pessoal.

Nosso site conta com módulo de segurança de última geração para suas compras.
Tudo ao seu alcance, 24 horas por dia.
Clique www.campus.com.br e fique sempre bem informado.

www.campus.com.br
É rápido e fácil. Cadastre-se agora.

Outras maneiras fáceis de receber informações sobre nossos lançamentos e ficar atualizado.

- ligue grátis: **0800-265340** (2ª a 6ª feira, das 8:00 h às 18:30 h)
- preencha o cupom e envie pelos correios (o selo será pago pela editora)
- ou mande um e-mail para: **info@elsevier.com.br**

ELSEVIER
CAMPUS
Alegro

Nome: _____

Escolaridade: _____ ☐ Masc ☐ Fem Nasc: __/__/__

Endereço residencial: _____

Bairro: _____ Cidade: _____ Estado: _____

CEP: _____ Tel.: _____ Fax: _____

Empresa: _____

CPF/CNPJ: _____ e-mail: _____

Costuma comprar livros através de: ☐ Livrarias ☐ Feiras e eventos ☐ Mala direta ☐ Internet

Sua área de interesse é:

☐ UNIVERSITÁRIOS
☐ Administração
☐ Computação
☐ Economia
☐ Comunicação
☐ Engenharia
☐ Estatística
☐ Física
☐ Turismo
☐ Psicologia

☐ EDUCAÇÃO/ REFERÊNCIA
☐ Idiomas
☐ Dicionários
☐ Gramáticas
☐ Soc. e Política
☐ Div. Científica

☐ PROFISSIONAL
☐ Tecnologia
☐ Negócios

☐ DESENVOLVIMENTO PESSOAL
☐ Educação Familiar
☐ Finanças Pessoais
☐ Qualidade de Vida
☐ Comportamento
☐ Motivação

20299-999 - Rio de Janeiro - RJ

O SELO SERÁ PAGO POR
Elsevier Editora Ltda

CARTÃO RESPOSTA
Não é necessário selar

ELSEVIER
CAMPUS
Alegro

Cartão Resposta
05012.00048-7/2003-DR/RJ
Elsevier Editora Ltda
CORREIOS

impressão e acabamento executados no parque gráfico da **Editora Santuário** www.editorasantuario.com.br - Aparecida-SP